U0946548

国家重大社会科学基金资助项目

中国国家安全战略构想

A Vision of China's National Security Strategy

主编◎杨　毅

时事出版社

目　录

前　言

根据邓小平同志制定的三步走发展战略，到21世纪中叶，中国将达到世界上中等发达国家水平。当我们回顾改革开放30周年的伟大实践，当我们看到在动荡中的世界里中国蓬勃发展的态势，我们有理由相信，这一伟大战略目标有可能提前实现。

当今世界正在经历着第二次世界大战后最为深刻的变化，在经济全球化、社会信息化这两大新因素的推动下，国际战略格局正在酝酿着激烈的动荡，其幅度与广度有可能超过苏联解体、冷战结束所引发的国际政治版图变动。在相当长的时期内，国际机制和国际制度将继续由西方国家主导，但是随着新兴经济体呈现群体性崛起及其战略地位的上升，欧美中心地带的战略地位和影响力将不可避免地相对下降。在和平与发展将继续是主题的时代里，各国利益相互交汇，合作之中有竞争，竞争之中有合作，大国之间的博弈将展现不同于以往的特征。

当今世界上各国的政治家和战略决策者们，无论他们是否喜欢中国，无论少数人是否具有难以更改的政治偏见，都不能否认一个事实，那就是中国正在崛起。如何应对中国的崛起，如何在中国崛起的大潮中，最大限度地防止受到负面冲击，同时获取最大的战略利益，正在成为世界各国，特别是主要战略力量决策者们认真思考的重要课题。

中国30年改革开放的过程就是和平发展的过程。30年来，中国的国际角色发生了重大变化，由一个落后的发展中国家逐步变成一个正在崛起的并对地区和世界事务越来越具有重要影响的国家；由国际体系的被排斥者、反对者、外在者逐步变成参与者和改造者，由过去被国际社会忽视和偶尔借重的对象变成既被重视、被借重同时又加以防范和制约的对象。

展望未来的三四十年，中国的国际角色必将发生新一轮的转变。在下一轮的国际力量格局变动中，中国将由国际体系内的配角逐步变为主角或者次主角；由具有全球影响的地区大国成为拥有重要影响力的全球大国；由人口大国、政治大国和经济大国变为综合性大国和强国。当然，历史也反复证明，一个大国的崛起决不可能一蹴而就，需要在克服重重困难和种种矛盾的过程中才能得以最终实现。作为一个社会主义大国，中国的崛起需要面对比历史上其他崛起大国更加复杂的“崛起困境”。能否有效化解中国特色社会主义同西方意识形态和冷战思维的对立、中华民族复兴同霸权国家遏制企图的抗争以及中国快速发展与其他国家利益的冲突等产生的新的重大矛盾，是否能够打破历史上大国崛起必然引发国际战略格局剧烈动荡，甚至爆发军事冲突的定律，除了外因，关键在于中国采取什么样的国家安全战略。

我们非常有幸获得了国家社会科学基金重大项目的资助，研究“中国国家安全战略理论与安全战略构想”这一重大课题。自从2006年10月领受任务后，我们深感责任的重大，一直兢兢业业地努力，唯恐辜负国家领导机关和学界同仁的期待。所幸我们的课题组是一个非常杰出的学术团队，所有的同志都以对国家、对民族、对历史负责的精神，全身心地投入到艰苦的研究工作当中，经过近两年的集体攻关，于2008年9月完成了《国家安全战略理论》一书，比较系统地梳理了关于国家安全战略的基础理论。现在又完成了《中国国家安全战略构想》的撰写。

在研究和撰写《中国国家安全战略构想》过程中，我们兼顾国家战略的构成要素研究与重要领域研究的的统筹。在国家安全战略构成要素方面，我们从国家定位、国家安全利益与目标、国家安全战略的方针与原则、国家安全战略能力、国家安全战略的体制保障等方面提出了国家安全战略的构想；在国家安全战略的重要领域方面，则重点涉及了大国关系、周边环境、国际安全机制、台湾问题、金融安全、能源安全、国防安全和社会变革等重大问题，试图提出一些具有前瞻性的战略思路。

两年多来，我们的研究工作得到了中央国家机关的有关领导和国内外众多专家学者的指导和帮助，他们是中共中央国家安全领导小组办公室副主任裘援平博士、中国社会科学院李慎明副院长、国家哲学社会科学规划办公室张国祚主任和操晓理处长、北京大学国际关系学院院长王缉思博士、外交学院党委书记兼常务副院长秦亚青博士、中国社会科学院台研所余克礼所长、世界经济与政治研究所副所长王逸舟博士、亚太所所长张宇燕博士、清华大学战略研究所所长楚树龙博士、国际问题研究所所长阎学通博士、中国人民大学国际关系学院副院长金灿荣博士等，对于他们的指导和帮助，

我们表示由衷的感谢。

作为此课题的首席专家和课题负责人，我还要感谢参与此项重大课题研究工作的唐永胜、徐弃郁等同志，他们大多数是专业素质非常高的中青年专业骨干，在科研工作中所表现出来的一丝不苟、求真务实的学术品德和不怕苦不怕累的敬业精神令人难忘。

杨 毅

2008年隆冬

导　言

时代呼唤中国特色的国家安全战略

从 20 世纪 70 年代末至今，中国的改革开放政策带来长达 30 年的快速发展，引起了世界的普遍关注。如果这种势头得以保持，21 世纪中华民族的伟大复兴将绝非美丽的幻想。然而，历史反复证明，一个大国的崛起决不可能一蹴而就，需要在克服重重困难和矛盾的过程中才能得以最终实现。中华民族的伟大复兴不仅需要克服现代化进程中的各种艰难险阻，更需要妥善应对国家安全所面临的诸多挑战。面对复杂而又不断变化着的世界，中国需要更多地从国家安全的角度进行积极的战略思考和实践。对于维护国家安全，这是一个需要思想和智慧的时代，也是一个需要理论创新的时代。

一、中国与外部世界关系的深刻调整

伴随着持续而强劲的发展，中国的安全利益也在逐步扩展，其中需要在国际联系中实现的利益明显增多，从而使中国与外部世界的关系发生了重大而深刻的变化，中国也随之变得更加令世人瞩目。有西方战略家在较早时候就已经认识到："中国崛起成为一个大国，将是 21 世纪国际关系中最为确定的发展趋势之一，中国和世界其他国家如何调整彼此间的实力和利益，已经成为我们这个时代的中心问题。"①

国际关系发展演变的历史曾经反复证明，一个原本落后但具有巨大潜力的大国，一旦其实力处于迅速上升时期，几乎无一例外都曾遇到过紧张、冲突甚至战争。如何谋求中国经济社会的全面协调可持续发展、推进现代化进程，如何能够使中国在与外部世界的相互调整关系过程中产生有益的合作而不是过多的对抗，需要中国和其他相关国家共同的努力和协调，以破解历史上大国崛起几乎无一例外遇到的困境。

有鉴于此，中国与外部世界关系的处理就显得十分重要。实际上，有一些基础性因素决定了中国在国际体系中的重要地位。悠久的历史、灿烂的文明、辽阔的疆域、众多的人口以及具有强劲生命力的战略传统决定了中国无法不显示出的重要性。尤其从现有实力和发展潜力上看，中国是一个充满活力的最大的发展中

---

① Jim R. Holmes & James J. Przystup, eds., *Between Diplomacy and Deterrence: Strategies for U. S. Relation with China*, The Heritage Foundation, 1997, foreword.

国家，是世界上为数不多的在经济、政治、文化、军事等不同领域具有巨大实力和潜力的国家之一，[①] 由此也决定了中国必然具有长期的国际政治抱负。如果再考虑到从20世纪70年代末以来快速的经济增长、社会发展及其所引起的各种连带效应，更可以看到中国的实力已得到迅速提高，发展潜力得到更多显现。与此相关联，中国积极参与到越来越多的国际经济、政治和安全体制中来，[②] 在世界范围尤其是在亚太地区发挥着举足轻重的影响。

然而，值得注意的是，任何国家都不可能一直维持快速发展，中国的现代化进程不可能轻易完成，期间甚至可能遇到意想不到的困难；而在国际体系中，尤其在政治、安全和思想领域，中国远非处于主动地位。由此可以理解，改革开放以来的中国保持了比较积极但相对低调的外交姿态，那就是邓小平反复告诫中国人要谦虚谨慎，要夹着尾巴做人，“要多做实事，少说空话，不争一日之短长，不扛旗，不打头阵，不引火烧身，不将西方的矛盾集中在自己身上，而是一心一意搞好现代化建设”，同时“坚持独立自主的和平外交政策，就能够在国际社会中发挥独立积极作用”。[③]

关于中国未来的崛起前景，有学者做了非常系统的研究，其

---

① 国际地位分析是确立战略的基础。有关中国国际地位的分析可参考：阎学通、孙学峰等著：《中国崛起及其战略》，北京：北京大学出版社，2005年版；黄仁伟：《中国崛起的时间和空间》，上海社会科学院出版社，2002年版；唐永胜：“中国国际地位分析”，《国际经济评论》，2002年第一期；Zbigniew Brzezinski, *The Grand Chessboard: American Primacy and Its Geostrategic Imperatives*, BasicBooks, 1997, pp. 151—193.

② 有关中国参与国际体制的分析可参见王逸舟主编：《磨合中的建构：中国与国际组织关系的多视角透视》，北京：中国发展出版社，2003年版。

③ 顾德欣主编：《邓小平国际战略思想研究》，北京：国防大学出版社，1997年版，第22、23页。

中不乏深入精辟的分析。感觉相对欠缺的是，许多作品对崛起前景的展望和过程的分析往往显得过于乐观，研究中过多采用的是较为线性的分析方法，缺少更严谨的结构性分析。战略思考需要立足于消除威胁并寻求达成目的的有效途径。我们当然愿意看到中国未来可观的前景，但是中国在前进过程中的困难绝对不可小视，稍微松懈就可能酿成严重的危机，经济和社会的结构性问题尤其如此。比如，有分析认为："到 2020 年，中国将成为世界上最大的经济实体，占世界 GDP 总量比重将达到 22%，高于美国所占比重（20%），中国的人均 GDP 水平相当于美国的 1/4，属于中等发达国家。"[①]不论这种分析是否过于乐观，在我们看来，前景固然光明也需要理想的支持，但过程也许更重要，对于潜在的经济和社会结构性危机、对于可能出现的世界性经济动荡，我们有足够的警觉并做好充分预防和应对的准备了吗？

关于"崛起困境"，它与"安全困境"相似，但又不完全等同于"安全困境"。"安全困境"强调在无政府状态的国际体系中国家之间相互恐惧、相互防范和相互对抗的关系，而"崛起困境"在此基础上还包括大国在崛起过程中所必然遭遇体系施加的限制，承受较大的安全压力。[②] 就如同修昔底德看到的伯罗奔尼撒战争一样，"雅典势力的增长，引起拉栖代梦人的恐惧，从而使战争成为不可避免的了"。[③] 20 世纪 90 年代初期开始盛行、至今仍有市场的"中国威胁论"的基本逻辑也在于此。

---

① 清华大学国情研究中心：《国情与发展》，北京：清华大学出版社，2005 年版，第 39 页。

② 阎学通、孙学峰等著：《中国崛起及其战略》，北京：北京大学出版社，2005 年版，第 28—29 页。

③ ［古希腊］修昔底德著：《伯罗奔尼撒战争史》（徐松岩、黄贤全译），桂林：广西师范大学出版社，2004 年版，第 15 页。

中国致力于民族复兴，并不是向现有国际体系及其秩序提出挑战。实际情况是，中国改革开放30年的快速发展在很大程度上得益于参与国际体系的开放政策。当然，随着对外关系的深入发展，许多人进一步体会到国际秩序并不是中性的，中国作为后发国家时常受到来自霸权国家及体系主导国家的防范和遏制。中国与西方国家的政治体制、文化禀赋不同，一些国家对中国的发展存在很深的疑虑、疑惧甚至嫉妒，将中国定位为“潜在的最大战略对手”。20世纪80年代末90年代初以来，我国在外交上遇到的种种困难，包括中美关系的起伏以及“台独”等极端势力的猖獗，都与一些国家的遏制政策紧密相关，并将在较长时期继续困扰中国。这里要强调的是，仅仅注重霸权国家和体系主导国家的遏制政策约束还远远不够，这仅仅是“崛起困境”的直观表象。当前国际体系赖以存在的资本扩张与积聚的逻辑所带来的影响更为隐蔽同时也更为深刻，它对后发国家具有无形的但却是持久的惯性制约。在国家间相互联系日趋强化的新的国际关系背景下，这种惯性在加强，对后发国家的影响更具基础性。

对于中国发展与外部世界的关系，有些人的看法显得十分悲观。约翰·米尔斯海默是美国杰出的国际关系学者之一，他在其《大国政治的悲剧》一书中强调，今天的世界仍然延续着旧时代的逻辑，国际政治依然是大国政治，依然处于悲剧式的历史循环之中，说“每个国家压倒一切的目标是最大化地占有世界权力，这意味着一国获取权力必然是以牺牲他国为代价的”。正是根据这种悲观、循环的历史观，在米尔斯海默的眼里未来中美冲突是必然的，中国实力的增长将不可避免地挑战美国在亚洲的力量存在。甚至认为“在21世纪初期，美国可能面临的最危险前景是中国成为东北亚的潜在霸权国”。其结论是“富裕的中国不可能是一个维护现状的大国，而将是一个决心获取地区霸权的雄心勃

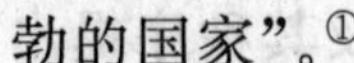

勃的国家”。[1]

客观上说，米尔斯海默的大国政治理论不能不说是非常完整和系统的，并且也有许多历史事实可以提供佐证。然而，这种理论却存在着明显的缺陷，那就是对问题采用单一逻辑的简单理解，同时更没有看到国际关系的发展进步。许多研究已经揭示：影响国家战略决策的因素众多，并且相互间具有非常复杂的作用关系。仅仅集中于传统构成要素（如权力需求、力量变化和外部威胁等）的战略筹划是不全面的，这些要素并不能准确解释国家所做出的所有重要的行动。在今天的国际关系条件下，相互联系、观念变化及国内制度特征、利益集团的政治压力等种种要素在战略选择中也起着十分重要的作用。由此而形成的国家间关系不可能最后归于某种宿命。[2] 美国前国防部长佩里早些时候关于中美关系的一段评述很有见地，他认为：中国和美国并没有注定走向冲突，两国最终是伙伴还是敌人，将取决于政策而不是命运。

实际上，中国不会走上传统的权力对抗之路，对利益的追求不会采取简单的直接路线，而是需要开发更广泛的战略资源和更广阔的回旋空间，经过曲折的道路和较长时期的努力才可以达到。冷战结束以来，中国与主要大国关系的发展显示出竞争与协调的总体平衡，中美关系虽然多次出现反复，但并没有陷入安全困境的恶性循环。邓小平说：“中国威胁不了美国，美国不应该

① John Mearsheimer, *The Tragedy of Great Power Politics*, W. W. Norton & Company, 2001, pp. 401—402.

② 罗伯特·杰维斯经过30多年的观察，分析了政治与社会生活中复杂的系统效应，指出许多行为的非故意后果是不可避免的，由此可见国际关系因果关系的复杂性。参见［美］罗伯特·杰维斯著：《系统效应：政治与社会生活中的复杂性》（李少军等译），上海世纪出版集团，2008年版。

把中国当做威胁自己的对手。我们没有做任何一件伤害美国的事。”[①] 道理如斯。

二、变化的世界与中华民族的伟大复兴

当今世界正在发生空前的深刻变化。不仅国际力量格局经历着明显的改变，更重要的是国际关系的性质已经充实进许多新内容。世界的整体性和国际关系的复杂性日趋明显；资本、商品及思想在全球渗透，其迅捷程度超出一般想象；各种全球性问题和威胁不断出现，一些新因素和原本经常被忽视的因素和角色在国际局势的演进中发挥越来越显著的作用。凡此种种不能等闲视之。在变化着的世界中，维护国家安全面临新任务并需要做出新的战略选择。

总体而言，中国要想在21世纪里有大的作为，实现中华民族的伟大复兴，就决不应该仅仅在国际竞争和互动的一般技巧上下工夫，更重要的是及时把握世界政治的特征演变及其发展趋势，从而激发出更大的战略智慧，敏锐洞察未来世界可能的走向，及时消除自身存在的不适应未来发展的种种弊端，谋求社会的全面、协调、可持续发展，维护国家的安全和利益。换言之，战略的使命，不是也不可能是为世界设计某种自以为是的结局，谁也不能“凭借国家的力量把自己的奇思妙想、周密蓝图强加于客观世界，而只能审时度势，做历史发展允许做的事”。[②]

---

① 《邓小平文选》第3卷，北京：人民出版社，1993年版，第350页。

② 金钿主编：《国家安全论》，北京：中国友谊出版公司，2002年版，第50页。

综观全球，生存发展与失败衰落、安全稳定与危险动荡、有序制度与无序失范、光明富裕与黑暗贫困、理想希望与失落悲观、历史现实与未来指向等诸多因素共同发挥着作用，其不确定性也空前突出，因此，过于简约的理论分析方法已不能很好地反映国际关系的现实发展。尤其是在国家间相互联系空前增强的背景下，要认识国际关系的内在逻辑需要观察其发展演变的整个过程，而避免受静态方式和固定思维的束缚。从目前情况及发展趋势看，对中国安全战略选择已经产生影响的世界政治特征演变主要表现在以下三个方面。

第一，世界的整体性增强。国际体系对于国家行为体的影响逐步强化，任何国家，其中包括中国也包括美国，都需适应世界整体性带来的约束，顺应世界发展大势以求获取自身的利益。世界整体性增强，必然削弱大国的特殊性。卡特时期任美国总统安全事务顾问的兹比格纽·布热津斯基就曾指出："从长远看，全球政治注定会变得与一国独掌霸权力量的状况越来越不相协调。因此，美国不仅是第一和唯一的真正全球性超级大国，而且很可能也是最后一个。""这不仅是因为民族国家正日益相互渗透，而且因为知识作为力量正被越来越广泛地传播和分享，而且越来越不受国界的限制。经济力量也可能会变得更加分散。"[①] 未来世界很难按照某个国家或某种势力所设计方向去发展演变，即使采用什么极端的手段或拥有超强的经济和军事实力也做不到。在美国学者约瑟夫·奈看来，信息革命构成更加微妙的挑战，它正在改变国家、主权和控制的性质，也正在改变"软实力"的作用，他说："在我们所关心的问题中，没有哪个问题会容易用我们的军

① Zbigniew Brzezinski, *The Grand Chessboard: American Primacy and Its Geostrategic Imperatives*, BasicBooks, 1997, pp. 209—210.

事力量优势加以解决。”[①] 奈进而认为：如果美国所扮演的角色不是独奏，而是乐队指挥，那么美国治下的和平可能更长久一些。[②]

中国在对外关系中所要争取的不是领导者也不是独一无二的霸权地位，而是寻求自身的和平发展战略的主动权，积极参与国际事务，促进中国与世界关系更为和谐地发展。正如邓小平所说，中国即使今后发展起来，也决不称霸，永不当头，“如果十亿人的中国不坚持和平政策，不反对霸权主义，或者随着经济发展自己搞霸权主义，那对世界也是一个灾难，也是历史的倒退”。[③] 世界历史是进化着的，顺应世界潮流，才能立于不败之地。[④] 在崛起进程中，中国既要善于以合作借势，以迂为直，又要勇于承担责任，待时而动。国家兴衰的谜底，也许就藏在变与不变的世界整体趋势下不懈的努力和积累、顺势而为的大智大慧之中。

第二，国际关系更趋复杂。国家为了更好地维护其自身的利益，在处理与其他国家尤其是大国关系时，越来越难以过于强调个别领域的共同性或者差异性，而是要在众多领域取得平衡。由于国家与外界的联系在空间上不断延伸，更多的国家被牵扯到一些原本属于特定区域的利益联系甚至矛盾纠纷之中，各国利益要在与更多竞争对手的博弈中来获得；与此同时，国家间的联系需要在日益众多的领域实现，并需日益重视非政府组织和个人的介

① ［美］约瑟夫·奈著：《美国霸权的困惑：为什么美国不能独断专行》（郑志国等译），北京：世界知识出版社，2002年版，第80页。

② 同上书，第181—182页。

③ 《邓小平文选》第3卷，人民出版社，1993年版，第158页。

④ 时殷弘在对中国外交哲学的进一步分析中，仍主张中国应成为一个“搭车者”，但同时指出这种搭车主要是搭世界基本潮流之车，主要表现为在深入和广泛地参与经济全球化的过程中多方面不断的进步。

人及其方方面面的影响。这一切都发生在非常多样化的世界里，在这样的世界，“距离曾经给国家提供过保护，而全球化正在缩小这种距离”。[①]

国际关系的复杂化发展将给世界的未来带来更多的不确定性和不可预测性。沃勒斯坦认为现代世界体系正处于结构性危机之中，“这是一个极不稳定、不可能预知结局的时期。历史并不站在任何人一边，变革的前景取决于每个人的行动”。[②] 今天的战略谋划要习惯面对这样一个充满未知的世界，不得不承认，要为“难以预测和动荡不安的世界上每一件事情做好准备并非人力所能”。[③] 所以这必然迫使任何国家不得不谨慎行事，进行更多的协调，否则就不能推动国家间关系相对平稳的发展，也不利于形成较为有效的全球治理。实际上，在冷战结束以来的时间里，复杂性的发展在很大程度上维持了国际局势相对平稳的局面，也曾在一定程度上牵制了强权政治的发展。由此可以理解为什么冷战结束后的世界会处于这样一种状态：既没有进入一种有序的轨道，但也没有失去控制；到处充满动荡和矛盾，但却又保持着总体上的平衡。

中国的国家安全战略筹划必须具有认识复杂和运用并驾驭复杂的能力，这是国际局势发展的必然要求。一方面，复杂性对实现国家利益带来更加严峻的挑战，使我们从一个对手容易识别的世界向一个威胁难以确定的世界过渡。另一方面，复杂性也为推

---

① ［美］约瑟夫·奈著：《美国霸权的困惑：为什么美国不能独断专行》（郑志国等译），北京：世界知识出版社，2002 年版，第 80 页。

② ［美］伊曼纽尔·沃勒斯坦著：“反体系运动在今天意味着什么”，北京：《世界经济与政治》，2003 年 1 期。

③ ［美］保罗·肯尼迪著：《战争与和平的大战略》（时殷弘、李庆四译），北京：世界知识出版社，2005 年版，第 182 页。

动中国与外部世界关系的发展提供了更多的选择和回旋余地。在这种条件下，任何缺少远见的举动都可能引起新的动荡，对国家角色进行简单的或极端的定位将是不适当的，国家安全战略的思考应积极寻求能够通过多种途径、运用多种力量、化解多重威胁、达成多重战略目标的方法，以求更好地实现国家利益，推动国家间关系的协调发展。

第三，国际关系的非零和特性逐渐显现积累。“非友即敌”、“非合作即对抗”、“非得即失”等价值取向已经愈来愈不合时宜，谋求国家的生存和发展需要更具包容性和更具远见的战略思维，角色定位既要有利于国家利益的实现，也要具有适当的弹性，为国家间的战略博弈提供条件。

在实力迅速增长的条件下探讨中国的国家安全，无疑带有浓重的现实主义色彩。国内有学者研究强调崛起的零和特性：“崛起为世界强国意味着该国在国际社会中的作用上升，影响力增大，客观上要分享原先占据主导地位的国家在世界事务中的主导权。”“享有世界主导权的国家不愿意放弃其主导地位，而崛起大国要分享主导权，这决定了后者对前者的挑战是不可避免的。”[①] 罗勃特·吉尔平也曾说过，“在根本上，今天的国际政治同修昔底德所描述的情况并没有什么区别”。[②] 在很大程度上确实如此，世界政治中一直存在着一种权力政治的逻辑，直到今天这种逻辑依然占有重要地位，许多国家时常会像当时的雅典一样处在“安全困境”之中，今天的中国也遇到了许多棘手的安全问题。

---

① 阎学通、孙学峰等著：《中国崛起及其战略》，北京大学出版社，2005年版，第3、6页。

② Robert Gilpin, *War and Change in World Politics*, Cambridge, Cambridge University Press, 1981, p. 228.

然而，世界毕竟是在不断地变化的，国际体系不是简单的循环，而是进化的系统。一些新因素和原本不重要的因素对国际体系的演化进程发挥着越来越明显的影响，各种全球性问题和威胁的凸显也促使国家面临新的选择，单纯的权力政治逻辑已经受到越来越多的挑战。历史证明，权力政治将国家束缚在或领导、或自助、或挑战、或追随等比较有限而又单纯的选择之中，其主导下的国际关系容易发生冲突、对抗和战争。探索中国国家利益的实现，不能过于局限于现实主义视角，今天的世界也不能用纯粹的现实主义理论或其他某一特定的理论来解释，甚至那些试图将现有多种理论综合在一起的努力也很可能不见成效，因为在本质上这种努力依然难以摆脱按图索骥的局限。更为有益的工作也许是针对重大问题做一些“朴实的分析”，逐步改进、深化和积累我们对迅速变化的世界、对中国与世界关系的认识和理解。

国际关系的非零和性特征将随着国家间联系的增多而增强。过去这种非零和性表现为第二次世界大战后法、德和解及由此推动的西欧联合，也表现为冷战没有升级为热战而是以非战争方式结束等重大事变和连锁反应。但仅有这些还不够，未来国际关系进化的空间也许更大，国家也将具有更多的选择余地。这一点就连吉尔平也承认：“尽管总受到限制，但选择永远存在。历史经验有助于教我们这些选择是什么以及可能带来什么结果。在这个意义上，可以说学习过程可以出现并将影响到国际关系的进程。”①

---

① Robert Gilpin, *War and Change in World Politics*, p. 228.

三、构建和完善中国的国家安全战略

中华民族的伟大复兴及其伴随而来的与国际体系关系的深刻调整，是一个长期而复杂的过程，中国的国家安全战略选择既为这一过程提供战略支持，最后也需要在这个过程中得以实现和检验。

与主要发达国家相比，我国的国家安全战略研究起步较晚，积极推进这一领域的研究应成为战略研究的一个当然重点，以适应维护国家利益的需要。战略思想及战略传统的延续与改变，就像生物学的遗传与变异一样，是一种发展中的逻辑。[①] 一个国家安全战略思想的形成与延续，取决于众多相互影响、相互作用的复杂因素，与民族经历、思想文化、军事遗产、地缘条件等都有直接紧密的关系。安全战略是现实的，历史上的战略思想能够在一定程度延续下来，最根本的原因在于历史与现实、历史与未来之间存在着千丝万缕的客观联系。

具有生命力的国家安全战略研究，不仅应该在认真梳理和充分借鉴国内外有关研究成果的基础上进行，也必须充分考虑到国际关系背景的改变及由此带来的前提和约束条件的变化，同时应该力争在原有基础上有所改进和创造。理论要具有对历史更强的解释力和对未来的预见性，就绕不开对有关重大问题的研究，特别是对历史发展演变的逻辑性或内在规律性的研究。只有不脱离问题本身的创造性理论思考才可能具有鲜活的特征，也才能更好

① 李际均：《军事战略思维》，北京：军事科学院出版社，1998年版，第136页。

地借鉴和传承先前的发现和智慧。在借鉴中创造，在创造中传承，对待那些传统的和经典的战略理论如此，对待新近出现的相关理论也应如此。在此既需要做“具体的和朴实的”分析，也需要用宏观和概括的视角进行探索。① 正如恩格斯所指出的那样："每一个时代的理论思维，从而我们时代的理论思维，都是一种历史的产物，它在不同的时代具有非常不同的形式，并因而具有非常不同的内容。”时代呼唤中国特色的国家安全战略。

在当前及未来较长的一段时间里，中国国家安全战略的总体思考至少应着眼于以下三个重大战略难题：第一，突破一个多世纪以来，后进的大国难以实现现代化的困惑，摆脱国际体系惯性对中国崛起有形和无形的束缚，处理好参与全球政治经济进程与保持自主性之间的矛盾。第二，尽快进一步认识、适应和充分运用冷战后国际关系的变化，超越传统权力政治的种种局限，抓住机遇推动对外关系更加平衡协调地发展。第三，增强中国社会自身持续发展和进步的能力，以此作为参与世界和影响世界的基础，并通过发展自己来进一步参与、合作并影响世界。这些问题相辅相成、相互联系，甚至互为条件、互为支撑。

尽管实力增长较快，但是中国在较长时期里仍将处于相对弱势的地位。在现有国际体系中，中国尤其缺少结构性资源，也即在体系中处于相对下游的位置，并受到惯性制约，对世界政治进程的影响能力还相对有限。由此决定中国对国家利益的追求不能采取过于直接的战略途径，而需要开发更广泛的战略资源和更广阔的回旋空间，经过曲折的道路和长期努力才可以达到。因此，在国际体系中，我国的基本选择是应做一个积极

① 美国学者曾指出国际关系理论研究中存在着这两种途径分离的倾向。参见［美］詹姆斯·多尔蒂、小罗伯特·普法尔茨格拉夫著：《争论中的国际关系理论》（第五版，阎学通、陈寒溪等译），北京：世界知识出版社，2003 年版，第 19 页。

而自主的参与者和合作者，并逐步向担当起更大责任的大国转变，在这一过程中，尤其应妥善处理与整个国际体系，也包括与占主导地位的西方世界以及美国这个唯一的超级大国的关系，同时又要维护发展中国家的利益。在未来较长时期里，这种选择的依据都将存在。

另外，多维的世界需要用多维的视角来认识。中国在保持角色基本定位的同时，还应使战略选择具有必要的适应性和灵活性。对于具体问题和在具体领域，则应根据具体的情况和条件有所区别，不能固守某一种思维和行为模式。包括对待外部强权也是一样，一味采取对抗的姿态不可取，而一味屈从追随也不可行，需要发挥力量时就要有足够的决心，而应该作些妥协时就要及时适度后退。这种后退也是为了前进。总之，不同的手段和途径只有不断协调、相互配合、相互借助，才能取得好的效果。

新中国的建立是开天辟地的大事变，中华民族的伟大复兴也是开天辟地的大事变。当初面对帝国主义的侵略，毛泽东是如此精炼而又深刻地概括了中华民族的特点："我们中华民族有同自己的敌人血战到底的气概，有在自力更生的基础上光复旧物的决心，有自立于世界民族之林的能力。"[①]今天中国所面临的安全问题已经大大不同于那个时候了，但是我们赖以存在的民族特性和战略智慧应该发扬光大。以此为基础，推动社会创新，用更宽阔的胸襟走向世界。若如此，中国的未来和对世界的贡献都将不可估量，中国的国家安全也才能有根本的保障。

---

① 《毛泽东选集》，人民出版社，1964年版，第147页。

第一章

中国的国家定位

国家定位问题是一个重大的战略问题，是国家制定安全战略的最主要依据。国家定位涉及实力位置和身份确认两个方面内容。无论是确定实力地位还是确认身份，都涉及与相关行为体的比较。新时期，准确确定中国的国家定位应该从历史和现实两个方面入手，即当今的中国与历史上的中国在实力和身份方面的比较，以及当今的中国与其他大国在实力和身份方面的比较。

第一节　正在崛起的大国

崛起，是指一个大国的综合实力快速提高并对世界力量格局、秩序和行为准则产生重大影响的过程。[①] 崛起不同于发展，

① 阎学通等著：《中国崛起——国际环境评估》，天津：天津人民出版社，1998年版，第173页。

发展是绝对量的扩大，是自我提高，任何国家都可以实现发展。崛起则是一个相对量，是一个比较概念，是指国家实力不断上升并与最强大的国家不断接近的过程。从实力角度看，中国是一个正在崛起的大国。这种崛起包括两方面含义：一是与当今世界上综合实力最强大的国家相比，中国综合实力的增长呈现出逐渐接近的趋势；二是与历史上中国综合实力占世界的最高比例相比，当今中国综合实力占世界比例也呈现出逐渐接近的趋势。

一、中国崛起的主要体现

国家的综合实力可以分为硬实力和软实力，硬实力是基础。硬实力主要由经济实力和军事实力构成。大国崛起首先是硬实力特别是经济实力的增长，这是任何一个国家强盛的根本。当前中国的崛起主要是经济实力的增强。衡量国家经济实力的指标有许多，比如GDP、GNP、人均GDP或GNP、进出口贸易额等。在国际政治学界，一般用GDP或GNP来表示经济实力。①

根据世界银行的数据，按照2000年美元计算，从1980年到2005年间中国GDP年均增长10.5%（参见表1、表2），高于世界平均增长率3.7%，也高于其他大国。1980年中国的GDP占世界的1.04%，是世界的第10位，1990年上升为1.86%，为世界的第11位，2000年提高到3.78%，为世界的第6位，2005年为5.02%，是世界的第4位。中国的GDP相当于美国的

① 秦亚青著：《霸权体系与国际冲突》，上海：上海人民出版社，1999年版，第200—201页。

17.5%，相当于日本的49.5%。[①] 2008年中国GDP将超过德国，为世界的第3位。对于未来中国经济发展趋势，有多家国内外机构进行了预测（参见表3）。清华大学国情研究中心胡鞍钢教授认为这些机构的预测低估了中国经济发展的潜力。他认为，2006年到2020年间，GDP年均增长在7.5%—8.5%之间，增长倍数在3—3.4倍之间。当然，随着经济规模越来越大，经济增长率将低于1980年到2005年之间的增长率。此外，他还从追赶效应角度分析了中国未来的经济发展空间，认为由于中国具有后发优势，与经济发展前沿国家具有较高的趋同速度，1950年到1990年，日本与美国在人均GDP方面的趋同速度是3.55%；1965年到2003年，韩国与美国在人均GDP方面的趋同速度是4.36%；1978年到2003年间，中国与美国在人均GDP方面的趋同速度是4.64%，这说明中国的趋同速度高于日本和韩国，但2003年中国人均GDP只有美国的16.5%，仅相当于韩国1973年的水平。所以，胡鞍钢教授认为中国的经济增长速度不会下降，还有较大的经济增长空间和增长速度空间。[②]

表1：1980—2005年七大国及世界GDP
平均增长率（汇率法）

国家	1980	1985	1990	1995	2000	2005	年平均增长率
中国	100	166	243	433	655	1218	10.5
美国	100	117	138	155	190	243	3.6

① 胡鞍钢著："中国经济实力的定量评估与前瞻（1980—2020）"，载《文史哲》，2008年第1期。

② 胡鞍钢著："中国经济实力的定量评估与前瞻（1980—2020）"，载《文史哲》，2008年第1期。

续表

国家	1980	1985	1990	1995	2000	2005	年平均增长率
日本	100	116	147	159	169	161	1.9
德国	100	106	126	140	155	226	3.3
法国	100	111	128	137	158	251	3.7
英国	100	110	130	141	165	251	3.7
印度	100	130	176	226	300	515	6.8
世界	100	114	136	153	180	252	3.7

资料来源：胡鞍钢："中国经济实力的定量评估与前瞻（1980—2020）"，载《文史哲》，2008 年第 1 期。

表 2：1980—2005 年七大国及世界 GDP 平均增长率（购买力平价法）

国家	1980	1985	1990	1995	2000	2005	年平均增长率
中国	100	153	204	331	415	594	8.05
美国	100	117	137	155	190	199	3.04
日本	100	118	148	160	170	172	2.39
德国	100	108	126	135	155	162	2.12
法国	100	106	114	128	141	143	1.56
英国	100	110	130	141	165	176	2.49
印度	100	128	172	223	298	356	5.58
世界	100	115	135	154	183	204	3.15

资料来源：胡鞍钢："中国经济实力的定量评估与前瞻（1980—2020）"，载《文史哲》，2008 年第 1 期。

表3：不同机构对中国2005—2020年GDP增长率的预测

时期	环球通视有限公司（Global Insight）	经济学人信息部（Economic Intelligence Unit）	高威（Goldman Sach's）	日本经济研究中心（JCER）	世界银行（World Bank）
2005—2010	8.6	8.0	7.1		
2010—2015	7.2	5.5	5.8		
2015—2020	6.4	4.4	5.0		
2005—2020	7.4	6.0	6.0	5.5	6.6

资料来源：胡鞍钢："中国经济实力的定量评估与前瞻（1980—2020）"，载《文史哲》，2008年第1期。

以上观点只是说明中国经济持续快速发展，但是否呈现出崛起态势，还要与经济实力最强大的国家的经济发展进行比较，看两者之间的差距是否在快速缩小。如果中国经济虽然有发展，但最强大的国家美国也在发展而且以更快的速度发展，那么中国的经济实力的增强就不能算是崛起，只能是自我发展。

按照英国学者安格斯·麦迪森的统计数据，中国自20世纪50年代开始现代化和工业化进程，经济上开始追赶美国。这一过程可以分为以下四个阶段：第一阶段为1950年到1957年，中国与美国的GDP的差距由6.1倍缩小到4.6倍。第二阶段从1958年到1962年，中国与美国的GDP差距由4.6倍扩大到6倍。第三阶段从1963年到1978年，两者差距由6倍降低到4.4倍。第四阶段是1979年以来的时期，两者差距到1990年缩小到

2.8倍，到2003年进一步缩小到1.5倍。[①] 胡鞍钢教授认为，从1975年到2005年，中国与美国在GDP方面的差距在不断缩小，按照汇率折算，中国与美国的GDP差距由1975年的32倍缩小到2005年的5.6倍。根据美国中央情报局的数据，2006年，中国的GDP为2.518万亿美元，美国为13.21万亿美元，美国为中国的5.25倍。如果按照购买力平价计算，从1975年到2005年，中国与美国的GDP差距由7.86倍缩小到2005年的1.43倍。所以，无论采取哪种算法，改革开放以来中国与美国的GDP差距不断缩小，而且是快速缩小。[②] 也就是说，中国是一个经济快速崛起的国家。

除经济实力外，军事实力的增强也是衡量一个国家是否崛起的一个重要指标。如何衡量军事实力，学术界有不同的观点。国内学者一般以军费开支作为衡量一个国家军事实力的最重要指标。[③] 2000年美国军费开支为2911亿美元，2001年为3224亿美元，2002年为3357亿美元，2003年为4050亿美元，2004年为4621亿美元，2006年为5287亿美元。根据中国近几年公布的《国防白皮书》的数据，1997年中国国防费为98亿美元，相当于美国的3.67%；2000年中国国防费为146亿美元，相当于美国的5%；2003年中国国防费相当于美国的5.69%；2005年相

① 王亚华等："从五大资本比较看中国经济追赶美国"，载《经济社会体制比较》，2007年第1期。

② 胡鞍钢："中国如何缩小与美国GDP差距"，载《学术界》，2007年第6期。

③ 秦亚青著：《霸权体系与国际冲突》，第200—201页。孙学峰："中国对美政策的战略效应"，载《国际政治科学》，2005年第1期。但阎学通则以军费开支、战略核武器和军队规模来衡量军事实力。参见阎学通等著：《中国崛起及其战略》，北京大学出版社，2005年版，第89页。

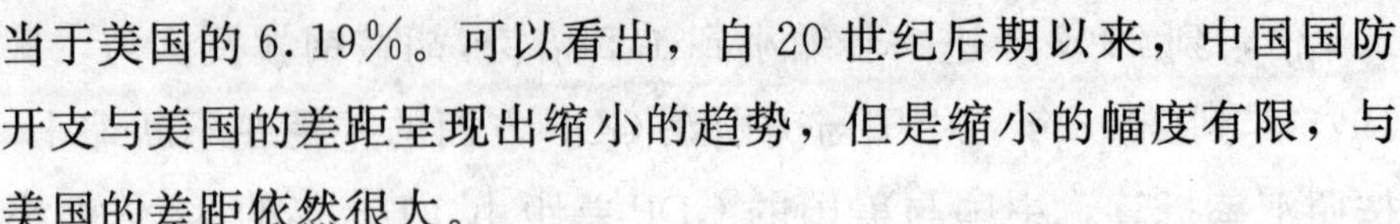

当于美国的6.19%。可以看出，自20世纪后期以来，中国国防开支与美国的差距呈现出缩小的趋势，但是缩小的幅度有限，与美国的差距依然很大。

总之，自冷战结束以来，中国与美国在国家硬实力方面的差距不断缩小，中国呈现出崛起态势。当然，这种崛起态势主要是由经济实力的高速增长带来的。军事实力的增长对中国与美国之间实力差距的缩小贡献不大。

二、中国崛起的主要特征

大国的崛起是实力的相对增强，而不仅仅是绝对增长，是与有关国家特别是最强大国家的实力进行比较的结果。与历史上其他大国的崛起进程不同，中国的崛起具有以下三个特点：

（一）中国的崛起是一种复兴性崛起

在大国兴衰历史中，自崛起后一直是世界大国的国家只有英、美、德、日、俄等。英国自工业革命后开始崛起，1870年英国成为当时世界上最强大的国家，此后虽然有衰落，但一直保持世界大国地位。美国崛起于南北战争结束，在此之前，美国无论在经济总量、工业产品还是在军事实力方面都无法与其他大国相比。从1870年到1913年美国经济迅速发展。这期间美国军事实力不断膨胀，二战后，美国成为世界上军事实力最强大的国家，到目前为止，美国依然是世界上硬实力最强大的国家。德国崛起于19世纪70年代国家实现统一后，到一战前，德国成为欧洲实力最强大的国家。德国控制了欧洲工业实力的40%，英国只控制了28%，德国的军队是欧洲的支配性军队。[1] 日本1868年明治维新后经济和军事实力迅速增长，到一战前，日本从一个落后的东亚国家成为西方大国俱乐部的成员。二战后，日本经济再次起飞，成为当今世界上第二大经济体。这些国家在崛起之前都不是世界大国，无论是经济实力还是军事实力都不是当时世界上最强大的。工业革命前英国经济实力不如尼德兰、西班牙等。美国在南北战争之前，经济总量微不足道，1820年GDP占世界的1.8%。日本在明治维新之前，经济和社会发展远远落后于中国，1820年GDP占世界的3%，而当时中国GDP占世界的32.9%。[2] 德国在实现国家统一之前四分五裂，也就谈不上具有什么整体实力。

与这些国家不同，中国的崛起是衰落之后的崛起。从公元初期到18世纪初，中国一直是世界上经济实力最强大的国家。按购买力平价法计算，1700年中国的GDP占世界的22.3%，1820年占世界的32.9%，1830年中国制造业产出占世界的30%，1870年中国出口占世界的2.5%，这些是中国历史上最高的记录。[3] 此后开始衰落，1890年占世界GDP的比重降落到13.2%，1913年为3.3%。到1950年更是达到历史最低点4.5%，1950年到1978年间，中国的GDP占世界的比重一直徘徊在4.5%到5%之间。从1978年开始，中国占世界GDP的比重出现重新上升的趋势，1978年中国占世界GDP的比重

---

① ［美］约翰·米尔斯海默著：《大国政治的悲剧》（王义桅等译），上海人民出版社，2003年版，第421页。

② ［英］安格斯·麦迪森著：《中国经济的长期表现：公元960—2030年》（伍晓鹰等译），上海人民出版社，2008年版，第36页表2.2a。

③ 胡鞍钢著：《中国崛起之路》，北京大学出版社，2007年版，第13页。

为4.9%，到2003年达到15.1%，[①] 而且这种趋势呈现出一直延续的势头。所以，中国的实力演变是一种高—低—高的形态，中国的崛起是一种复兴性崛起，而其他大国的实力变化是一种低—高的形态。

（二）中国的崛起是和平的崛起

历史上大国的兴衰无不伴随着战争与冲突，有众多学者认为大国崛起必然导致体系战争。在1495—1975年间共发生119次大国战争，其中崛起国与霸权国同时参与对立双方的战争就有64次，占54%。以法国为例，法国参加了近五百年间欧洲2600次大大小小战争中的1000多次，占战争总数的47%。[②] 大国崛起过程中的战争可以分为两类：一类是崛起国与体系主导国之间的战争。体系大国的崛起使其与主导国之间的实力差距缩小，双方爆发战争的可能极大。主导国可能发动预防性战争，而崛起国可能出其不意发动战争。[③] 一战从某种程度上就是崛起国德国与体系主导国英国之间的战争。另一类是崛起国的对外掠夺性的战争，这种战争不是崛起国与主导国之间的战争，而是崛起国与其他国家之间的战争。德国的崛起开启于王朝统一战争，美国的崛起伴随着对墨西哥的战争、对西班牙的战争。日本的崛起则伴随着侵略中国的1840年的甲午战争以及日俄战争，这些战争大多是崛起国掠夺资源和殖民地的战争。

---

① ［英］安格斯·麦迪森著：《中国经济的长期表现：公元960—2030年》，第57页。

② Quincy Wright, *A Study of War*, Chicago: University of Chicago Press, 1965, pp. 220—221.

③ A. F. K. Organski and Jace Kugler, *The War Ledger*, Chicago: University of Chicago Press, 1980, p. 61.

与上述国家不同，中国从 1978 年至今的崛起过程虽然不时有与一些大国的冲突，甚至危机，但没有战争，整个过程是和平性的。一是中国在崛起过程中尽量与体系主导国合作，以减轻体系主导国的猜疑、疑惧，防止了上述第一类战争的爆发。乔治·莫德尔斯基考察了欧洲近代以来大国崛起的历史，他指出，近五百年来，世界领导者的挑战者统统失败了，而世界领导者的合作者会因为自己的从属地位受到一定损失，但同时可能会得到领导者的支持、保护，甚至可以成为后来居上的新领导者。中国人民大学教授时殷弘据此提出，大国要和平崛起，就应该采取“搭车”战略，与世界上最强大的国家合作，争取其支持、“保护”或其他实惠，同时减少甚至消除来自大国及其国家体制的威胁。[①] 无论是莫德尔斯基的领导国的伙伴战略，还是时殷权的“搭车”主张，其实质就是大国要和平崛起，前提是不要挑战世界上最强大的国家。二是中国的崛起是在新安全观指导下进行的。新安全观的核心是互信、互利、平等、协作，主要内容是合作安全、共同安全和综合安全，目的既是为实现国家发展创造有利的安全环境，也是推进和谐世界的建立。[②] 中国在发展过程中，注重与世界各国共同发展，实现共同繁荣，主张以和平方式解决争端。在东海权益问题、南海权益问题以及其他问题上，中国都力争缓和相关地区局势，为通过谈判、协商、对话等方式解决创造条件。这样就避免了与其他国家的冲突和战争。

---

① George Moldelski, *Long Cycles in World Politics*, London: Macmillan Press, 1989. 时殷弘：“国际政治的世纪性规律及其对中国的启示”，载《战略与管理》，1995 年第 5 期。

② 李小华著：《中国安全观分析（1982—2007）》，上海人民出版社，2008 年版，第 302 页。

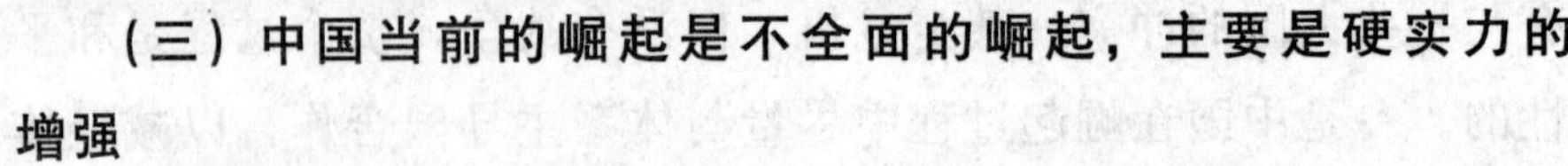

（三）中国当前的崛起是不全面的崛起，主要是硬实力的增强

国家崛起的进程可以分为追赶阶段、僵持阶段和超越阶段，[1] 后一个阶段是前一个阶段的累积和叠加。从历史上看，追赶阶段可以分为经济发展、军事实力增强和软实力提升三个环节。比如，美国的崛起就经历了上述三个阶段。1865 年到 1922 年是追赶阶段，1923 年到 1945 年是相持阶段，1945 年之后则是超越阶段。在追赶阶段，1890 年美国经济实力超越英国，1922 年华盛顿《五国海军条约》的签订标志着美国军事实力接近英国，而 1919 年美国提出的“十四点计划”则标志着美国开始注重软实力的提升。战后，美国取代英国成为世界上实力最强大的国家，这种强大不仅体现在经济实力，也体现在军事实力，更体现在软实力上。

以此标准，中国在 2020 年前后仍将处于国家崛起进程中的追赶阶段。在经济方面，中国的 GDP 与美国的差距较大。在军事实力方面，中国与美国的差距更大。考虑到中国不会挑战美国的军事霸权地位，这种差距可能长期存在。在软实力方面，近几年中国的软实力的影响虽然有所增强，但无论在价值观的吸引力，还是国际议程和国际制度的创设能力方面，都很难与美国相比。中国当前的崛起处于国家崛起进程中追赶阶段的初期阶段，主要是经济追赶时期。

---

① 阎学通等著：《中国崛起及其战略》，第 43 页。

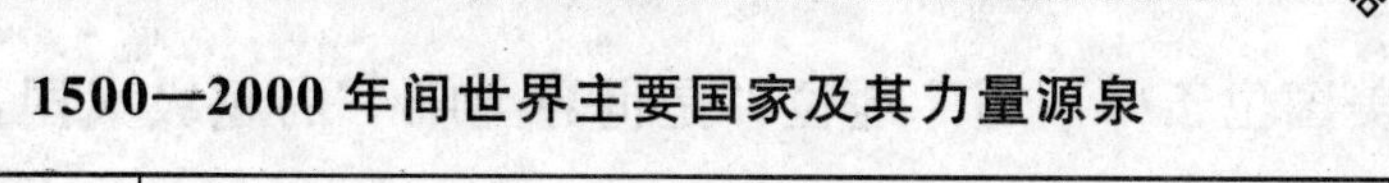

表 4 1500—2000 年间世界主要国家及其力量源泉

时期	国家	主要力量源泉
16 世纪	西班牙	黄金、殖民贸易、雇佣军、王朝关系
17 世纪	荷兰	贸易、资本市场、海军
18 世纪	法国	人口、农业、公共管理、军队、文化（软实力）
19 世纪	英国	工业、政治凝聚力、金融和借贷、海军、自由主义规范（软实力）、岛国位置（易于防卫）
20 世纪	美国	经济规模、科学技术领导地位、位置、军事力量和结盟、全球化文化和自由主义的国际制度（软实力）
21 世纪	美国	技术领导地位、军事和经济规模、软实力、跨国通讯枢纽

资料来源：约瑟夫·奈著：《美国霸权的困惑：为什么美国不能独断专行》（郑志国等译），北京：世界知识出版社，2002 版，第 14 页。

三、中国崛起对国际格局的影响

国际格局是由国际关系中发挥重要作用的国家或国家集团基于实力对比关系而形成的一种相对稳定的结构和状态。中国的崛起将从结构和进程两个方面影响当今国际格局的演变。

（一）中国的崛起将改变大国实力对比，推动多极化

国际格局的基础是大国实力对比，其变化的基础也是大国实力对比的变化。冷战结束后，国际格局呈现出一超多强的态势，

美国位于“一超”地位，是世界上唯一的超级大国，在经济、军事和软实力等领域拥有超强的实力。从硬实力角度看，美国是当今世界实力超强的霸权。在经济方面，美国是世界上最大的经济体。在军事方面，2006 年美国军费开支是世界上其他军费开支最多的 15 个国家的总和。从软实力角度看，美国文化、价值观和国际制度的创设能力是其他国家无法比拟的。当然，在文化、价值观等方面其他国家各有特色，有其不可比拟性。美国的软实力“甚至比它的经济和军事力量还要强大。美国的文化，不论是粗俗的还是高雅的，都强烈地向外辐射，类似于罗马帝国时代，只是更具有新奇性。罗马和前苏联的文化影响仅限于他们的军事疆界。而美国的软实力遍及一个太阳永远不落的帝国”。① 这一论断虽言过其实，但美国的新自由主义模式、民主制度、好莱坞文化等在世界上有着广泛渗透的影响，美国主导了联合国、北约组织、世界银行、国际货币基金组织等众多国际组织，这确实是其他国家在经济条件上所不具备的，甚至不受国际体系体制上的制约。布热津斯基认为，美国在“军事、经济、技术、文化等四个具有决定性作用的方面居于首屈一指的地位”，是“有史以来唯一的全面的全球性超级大国”。②

约瑟夫·奈认为当前的“一超多强”就是多层立体。在综合国力方面美国是一超；在军事方面是美国、俄罗斯两极；在经济上是美国、欧盟和日本三极；在政治影响上是美国、欧盟、中国

① Josef Joffe, “Who's a Afraid of Mr. Big?”, *The National Interest*, Summer2001, p. 43.

② ［美］兹比格纽·布热津斯基：《大棋局：美国的首要地位及其地缘战略》（中国国际问题研究所译），上海人民出版社，1998 年版，第 32—33 页。

和俄罗斯四极。[1] 随着中国的崛起，这种“一超多强”的格局将进一步演化。在经济方面，中国经济的持续快速增长将形成美国、中国、欧盟和日本四极态势，经济多极化将进一步发展。在军事方面，随着中国积极推进军事变革，不断提升打赢信息化战争的能力，军事实力不断增强，如果综合考虑军费开支、战略武器和军队规模，未来有可能出现美、俄、中三极军事格局。在软实力方面，随着中国软实力战略的实施，中国的传统文化、发展模式对许多国家特别是发展中国家的吸引力逐渐增强，对国际制度的利用能力也在不断提高。从综合国力角度看，中国可能成为仅次于美国的第二大强国。

（二）中国的崛起将对霸权形成制约，有利于国际关系的民主化

国际关系民主化属于国际格局的进程。进程的基础是结构，结构的发展必然导致国际进程演化。前联合国秘书长加利曾指出：“日前的多极化趋势将成为未来世界新秩序的基础。多极化为各国提供了机会，使他们能够在国际社会表达自己的意见、希望及雄心。只有通过国家间持续的对话，交流观点，才有可能促进国际关系民主化。”[2] 随着国际格局多极化，美国在国际权力分布中的地位将下降，支撑其霸权行为的实力优势地位受到某种程度的削弱，其他国家国际活动空间增大。而且，中国软实力的提升，对国际制度的利用能力增强，也将制约美国在国际组织中的独断行径，这些都有利于国际关系的民主化和平等化发展。

任何大国的崛起都不是一帆风顺的。中国崛起过程既推动了

---

① ［美］约瑟夫·奈：“重新界定美国国家利益”（张茂明译），载《战略与管理》，1999年第6期。

② 加利：“国际关系应民主化”，载《人民日报》2001年9月14日。

国际格局的演进，也面临着众多制约。首先，中国的崛起将引发安全困境问题。“中国威胁论”就是中国崛起进程中面临的一种安全困境。中国实力的不断上升，已引起霸权国美国的担忧，近年来美国极力宣扬“中国威胁论”，相继出台的《国家安全战略报告》、《国防报告》、《四年防务评估报告》无不对中国实力的增强表示怀疑，还专门出台了中国军力报告。同时，美国还加大全球战略调整力度，将军事部署重点转向亚太地区。美国实际上已将中国看成其霸权地位的最大潜在挑战者。由中国实力上升而带动的国际格局多极化使中国成为其他大国关注的焦点，无论是霸权国还是其他国家都将中国看成是其实现对外战略必须处理的重点对象，中国面临的外部环境的压力不断增大，战略回旋空间有可能缩小。其次，由于中国崛起的不全面性，有可能使本来就有限的战略手段更显不足。在软实力方面，中国的传统文化影响由于种种制约因素而缺乏“普世”色彩，对国际制度创设和利用能力也不强，难以平衡西方以“民主自由”为核心的价值体系，也难以抵消美国借助国际制度施加的压力。在硬实力方面，中国的军事实力虽有发展，但与美国相比差距在相当时期内难以缩小，加上中国奉行防御性国防政策，使军事手段的运用受到限制。这种战略手段的不足将使中国的和平崛起面临严峻的考验。

第二节　迅速融入国际体系的大国

一个国家融入国际体系是一个集体身份逐渐建构的过程，这一过程既包括国家对所要融入的国际体系的认可，也包括国际体系对该国的接纳。现行的国际体系具有许多不合理、不公正的成分，加入其中就会受到约束。但是不参与则会被国际社会边缘

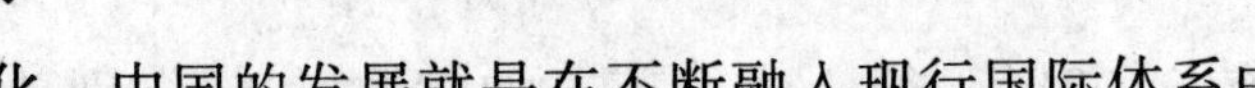

化。中国的发展就是在不断融入现行国际体系中实现的。

一、现行国际体系的特点

国际体系具有稳定性，自欧洲国际体系扩展为全球国际体系以来，国际体系的结构和进程就没有发生根本性的变化。冷战结束后，西方主导的国际体系扩展到全球，当前的国际体系具有以下三个特征：

（一）从体系结构的角度看，当前国际体系的主导力量是西方发达国家

从国际体系的结构看，在经济方面，2002 年发达国家的 GDP 为 26.05 万亿美元，占世界 GDP 的 80.6%。[①] 在军事方面，2005 年全球军费开支 11180 亿美元，仅美国一家就达 48%；2006 年全球军费开支 10600 亿美元，美国为 4393 亿美元，占 41.4%。在软实力方面，西方的价值观和意识形态占据主流地位，美国学者塞缪尔·亨廷顿说："西方是唯一在其他各个文明或地区拥有实质利益的文明，也是唯一能够影响其他各个文明或地区的政治、经济和安全的文明。其他文明中的社会通常需要西方的帮助来达到其目的和保护其利益。"[②] 西方国家还主导了一系列重要国际组织。比如在国际货币基金组织，由于主要采取每个成员国所持有的份额来分配投票权，致使发达国家在投票权分配上占有绝对优势，2008 年投票权的分配是：美国占有 16.77%的

① ［英］安格斯·麦迪森著：《中国经济的长期表现：公元 960—2030 年》，第 57 页表 4.5。

② ［美］塞缪尔·亨廷顿著：《文明的冲突与世界秩序的重建》，北京：新华出版社，2002 年版，第 75 页。

投票权，日本占有 6.02%，德、法、英、加（拿大）分别为 5.88%、4.86%、4.86%、2.89%，这几个国家共占有 41%的投票权。如果将其他发达国家任董事的投票权计算在内，发达国家控制的投票权占到了 60%以上。其结果是国际货币基金组织的所有重大决策诸如基金规模、汇率安排、资源分配等最终决定权都集中到以美欧为代表的发达国家手中。[①] 世界银行采取特别提款权表决机制，西方七国由于是世界银行的主要股东，占有世界银行 40%以上的投票权，仅美国一家就占有 16%以上。在重要决策所需 85%以上多数票通过的规定下，美国一家就可以否决任何一项决策的通过。

总起来说，在国际体系的结构方面，西方发达国家居于中心位置，而其他国家处于边缘地区。国际体系结构呈现出一个中心—边缘的结构态势。当然，中心国家可以分为核心区域（比如西方七国集团）和次核心区域（比如其他发达国家）；边缘区域可以分为半边缘区域（如新兴工业化国家）和最边缘区域（比如最不发达国家）等。中心国家具有强大的政治、经济和军事实力，边缘国家弱于它并受到它的渗透。

（二）从体系进程的角度看，西方国家同样占主导地位

国际体系进程也即国际互动，包括物质互动和观念互动。物质互动主要是国际生产、交换和贸易。在国际生产和交换体系中，中心国家一般拥有先进的技术、有效的管理和密集的资本，一般生产高附加值的产品，而边缘国家则生产初级产品。在贸易方面，处于国际体系中心位置的国家控制了对己有利的

① 黄梅波著："国际货币基金组织的内部决策机制及其改革"，《国际论坛》，2006 年第 1 期。

国际贸易，可以利用边缘地区提供的原材料和廉价劳动力生产高附加值产品，而边缘地区的国家地位正好相反，他们为中心地带的国家提供廉价劳动力、原料和初级产品。中心国家靠不合理、不公正、不平等的贸易条件攫取边缘地区国家的高额利润，高额利润从边缘国家流向中心国家。在观念互动方面，西方发达国家主导了国际体系中观念的创设、交流。当前国际体系中国家之间交流的礼仪、话语、国际法、国际规则，诸如产品标准、贸易规则、知识产权规则等基本上是由发达国家创设的，众多国际组织的决策方式也是采取发达国家国内的决策方式。这些规则、制度大多体现了西方发达国家的价值观和意识形态。亨廷顿曾经指出，西方国家正使用国际组织、军事力量和经济资源来管理世界，其做法是保持西方的优势，维护西方的利益，推行西方的政治、经济价值观念。另外，西方发达国家还极力在国际体系中推行其自身的文化和价值观，加强思想渗透，以主导国际体系内价值观互动。对于西方国家的这种做法，其他国家目前基本上还只能被动地应对。

（三）当前国际体系重大变革的力量比较薄弱

国际体系的变革包括以下三方面内容：一是体系的变革，即国际体系本身的特征发生变化，这是国际体系的整体变革。历史上古希腊城邦体系的兴衰、中世纪欧洲国家体系的衰落以及近代欧洲民族国家的兴起都是国际体系变革的范例。二是系统的变革，即系统内部的变化，而不是体系本身的变更。它包括：权力在国际上分配的变化，威望等级的变化以及体系中具体规则和权利的变化。系统的变革实质上是体系结构的变革，主要是统治某个特定国际体系的那些居支配地位的国家或帝国的兴衰变迁。三是互动的变化，是指国际体系中的行为者之间政治、经济以及其他方面的互动、或者是各种进程的变化。这类变化不包括该体系权力和威望的所有等级的变化，但通常包括具体体现在国际体系中的权利和规则的变化。[①] 从目前情况看，以民族国家为中心的国际体系仍将长期维持，国际体系的变革主要是结构和进程的变革。

推动上述结构和进程两类变革的力量主要有三类，即主导体系的中心国家、边缘国家和体系外的国家。从主导体系的中心国家看，欧、日与美之间的实力差距太大，特别是军事实力方面，难以从结构上动摇美国在中心国家中的主导地位，而美国又通过北约和美日联盟既加强了与这些国家的协调，也影响了这些国家的战略走向。除此之外，美、欧、日之间的矛盾还可以通过一系列的国际制度和规则来缓解，而且美、欧、日都是现行国际体系的既得利益者，不可能主动变革现行体系的互动规则。从体系的边缘国家来看，发展中国家日益分化，已缺少像 20 世纪 50 年代和 60 年代那种挑战西方国际体系的劲头，难以团结成一股变革当前国际体系的强大力量。世界社会主义运动也处于低潮期，大多数国家正在从体系外走向体系内，近期内难有力量变革现行的国际体系。所以，时代的主题也就从战争与革命进入和平与发展。

二、中国融入国际体系的历程

自 19 世纪资本主义依靠掠夺世界领土、资本输出和国际贸易而成为世界体系以来，[②] 中国就与西方国家主导的国际体系结

---

① ［美］罗伯特·吉尔平著：《世界政治中的战争与变革》（武军等译），中国人民大学出版社，1994 年版，第 41—43 页。

② 王绳祖主编：《国际关系史》（第 3 卷），世界知识出版社，1995 年版，第 8 页。

下“不解之缘”。美国学者伊曼纽尔·沃勒斯坦认为，1842 年后，中国就开始被融入西方主导的国际体系。[①] 从 1842 年到 1949 年，中国在国际体系中基本上处于边缘地区：一是在国际体系结构方面，中国无论经济实力、军事实力，还是软实力都处于底层。从经济实力看，1820—1952 年，中国 GDP 从占世界的 32.9％滑落到 5.2％，这期间中国的经济增长率只有 0.22％。而西方国家包括美国和欧洲占世界 GDP 的比重从 28.4％上升到 56.8％，经济增长率美国为 3.76％，欧洲为 1.71％。在军事方面，中国与西方相比，不仅军费开支不足，而且在军队素质和武器装备上更是差了整整一个时代。在软实力方面，自朝贡体系解体后，中华文明对东亚和世界的吸引力急剧下降，中国已丧失了从价值观和国际规则层面上影响其他国家的地位。二是在国际体系进程方面，西方国家通过一系列不平等条约，完全主导了与中国之间的互动。中国被迫开放口岸，按照西方国家规定的条件进行贸易。比如，片面的“最惠国待遇”使中国成了西方国家的商品倾销地、原材料供应地，大量高额利润从中国流向西方国家。在观念互动方面，中国被迫放弃天朝大国的观念，遵循西方国家所制定的规范，以求成为国际社会的一个成员。[②] 实质上，这一时期，中国在被“融入”国际体系过程中，也加强了自身的改造，比如建立了专门处理对外事务的机构总理衙门，接受常驻外交机构和遵循国际法等。在接受西方国际体系规则的同时，中国还进行了取缔不平等条约和取消治外法权等斗争。

1949 年新中国建立后，中国融入国际体系的进程可以说经历

---

① ［美］伊曼纽尔·沃勒斯坦著：《现代世界体系》（第 3 卷）（孙立田等译），北京：高等教育出版社，2000 年版，第 217 页。

② Gerrit W. Cong, “China's Entry into International Society”, in Hedley Bull et al., (eds.), *The Expansion of International Society*, p. 173.

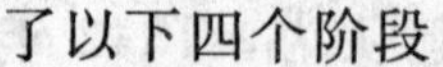

了以下四个阶段：

（一）1949 年到 1971 年的拒绝阶段

冷战初期的两极格局很难使中国保持中立，中国必须在社会主义体系和资本主义体系之间作出选择，中国本身是社会主义国家，又鉴于西方的意识形态偏见，以及以美国为首的西方国家对中国的敌视，中国加入了社会主义体系。这期间，中国不仅受到美国等国家的包围和遏制，还逐渐受到苏联等国家的要挟，而且后者愈演愈烈，到 20 世纪 60 年代末终于成为中国的最大威胁。美国学者吉尔伯特·罗兹曼指出："1949 年以来，国际环境变化无常而且常常对中国是不利的，和苏联的关系影响深远，并有某些积极的成果，但它最后给中国带来的是失望，并导致几乎完全的闭关自守。"[①] 中国是西方国际体系的体系外国家，对西方主导的国际体系基本上采取排斥态度，否定其合法性，并支持该体系的边缘国家进行民族独立解放运动。

（二）1971 年到 1979 年消极融入阶段

20 世纪 70 年代，中国调整对国际体系的战略，以 1971 年中国恢复了在联合国的合法席位，与日本、美国等西方国家建交为标志，中国开始融入西方主导的国际体系，与西方许多国家建立了外交关系，开展了贸易，还加入了联合国专门机构和附属机构，诸如联合国开发计划署、联合国贸发组织和联合国教科文组织等。1975 年中国签署《维也纳外交关系公约》，正式承认西方国际体系内国家之间关系主要是外交关系准则。总体来说，这一

① ［美］吉尔伯特·罗兹曼主编：《中国的现代化》（沈宗美译），南京：江苏人民出版社，2003 年版，第 392 页。

时期中国虽然参与了国际体系，但程度不深，参与的国际组织只有21个，基本上是体系内外的“游移者”，从体系外的对抗者转变为体系边缘的对抗者。

（三）1979年到1992年积极融入阶段

1978年中国实行改革开放，实行独立自主的外交战略，开始积极参与西方主导的国际体系。实行对外开放，主要是对西方国家开放，这也意味着对西方国家主导的国际体系的开放和积极参与。1980年，中国成为国际货币基金组织和世界银行的理事国，此后相继加入了世界知识产权组织条约、国际农业开发银行、亚洲开发银行，并积极要求恢复关税及贸易总协定（GATT）缔约国地位。1982年中国成为联合国人权委员会理事，从1980年起，中国开始参加联合国裁军与军控会议，签署了一系列有关裁军和军控的文件等。这一时期，中国主要是熟悉和学习所加入的国际组织的规则，同时，中国在国际体系内高举反霸、改革的大旗，指出西方国际体系的弊端，要求改革不平等、不公正、不合理的国际体系，主张建立公正、合理的国际政治经济新秩序。中国成为国际体系的积极参与者、批评者和改革者。

（四）1992年以来的全面融入阶段

冷战结束后，西方主导的国际体系扩展到全球，西方的价值观也随之向全球扩张。同时，国际格局呈现出多极化发展趋势，多种文明和价值观相互碰撞。在这种西方发达国家与其他发展中国家、西方价值观与其他价值观相互交流和矛盾中，中国融入国际体系的广度和深度空前加强。1997年中国宣布要做“国际社会负责任的大国”，2001年加入世界贸易组织（WTO），融入国际体系的速度明显加快，到2006年共加入1000多个国际组织，其中政府间组织130多个，签署的条约和具有条约性质的文件达1.7万多个，2007年承担的联合国会费2.05%，在国际货币基金组织中的投票权从2.98%上升到3.66%。同时，中国积极履行自己的职责，认真遵循各项国际制度、国际规则。据美国学者江忆恩的分析，20世纪90年代以来，在五大国际规则体系即主权、自由贸易、核不扩散和军备控制、民族自决权和人权方面，中国的遵循程度有很大的提高。[①] 即使在原来比较敏感的人权问题上，中国也积极地认同有关国际人权观念的合理内核。[②] 从某种程度上讲，对国际规则的遵循也是对这些规则赖以确立的某些价值观的认同。"负责任的大国"意味着对国际体系的某些核心规则、价值观的认同，实际上表明中国已成为现行体系的支持者和改革者。

三、中国融入国际体系的特点

中国融入国际体系是一个双向接近的过程。一方面，中国的发展离不开国际体系的支持，中国要获得国际体系的支持，就必须主动应对并适应国际体系对中国提出的合理的规范和要求，需要按照国际体系的规范和准则主动改变自身与发展不相适应的行为和观念；另一方面，现行的国际体系也离不开中国，需要对中国与国际体系的差异性有充分的理解和尊重，要包容不同制度和文明的多样性、差异性。从中国角度看，中国融入国际体系是一个不断批判现行国际规则中不合理、不公正

① [美] 江忆恩著："中国对国际秩序的态度"，载《国际政治科学》，2005年第2期。

② 夏建平著：《认同与国际合作》，世界知识出版社，2006年版，第210页。

的成分，又不断调整自身的过程；从国际体系角度看，中国融入国际体系则是现行国际体系从排斥、怀疑、不尊重到逐渐接纳中国的过程。

（一）从国际体系的结构看，中国融入国际体系的过程是一个从体系边缘向体系中心逐渐过渡的过程

国际体系的中心国家一般是实力强大而且是制定国际规则的国家。历史上，中国曾经是世界强国，但自从被纳入西方国际体系，成为西方国家殖民掠夺的对象，就处于体系的边缘境地。新中国建立后，中国脱离西方国际体系，成为西方国际体系的革命者。自20世纪70年代开始，中国加入西方主导的国际体系，虽然中国综合实力强大，冷战结束后，是世界五极中的一极，但由于没有完全融入国际体系，实际上仍是国际体系的边缘者。改革开放后，在积极全面融入国际体系的背景下，随着综合实力不断上升，中国正从体系的边缘迈向体系的中心。

从对国际体系的认同角度看，中国对国际体系的态度经历了一个从反对者到维护者的转变过程。从历史上看，大国在崛起过程中往往对现行国际体系持排斥否定态度。鉴于当时的历史环境和众所周知的中国所处的地位，在恢复联合国合法席位之前，中国对西方主导的国际体系基本上是持否定态度的。国际体系对中国持敌视态度，将中国看成是对抗者和敌人。改革开放后，中国积极融入国际体系，对于国际规范的认同程度不断提高。同时，国际体系对中国的态度也发生了变化，从完全排斥转为部分接纳。进入21世纪以来，中国已成为国际体系的现状维持者，基本认同了国际体系的主要规则和制度，国际规范和某些可资借鉴的理念在中国的内外政策中有所体现，开始建构中国在国际社会中的身份和地位、理念和利益。国际社会也开始接纳和认同中国为其中的成员。

（二）从融入国际体系的内容看，中国的融入是一个由点到面、逐步深入变化的过程

在经济方面，中国已形成了一个全面融入的格局，加入WTO以后，中国的制造业全面对外开放，160个服务贸易部门中已开放100多个，程度接近发达国家。[①] 改革开放30年，中国累积利用外资7000多亿美元，世界500强企业有480家与中国建立合作关系。同时，中国对外投资的规模不断扩大，截止到2006年底，中国对外直接投资达到733.3亿美元，共向110多个国家和区域组织提供了2000多个援助项目，减免了44个发展中国家的166亿元人民币债务。在政治方面，具有中国特色社会主义的民主、法治、人权观，推进了国内的社会主义民主和法制建设。在学习和实践科学发展观思想指导下，不断加大经济体制、政治体制、文化体制和社会体制等方面的改革。在安全方面，中国积极参与地区多边安全机制建设，加入并不断维护国际军控和防扩散机制，参与并遵守《不扩散核武器条约》、《全面禁止核试验条约》、《禁止生物武器公约》、《禁止化学武器公约》、《特定常规武器公约》附加《地雷议定书》等，参加了防扩散领域的所有国际条约和相关国际组织；积极参与联合国维和行动，致力于维护地区安全和稳定，在印度洋海啸、巴基斯坦地震等国际救援行动中发挥重要作用；推动了朝核问题等地区热点问题的缓和与解决。[②]

当然，中国融入国际体系过程并不是全盘接受国际体系的价

---

① 中国代表团团长、商务部副部长易小准在WTO首次对中国贸易政策审议会议上的发言，2006年4月30日。

② 陈向阳："对中国与国际体系关系的几点看法"，载《江南社会学院学报》，2008年第1期。

值观和规则，随着中国是发展中大国的意识、责任意识和规范意识的发展，中国在接受国际核心价值观和规则的同时，对这些价值观和规则提出了自己的系列的改革主张。比如安全观，中国针对建立在冷战思维基础上的传统安全观，提出了以互信、互利、平等、协作为核心的新安全观；在人权观方面，针对西方国家在人权观方面的不足和缺失，提出了人权不仅包括政治文化权力，还包括生存权和发展权。在实践中，中国倡导建立了上海合作组织，加强了与东盟国家之间的关系，积极维护联合国在国际体系中的权威等。这些观念主张和实际行动对于世界的和平与发展起着重要作用，同时对西方主导的国际体系也具有一定程度的改进和改革作用。

（三）从融入国际体系的过程看，中国融入国际体系是一个不断斗争的曲折过程

从国际体系结构看，随着中国实力的上升和不断接近国际体系的中心位置，国际体系的中心国家和既得利益的国家有可能形成某种默契，联合遏制和围堵中国，中国融入国际体系将面临结构性压力。冷战结束后，各种“中国威胁论”层出不穷，诸如“军事威胁论”、“科技威胁论”、“经济威胁论”、“能源威胁论”、“粮食威胁论”、“环境威胁论”、“不负责任论”、“软实力威胁论”等等，凡此种种都是中国在融入国际体系中所面临的结构性压力的表现。为消除国际体系主导国家的妄自猜测和疑虑，多年来，中国一而再、再而三地重申中国的崛起是和平崛起，是负责任的大国，提出了建设和谐世界的理想，并在行动中付诸实践。

从国际体系进程的角度看，西方发达国家特别是美国将中国定位为“潜在的挑战国”，对中国采取了遏制加接触的战略，在保持对中国强大的政治、军事压力的情况下，企图通过与中国的接触，借助国际体系规则和制度的力量，来“规范”中国融入国际体系的进程。在政治方面，美国将中国定位为“非民主国家”，将中国的意识形态、政治制度和发展模式看成是西方价值观、政治制度和发展模式的巨大挑战，并力图从西方价值观和政治社会制度等方面来套牢中国，促使中国发生转变。在经济方面，西方国家利用反倾销、反补贴、知识产权、技术标准和环境标准等制度，通过单边、双边和多边途径，迫使中国全面开放市场，不断侵蚀中国经济主权，企图控制中国经济实力增长势头。在军事方面，美国2006年的《四年防务评估报告》将中国定位为“对美国的军事力量和军事技术具有最大潜在威胁的国家”，并以军事透明度等为由，不断向中国施压，试图探明中国军事实力现状和发展意图。为消除中国融入国际体系进程中遇到的上述制约因素，中国积极倡导新文明观，强调抛弃冷战思维，不搞意识形态对抗。降低关税，取消或减少政府补贴，严厉打击国内侵犯知识产权行为，实行新人民币汇率制度等，同时加强与美国、欧盟的经济战略对话，以消除双方在经济领域中的分歧。中国还连续多年发表《国防白皮书》，加强与有关国家的军事交流，恢复参加《联合国常规武器登记制度》等，不断增加军事透明度。当然，中国并不是一味顺应西方国家的要求，比如在政治领域，中国的民主制度就与西方不同，中国强调每个国家有权利选择适合本国国情的价值观和发展道路等。随着中国融入国际体系的程度加深，这种怀疑与释疑、提防与增信的互动将持续下去。

第三节　处于社会主义初级阶段的发展中大国

国家的属性包括一个国家的意识形态、政治制度和经济制度等，是影响国家定位的重要因素，是确定国家利益的主要依据之

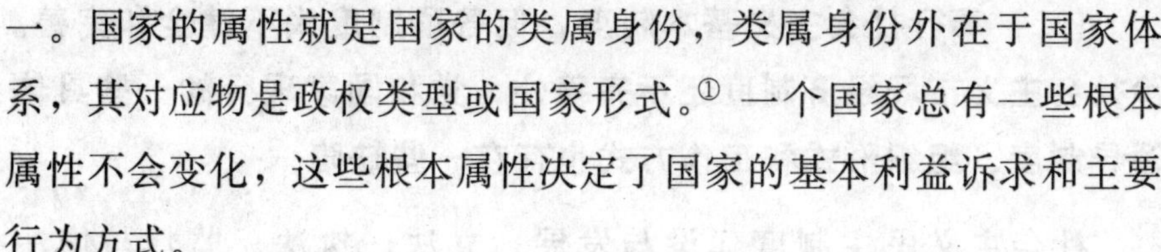

一。国家的属性就是国家的类属身份，类属身份外在于国家体系，其对应物是政权类型或国家形式。[①] 一个国家总有一些根本属性不会变化，这些根本属性决定了国家的基本利益诉求和主要行为方式。

一、社会主义初级阶段的国情

社会主义初级阶段即社会主义的尚不发达阶段，中国是在生产力非常落后的情况下进入社会主义的，必然经历相当长的社会主义初级阶段。

（一）生产力低下是社会主义初级阶段的主要特征，也是最基本的国情

改革开放 30 年来，中国经济有了快速发展，人民生活水平有了大幅提高，社会主义市场经济体制初步确立，经济结构得到进一步优化。但必须看到，这些发展变化与世界经济全球化、高科技迅猛发展，特别是信息化发展还很不相适应。与发达国家相比，中国生产力水平仍然较低，经济总量虽然位列世界第三，但人均 GDP 只有 2000 多美元，仍然居世界后列，属于中下等收入国家。中国工业化进程尚未完成，处于工业化中期阶段。增长方式粗放、落后，农村经济发展缓慢，解决“三农”问题任务相当艰巨。科技水平与发达国家相比还有较大差距，国民素质也亟待进一步提高。城乡之间、区域之间发展不平衡产生的新矛盾，生态环境、资源环境和社会环境面临的问题突出。

---

① ［美］亚历山大·温特著：《国际政治的社会理论》（秦亚青译），上海人民出版社，2000 年版，第 284 页。

（二）奉行社会主义基本制度，但各项制度尚不健全和完善。除社会主义市场经济制度还不完善外，党和国家现行的一些具体领导制度、组织形式和工作方式也存在一些缺陷

社会主义民主制度建设与发展，立法、执法、监督与依法治国、建设社会主义法治国家的要求，执政党的领导方式与执政方式与新时期新任务的要求，行政管理体制改革与完善社会主义市场经济的要求，监督制度、权力运行机制与反腐败的要求等还不完全适应经济、社会快速发展的要求。人民当家作主的根本原则没有法律化和程序化，人民群众对国家机关、国家公务员的监督权、罢免权未能充分实现，人民行使民主权利还存在局限性。

（三）国家抵御内外风险和压力的能力弱

社会主义初级阶段的不发达性决定了这个阶段的社会形态虽能代替、超越落后的资本主义或半殖民地半封建的社会，但不能完全取代处于发达阶段的资本主义，而只能与发达资本主义增强合作，共同发展，长期共存。在激烈的竞争中明显处于弱势，面临资本主义国家侵蚀、破坏和渗透等外来威胁。另外，今后一段时期内，中国社会处于剧烈转型期，社会发展积累的原有矛盾以及发展中产生的新矛盾未能及时化解及消灭在萌芽状态。地方性群体事件不断增多，据统计，从 1993 年到 2004 年，中国群体性事件由每年 8700 起增加到近 7 万起，近几年一直保持在 4 万起左右。[①] 社会贫富差距拉大，20 世纪 80 年代初，中国的基尼系数为 0.128，而 2006 年达到 0.48。人口老龄化问题日趋严重，

① 胡鞍钢著：《中国崛起之路》，第 161 页。

预计到2030年，中国老年人口将达到2.26亿人，占总人口的15.34%。[①] 就业压力增大，2007年新增就业人口2500万人，新增工作岗位1000万个，缺口1500万。"十一五"期间，农村人口每年向城镇转移7500万。如果不能有效解决就业问题，保证人口流动的有序进行，势必产生新的矛盾，成为社会的不安定因素。

国家面临的内外压力并不一定引起动荡，如果国家制度健全、政府治理有效，就能缓解各种压力，维护国家的稳定。当前，中国还没有建立一套完善的安全应急机制，在危机处置、快速反应和资源整合等方面存在条块分割、协调不力等诸多问题。在政府治理方面也存在明显不足：治理理念重效率轻公正，治理重点重经济轻社会和人的全面发展，治理结构分散而不能整合社会资源，治理风格管制而非服务等，导致政府的经济协调、市场监管、社会管理和公共服务能力不高，难以有效处理内部社会问题。这说明中国政府体制处于从封闭型向开放型、从计划经济的控制职能向市场经济的服务职能转变的过程中。

二、国际体系中的发展中大国

中国是发展中国家，而且是最大的发展中国家。说中国是发展中国家，是相对于发达国家而言的；强调中国是最大的发展中国家，是与其他发展中国家相比较的结果。从现在到本世纪中叶，在中国成为中等发达国家之前，无论从国际体系结构角度，还是从国际体系进程方面看，中国都将是一个发展中的大国。

---

① 胡鞍钢等：《国情与发展》，北京：清华大学出版社，2005年版，第67页。

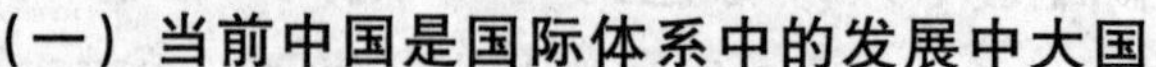

（一）当前中国是国际体系中的发展中大国

从实力角度看，中国是世界上综合国力比较强大的国家，是世界多极格局的一极。但从人均GDP、科技水平、教育角度看，中国基本上属于发展中国家。与发达国家相比，中国人均GDP明显偏低，而与发展中国家相比，中国人均GDP属于前列。在军费开支方面，与发达国家相比，中国军费开支占GDP的比例不高，但与发展中国家相比，则偏高。在科技水平方面，2003年中国科技研发开支占GNI的比例为1.31%，日本为3.15%，美国为2.6%，加拿大为1.94%，巴西为0.98%。2005年中国人口平均受教育年限为8.5年，2010年将达到9.0年，明显高于发展中国家的5.13年的平均水平，但低于发达国家的9.76年。城市人口占总人口的比率2002年中国为37.6%，印度28.1%，韩国83%，泰国20.2%，美国77.7%，法国75.4%，英国89.6%，德国87.9%，巴西82.2%。中国科技水平、教育水平和城市化比率与发达国家相比还有较大差距，但在发展中国家基本居于前列。

从软实力角度看，中国是联合国常任理事国，拥有否决权，但中国在联合国五大常任理事国中动用否决权的次数最少，从1945年到2004年，五大常任理事国共动用否决权257次，其中美国80次，苏联/俄罗斯122次，英国32次，法国18次，中国只有5次。在国际货币基金组织，中国的投票权2005年为2.98%，2008年上升到3.66%，其他发展中国家2008年巴西为1.38%，印度为1.89%，印尼为0.95%，泰国为0.50%。中国在国际货币基金组织中拥有的投票权少于发达国家，但与其他发展中国家相比，中国的投票权算是最多的。利用国际组织发挥影响是软实力的重要来源，从中国在国际组织中的作用看，与发达国家相比，中国影响力还比较弱，但在发展中国家行列中，中国的影响力是最强大的。

（二）从发展进程看，中国在相当长的时期内仍将是一个发展中国家

所谓发展中国家的称谓，按瑟尔沃的看法，就是世界银行所指的低收入国家和中等收入国家。迈克尔·托达罗认为发展中国家有以下特征：低下的生活水平，表现为低收入，严重的不平等；保健水平低；受教育程度低；劳动生产率低；高人口增长率和赡养负担沉重；高度的、并且还在不断增长的失业和不充分就业水平；对农产品和初级产品出口的严重依赖；普遍存在的不完全市场和信息约束；在国际关系中所处的劣势地位、依附性和脆弱性。[①] 按照迈克尔·托达罗所指的特征，中国愈来愈不像典型意义上的发展中国家。清华大学胡鞍钢教授认为，“中国正迅速地发达化，已经不是典型意义的发展中国家，但也不是发达国家或中等发达国家，欠发达与发达特征并存，欠发达的范围在缩小，发达的范围在扩大”。[②]

到 2050 年中国如若要达到中等发达国家水平，从人均 GDP 的角度看，就是达到世界银行分类中的中上等收入国家。世界银行按照人均 GDP 将国家分为四类：人均 GDP 800 美元以下的为低收入国家；人均 GDP 800 到 3000 美元为中低等收入国家；人均 GDP 3000 到 1 万美元为中高等收入国家；人均 1 万美元以上为高收入国家。按照瑟尔沃的观点，中国所要实现的中等发达国家实际上还是属于发展中国家，不过是从不发达的发展中国家转

---

① ［美］迈克尔·P·托达罗著：《经济发展》（黄卫平等译），北京：中国经济出版社，1999 年版，第 36—37 页。

② 胡鞍钢著：《中国崛起之路》，第 372 页。

变为发达的发展中国家。

三、国家属性的影响

国家的属性影响国家的利益确定，而国家的利益确定决定国家实现利益的力量、手段和途径。中国作为社会主义初级阶段的发展中大国的属性，从积极意义上看，能够带来以下作用：

1. 作为社会主义国家，有可能得到世界上信奉社会主义制度和意识形态的国家和政党的支持和谅解。价值观和意识形态是国家行为的路线图，“在最根本的层面上，观念规定着行动可能性的领域”。[1] 美国学者萨缪尔·亨廷顿认为，“价值、文化和体制深刻地影响国家如何界定它们的利益”，“具有类似文化和体制的国家会看到它们之间的共同利益”。[2] 当然，价值观和制度的相似性只是使属性类似的国家的合作具有可能性，至于能否将这种可能性变为现实，还取决于一系列条件。但是，在其他条件相同的情况下，价值观与制度相似国家之间倾向合作的可能性比价值观和制度具有巨大差异性的国家之间的高，这一点应该是可以肯定的。

2. 作为发展中的大国，中国能够获得其他国家更多的支持和期待。中国与大多数发展中国家有着相似的历史经历和类似的目标，都受过殖民或半殖民统治，都需要和平、稳定的环境，推动南北对话和南南合作，以促进本国的经济发展和社会进步。作为

① ［美］朱迪斯·戈尔茨坦等编：《观念与外交政策》（刘东国、于军译），北京大学出版社，2005年版，第8页。

② ［美］塞缪尔·亨廷顿著：《文明的冲突与世界秩序的重建》（周琪等译），新华出版社，2002年版，第15页。

发展中国家，中国在国际上的主张和行为容易得到广大发展中国家的支持和同情。

但是也必须看到，作为社会主义的发展中国家所面临的战略难题比较复杂：

1. 在当前世界社会主义运动处于低潮的情况下，中国依然坚持社会主义道路，将长期面临资本主义国家政治、经济、军事和文化的压力，维护制度安全的任务极为艰巨。社会主义与资本主义之间的竞争不仅是实力、意识形态和价值观的竞争，更是两大制度以及支撑两大制度的各自的体制、规则和机制的竞争。冷战后中国成为世界上唯一的社会主义大国，冷战后两种制度之间的竞争一开始就处于不平等状态，中国的社会主义是初级阶段，有很多不成熟的方面，而资本主义经过三百年的发展，各项规则、机制比较成熟。在两种制度竞争中，中国一方面要发展本国生产力，不断缩短与发达资本主义国家之间的差距，另一方面还要继续探索和完善社会主义制度。同时，还要抵御资本主义国家利用经济全球化和社会信息化对中国进行“分化”、“西化”和“弱化”的图谋。中国面临的压力空前增多。

2. 社会主义运动处于低潮和发展中国家的分化，使中国可借用的力量实际上极为有限。冷战时期，两种制度之间的竞争主要是美国等西方发达资本主义国家与苏联、东欧社会主义国家之间的竞争，中国是其中的制衡力量，既可以借助美国来反对苏联的威胁，也可以借助苏联来抵御美国的压力。同时，当时第三世界国家都面临民族解放和争取民族独立的任务，中国可以给予有力的支持。所以，冷战时期，中国战略回旋余地较大，可借用的力量较多。但冷战结束后，东欧剧变，苏联解体，作为世界上唯一的社会主义大国，中国将承受资本主义更大的压力。发展中国家的任务从通过民族革命来争取和维护国家独立转变为通过发展经济来巩固独立，中国当然可以给予资金和技术支持，但与发达资本主义国家相比，能力还是有限。在这种情况下，许多发展中国家转而求助于发达国家，发展中国家的分化对于中国维护自身制度安全有明显不利的影响。

3. 作为社会主义初级阶段的发展中大国，中国的主要任务是发展本国经济，维护国内稳定。经济发展和增强国力需要将国家重点投放在国内，首先要办好自己的事情，因此，不可能把重点转移到外部，也不可能对其他发展中国家进行大规模的援助。但是随着中国越来越脱离典型的发展中国家，越来越成为发达的发展中国家，不仅西方发达国家要求中国“承担大国责任”，就连发展中国家也呼吁中国履行更多的大国责任，中国面临的内外压力将逐渐增多，力量、精力将受到多方牵制。

第二章

中国国家安全利益与安全战略目标

确定国家安全战略目标是国家安全战略筹划的首要任务。只有目标明确，才能有的放矢地安排和配置各种资源，最终形成完整有效的国家安全战略。为此，必须准确界定国家安全利益、判明利益所受威胁的状况，并从具体国情、外部环境等角度分析利益所受的威胁，最终结合自身的资源和条件来设定国家安全战略目标，做到科学性与可行性的统一。

第一节　中国国家安全利益

安全利益是主权国家对生存的需求，它与国家发展利益是辩证统一的关系，两者共同构成国家利益的总和。从整体上看，中国国家安全利益主要是由中国在国际体系中的定位决定的，其内容和结构都具有较高的稳定性。然而也应该看到，随着经济全球

化的深入扩展及和中国自身的发展，涉及国家生存的需求也在不断增加，中国国家安全利益呈现不断扩展的趋势。

一、中国国家安全利益的构成

具体分析，中国国家安全利益主要集中在以下五个方面：

（一）国家主权独立

主权是国家构成中最为核心的要素，主权独立则是国家作为一个国际行为体生存最主要的体现。新中国成立后，坚持奉行独立自主的对外政策，综合国力不断增强，在主权方面受到的威胁逐步减弱，主权问题对我国安全的影响趋于减少。但是，主权独立仍是我国国家安全利益中的重要组成部分。只有在这部分安全利益得到保障的情况下，国家才能自主地配置和运用自身的资源来维护其他安全利益，也才能谈得上制定自己的国家安全战略。随着国际政治的发展，主权的内涵也在不断拓展和变化，如何在新的历史条件下维护国家主权安全，是国家安全战略筹划必须面对的一个重要课题。

（二）国家统一和领土完整

领土是国家赖以存在的最基本的物质基础，维护领土完整、保证国家领土不被分割涉及国家生存的根本，也涉及国家在国际社会中的地位。中国是世界上唯一没有实现祖国统一的大国，在领土和海洋权益问题上也与部分邻国存在争议，维护国家统一和领土完整的任务十分艰巨。在相当长的一段时期内，这部分安全利益将在中国国家安全大局中占有特殊的重要地位，需要投入大量的资源和精力。这部分利益一旦受到侵犯和损害，将在很大程

度上冲击其他安全利益的实现，对国家的安全与发展全局构成巨大制约。

（三）国家基本政治制度和核心价值观

国家基本政治制度与核心价值观是国家“软力量”的核心。中国作为一个社会主义国家，坚持社会主义制度、坚持中国共产党领导下的多党合作和政治协商，是保持国家安定、提高民族凝聚力和实现经济持续发展的内在保证。在未来一定时期里，基本政治制度与核心价值观安全在我国国家安全利益中的地位将进一步突出，主要原因有两点：第一，维护该部分安全的紧迫性增加。在相当长的一段时间内，国际范围内社会主义运动仍将处于低潮，中国在意识形态和文化价值观方面的相对弱势地位短期内难以改变。随着我国进一步融入国际体系，西方意识形态和文化价值观将加速渗透，这一领域的争夺将更加激烈。第二，维护基本政治制度与核心价值观安全是中国和平崛起的内在要求。一个大国的崛起，不仅是物质力量的迅速发展，也需要强大的、先进的文化价值观提供支撑，需要“软力量”来维护国家的安全与发展利益。

（四）国民经济可持续发展

经济安全是国家安全的重要组成部分。作为一个处于上升阶段的发展中国家，中国的经济安全突出表现在国民经济的可持续发展上，主要包括两个方面：第一，国民经济的自主发展能力，即国家经济在融入世界经济全球化过程中所必须具有的、主要按内在需求而积累发展和抵御风险的能力。对于处于上升过程中的发展中国家来说，这是经济安全的核心问题。到目前为止，所有新兴市场国家经历的经济危机几乎都是由于丧失了经济发展的自主性造成的。中国作为一个发展中大国融入国际体系，必然面临国际资本越来越强大的冲击和风险，保持国民经济自主发展的重要性将比以往任何时候都更为突出。第二，获取稳定的战略性资源。随着中国经济的发展，对能源和其他战略性资源的需求不断增加，资源的获取与利用正逐步成为中国的一项战略性课题，确保其稳定供应则成为国家安全利益的重要组成部分。

（五）国内社会稳定

作为一个正在崛起的发展中大国，中国正经历着一个较长的转型期，其中社会阶层结构、经济关系和利益分配都将发生巨大变化，只有维持社会的基本稳定才能为伟大的社会变革提供必须的条件。一些新兴市场国家的经历表明，一旦社会稳定出现问题，政权安全、制度安全和经济安全等其他安全利益也将受到冲击。随着未来中国的快速发展，社会稳定在中国国家安全利益中的地位将进一步上升。

上述五项安全利益是中国最基本的国家安全利益。此外，还有一些更加具体的安全利益，诸如以下九项：

（1）对主要国际机制和相关地区组织的参与权和影响力；

（2）国际制度体系的基本稳定；

（3）周边地区的和平与稳定；

（4）与我国密切相关的海上战略通道安全；

（5）海外侨民和海外资产的安全；

（6）国际形象；

（7）信息安全；

（8）环境安全；

（9）太空安全。

这些安全利益涉及国家安全的具体领域，对前面所说的五项基本安全利益起到某种支撑作用。其中，部分利益在稳定性方面相对较弱，容易受到国际格局变化、世界范围内的科技发展等因素的影响，诸如信息安全、太空安全等。但是这些利益往往是新近出现的，其重要性可能并未得到完全展现，对其评估需要有高度的前瞻性和全局眼光。

二、中国国家安全利益的层次划分

明确国家安全利益的内容与构成后，还需要对其进行层次划分，确定各种安全利益的轻重缓急。这是因为，维护安全利益需要资源的投入，而一个国家的总体资源是有限的，不可能面面俱到地保护所有利益。只有根据不同的层次、不同的重要程度合理安排资源，分清什么是投入的重点，什么是次重点，才能最大限度地保证关键利益，从而在维护国家安全利益的全局上实现效果最优化。对于中国这样一个发展中国家来说，综合国力发展水平还不高，可运用于安全领域的资源更加有限，明确安全利益的优先顺序、科学划分利益层次的必要性尤其突出。

美国在这方面的划分可以作为借鉴。在美国，尽管没有明确针对国家安全利益进行层次划分，但其对国家利益的排序在很大程度上就可以视为对安全利益的排序。比如 2000 年 7 月，美国国家利益委员会提出了题为《美国国家利益》的报告，清楚地将美国国家利益划分为“生死攸关”的利益、“特别重要”的利益、“重要”的利益，以及“次要”的利益等层次。其中，“生死攸关”的利益包括以下五项：（1）防止、威慑和减少核武器及生化武器攻击美国及其海外驻军的威胁；（2）确保美国盟国的生存以及与美国在塑造一个得以繁荣昌盛的国际体系方面的积极合作；（3）防止在美国周边出现敌对大国或敌对的失败国家；（4）确保主要全球体系（贸易、金融市场、能源供给及环境）的活力与稳定；（5）与可能成为美国战略对手的中国和俄罗斯建立符合美国国家利益的建设性关系。[①] 其“特别重要”的利益包括11项，诸如防止、威慑和减少任何使用核武器及生化武器的威胁，防止大规模杀伤性武器及其投送系统的扩散等。“重要”利益则包括防止外国大规模侵犯人权的行为，防止美国海外资产被国有化等10项。此外，美国政府出台的一些有关战略的文件也对安全利益作了类似划分。[②]

中国的国家安全利益同样可以按其重要程度进行排序。需要说明的是，前面提到的基本安全利益和具体安全利益并不涉及利益的重要性，这里需要将这两类利益合并，进行重新划分。在划分标准方面，一方面要考虑其在国家安全全局中的地位和影响，另一方面也需要考虑国家对利益的维护程度，即当某种利益受到威胁时，国家准备用多大的力量和决心来进行维护。这样，中国的国家安全利益至少可以分为核心安全利益、重大安全利益和一般安全利益三个层次，这三个层次相互联系、相互作用，在特定

---

① The Commission on America's National Interests, *America's National Interests: A Report from the Commission on America's National Interests*, The Commission on America's National Interests, 2000, p. 20.

② 1998年克林顿政府出台的《面向新世纪国家安全战略报告》（*A National Security Strategy for a New Century*, October, 1998）中对安全利益作了区分。然而布什政府2002年、2006年的《国家安全战略报告》则没有作出类似的层次划分，其全篇列出七个大项目，一定程度上可以理解为美国首要的安全利益：（1）支持对人类尊严的追求；（2）击败全球恐怖主义并防止对美国及其盟友的袭击；（3）平息地区冲突；（4）防止敌人用大规模杀伤性武器威慑美国及其盟国和朋友；（5）以自由市场和自由贸易实现全球经济增长；（6）通过社会开放与建立民主基础扩大发展范围；（7）与其他全球权力中心开展合作。The White House, *The National Security Strategy of the United States of America*, 2002, 2006, p. vii.

条件下甚至可能相互转化。

（一）核心安全利益

核心安全利益类似于美国提出的“生死攸关”利益，是涉及国家生存与人民基本生活状态保持的利益，一旦受到破坏，将造成灾难性的损害。对于核心安全利益，中国不可能作出任何妥协，当其受到严重威胁时，将采取包括使用武力甚至战争在内的一切手段来加以捍卫。这部分安全利益与国家的物质空间和身份特性紧密联系在一起，具有长期稳定的特点，包括以下两大项：

（1）国家主权独立；

（2）国家统一与领土完整。

（二）重大安全利益

这部分利益不直接影响国家的生存，但对国家生存和人民基本福利和生活状态的保持发挥着关键性作用。在涉及重大安全利益的问题上，中国同样不可能作出实质性的妥协和让步，将采取各种手段来捍卫这部分利益，但一般不采取使用武力或战争行动。相对于核心安全利益，重大安全利益的稳定性相对弱一些，部分利益会随着历史条件和内外环境的变化而发生改变。这类利益包括以下八项：

（1）国家基本政治制度与核心价值观；

（2）国民经济的可持续发展；

（3）国内社会稳定；

（4）周边地区的和平与稳定；

（5）与我国密切相关的海上战略通道安全；

（6）信息安全；

（7）环境安全；

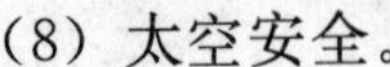

(8) 太空安全。

(三) 一般安全利益

一般安全利益对国家安全并无全局性的影响，但对前两类利益的维护与实现具有重要价值，是保证国家地位和人民福利的重要条件。一般安全利益需要国家运用常规手段加以维护，但为了其他全局性的利益和战略目标，这部分利益在一定条件下可以作出妥协或进行某些利益交换。这主要包括以下四个方面：

(1) 对主要国际机制和相关地区组织的参与权和影响力；

(2) 国际制度体系的基本稳定；

(3) 海外侨民和海外资产的安全；

(4) 国家的国际形象。

第二节　中国国家安全利益所面临的威胁

维护国家安全不仅需要明确国家安全利益所在，而且必须准确判断利益所面临的威胁，这样才能有的放矢，增加资源利用的有效性。从国家安全战略筹划角度来看，对来自外部与内部的、现实或潜在的危害自身国家安全利益的认知与判断，则是仅次于安全利益界定的一个重要环节。

对中国来说，不仅是国家安全，而且是国家整体战略的基础都是建立在对安全威胁的基本判断之上。在20世纪80年代中期，邓小平同志提出了和平与发展是时代的主题著名论断，作出了对国家安全威胁的一个重要判断，那就是世界大战打不起来。正是在这种对威胁判断的基础上，中国才作出了全面改革开放、集中力量搞经济建设的重大决策：“没有这个判断，一天诚惶诚恐的，怎么搞现代化建设？更不可能搞全面改革，也不能确定我们建军的正确原则和方向。”[①] 当然，邓小平同志对威胁的判断是侧重于从战争与和平的角度，是涉及国家安全最基础的东西，是高度精确的判断。随着中国经济、社会的快速发展以及经济全球化进程的扩展和深入，中国的安全利益既进一步扩展也进一步受到威胁，安全环境也发生了较大改变，面临的安全威胁也进一步复杂化。在这种新形势下，有必要对中国国家安全面临的威胁，特别是主要威胁作出更加具体的界定和判断。

一、安全威胁的分类

当前，中国的各种战略性文件在判断国家安全威胁上已经有了一些权威提法。党的十七大报告从宏观的层面对威胁进行了判断：“世界仍然很不安宁。霸权主义和强权政治依然存在，局部冲突和热点问题此起彼伏，全球经济失衡加剧，南北差距拉大，传统安全威胁和非传统安全威胁相互交织，世界和平与发展面临诸多难题和挑战。”[②]《2006年中国的国防》白皮书则从国际、地区和中国自身三个层次对威胁进行了判断，其中重点突出了台湾问题：“国内和国际因素关联性增强，传统和非传统安全因素相互交织，维护国家安全的难度加大。反对和遏制‘台独’分裂势力及其活动的斗争复杂严峻。台湾当局实行激进‘台独’路线，加紧通过推动所谓‘宪政改造’谋求‘台湾法理独立’，对中国的主权和领土完整、台海及亚太地区的和平稳定构成严重威胁。”

---

① 《邓小平思想年谱1975—1997》，中央文献出版社，1998年版，第302页。

② 胡锦涛：《高举中国特色社会主义伟大旗帜为夺取全面建设小康社会新胜利而奋斗》，人民出版社，2007年版，第46页。

此外，白皮书还指出："美国继续向台湾出售先进军事装备，并与台湾加强军事联系和往来。少数国家炒作'中国威胁论'，加强对中国的战略防范与牵制。周边复杂而敏感的历史和现实问题，仍对中国的安全环境产生影响。"①

上述判断为进一步分析和界定我国安全威胁指明了方向。然而，现实中国国家安全所面临的威胁复杂多样，对其进行分类是理清问题脉络、明确问题内涵的基础。

按照不同的标准，国家面临的安全威胁至少存在以下几种区分：按威胁的来源，总体上可分为来自外部的威胁和内部的威胁两大部分，并可进一步细化为来自何国、何种政治实体、何种方向等具体来源；按照威胁涉及的领域，可分为军事威胁、政治威胁、意识形态威胁、经济威胁、社会威胁、科技威胁、环境威胁，等等；按威胁的对象，可分为对核心安全利益的威胁、对重大安全利益的威胁和对一般安全利益的威胁；按威胁的程度，可分为严重威胁、较大威胁和一般威胁；按威胁的范围，可分为全局性威胁、局部威胁；按威胁的影响与持续时间，则可分为长远威胁、中期威胁和暂时的威胁；按威胁的可能性，可以分为直接威胁、现实威胁和潜在威胁；等等。

当然，威胁的各种分类之间必然会出现交叉。对于中国这样一个所处环境较为复杂的大国来说，各种分类所涉及的安全威胁可以形成十分庞大的排列组合。现实中，对威胁进行分类是威胁判断的第一步。更重要的是，在分类的基础上综合不同的标准，对国家面临的各种威胁进行排序，分清轻重缓急，以便科学配置资源，确定合理的途径，以有效应对威胁、确保国家安全。从功

① 中华人民共和国国务院新闻办公室：《2006年中国的国防》，2006年12月，第7—8页。

能上看，对安全威胁的排序可以看成是安全利益层次划分的一种延续。

二、安全威胁的排序

国家面临的安全威胁可以分为三个层面：重大威胁、重要威胁和一般威胁，其判断标准应综合考虑威胁的对象（威胁核心利益还是重大利益）、严重程度、威胁范围、影响与持续时间、可能性（直接、现实还是潜在威胁）这五个方面。从制定国家安全战略的实际需要出发，尤其应着重关注安全威胁的前两个层面。

（一）对于中国来说，重大安全威胁包括：

1. 美国等其他主要战略力量的防范与制约

随着国家利益拓展和综合实力增强，中国在国际战略格局中的位次将进一步前移，对重大国际事务的影响和控制能力不断增强，美、日等主要战略力量对我国的戒心将日益加重，防范与牵制逐步上升。其中，美国作为唯一超级大国，是当前和可预见的未来唯一有能力、有意愿对中国构成全局性威胁的国家。中国尽管始终坚持和平发展道路，始终不渝地奉行互利共赢的开放战略，在国际政治安全事务中努力同各国一道推动建设持久和平、共同繁荣的和谐世界，但美国的权力政治逻辑将不会因此改变，对中国的战略顾虑、疑惧将随着我国综合国力的持续提高而不断加深，将我确定为最大“挑战者”和“现实对手”的可能性始终存在。其次，美国未来可能面临一段相对实力下降的时期。约瑟夫·格雷戈认为，根据一些国际关系学者的研究发现，处于相对实力下降趋势的国家比处于相对实力上升通道的国家对于实力变化更加敏感。如果这种逻辑成立，那么一旦美国真的面临相对实力下滑，其对中国实力的上升将会更加敏感，对中国的疑惧也将进一步增加。[①] 而且，美国作为国际体系中的霸权国家，在亚太地区安全和国际安全事务中具有主导性影响，其对华政策和立场必然会在不同程度上影响其整个同盟体系，从而将进一步加重部分国家对中国防范、压制的倾向。从这种意义上看，中美两国在"崛起"和"霸权"之间的结构性矛盾将成为未来影响中美关系，甚至国际关系全局的长期性因素。

2."台独"等分裂势力的分裂行为

在当前和未来相当一段时期，"台独"的分裂活动将是中国国家安全最现实、最直接的威胁。应该看到，"台独"是岛内政治生活中的一股强大势力，已经形成某种潮流，不会因为岛内政权的更迭或某些政治人物的去留而发生根本的变化。出于其自身的政治利益，"台独"势力将继续利用各种手段推进"法理台独"和"文化台独"，千方百计挑战大陆的战略底线，不排除其主动挑起台海危机的可能性。同时，美国等外部势力利用"台湾问题"对中国实行战略牵制的做法也不会改变，台湾将继续充当其防范中国崛起的"王牌"。随着中国大陆实力的不断上升，美、日等国将进一步加大对台海地区的干预力度，美台军事关系可能进一步密切。在这种情况下，"台独"势力采取极端行动的可能性将始终存在，不仅可能导致两岸冲击，而且增加中美之间发生直接对抗的风险。可以说，"台独"是我国维护主权和领土完整、捍卫国家统一最大的障碍和威胁，有效打击"台独"势力、妥善解决"台湾问题"是中国崛起进程中必须逾越的一道门槛，对国家安全全局的改善具有举足轻重的意义。此外，"藏独"、"东突"

① Joseph Grieco, *Cooperation among Nations*, Ithaca: Cornell University Press, 1990, p. 45.

等势力分裂祖国的活动也不会停止，将继续通过制造民族对立甚至暴力事件来实现其政治目的。而国际反华势力则从未停止对分裂主义势力的支持，一旦出现契机，各种分裂势力必然会同流合污，严重威胁我国国家统一这一核心安全利益。

3. 经济安全威胁

从当前到未来的一段时间，正是中国从发展中国家逐步向中等发达国家过渡的重要阶段。历史表明，这一阶段既是国民经济结构的跃升和调整期，也是脆弱期和波动期。世界上几乎所有的新兴工业国在这一阶段都经历了结构性经济危机或金融动荡。作为一个发展中大国，中国将继续面临来自以西方发达国家为主导的国际体系的强大制约。在经济全球化背景下，我国国民经济的稳定性和抗风险能力将受到严峻考验，出现结构性危机与金融动荡的风险进一步增加。

能源供应也日益成为影响我国经济正常发展的一个战略问题。到 2020 年，我国能源需求总量将比 2000 年要高出 90%至 152%，其中石油需求量在 4.5—6.1 亿吨之间，海外依存度将达到 55%以上，与目前美国 58%的依存度大体相当。在这种情况下，国际油价波动、主要产油国政局动荡、产油区和海上运输通道附近地区爆发危机冲突或发生大规模自然灾害等，都会影响我国能源供应的稳定，甚至出现能源危机，严重冲击国家的生存与发展。

外部市场依赖度过高也对我国经济安全构成重大压力。外向型经济发展模式对我国经济快速增长起了关键作用，但长期的外需拉动造成我国对外贸易依存度不断增加，当前已接近 70%，远高于美、日、欧等发达国家和地区。如果这种趋势不能有效扭转的话，那么来我国经济增长及就业水平的脆弱性将大大上升，并且将削弱国家持久竞争力，损害国家整体发展后劲。

4. 制度安全与社会安全威胁

我国的基本政治制度与核心价值观是保证国家稳定与发展的基石。然而随着社会转型进程的深入，其中一些具体形式与现实之间的碰撞逐步增加，不适应的方面会有所体现，因此，坚持基本政治制度和核心价值观不动摇，贯彻落实科学发展观就更加迫切。我国社会转型期所固有的矛盾与新产生的问题进一步加剧了这种碰撞，爆发局部性社会动荡与政治骚乱的可能性有以下三种因素：一是腐败和分配问题。腐败、分配不公、地区差别等我国经济转型阶段面临的特有问题、矛盾，难以在短期内消除，甚至可能进一步积聚，严重影响党和政府的威望，成为经济社会稳定的潜在威胁。二是外来文化价值观的冲击。西方文化的渗入所产生的负面影响、互联网技术的发展加大了西方文化与价值观的扩展，尤其是网上内容低俗之风、色情淫秽等对青少年的影响不可低估，可能造成在社会思想和价值观念方面的混乱，冲击着人们的政治信仰与核心价值观。三是政治体制问题。政治体制改革将进入攻坚阶段，国内外“民运”分子和其他敌对势力可能借我国完善社会主义法制、推进政治民主建设之机，加紧鼓噪政治多元化，挑动加重人们的“信仰危机”，动摇或损害人们的政治思想根基，企图从根本上否定我国的社会主义制度和党的领导。可以判断，西方敌对势力出于西化、分化的目的，必然会利用机会不失时机地插手和利用上述问题，使我国始终面临内稳压力，所以，不排除敌对势力内外合流引发社会动荡甚至推行“颜色革命”的可能性。某些东欧国家的教训令人记忆犹新。

5. 周边地区安全隐患

未来，中国周边地区仍存在一些不稳定因素，一定条件下甚至可能有所发展和激化，对中国国家安全构成威胁。东部，朝鲜半岛局势未来仍具有较大不确定性，可以说，只要南北继续保持分裂局面，其发生军事对峙、摩擦等风险就始终不可能完全消除，爆发危机进而冲击我国战略环境的可能性将长期存在。西部，在极端主义势力渗透、西方国家插手、经济停滞等多重因素的影响下，阿富汗及其周围地区可能长期处于不稳定状态，一旦出现国内政权瓦解的“失败国家”，我国西部方向将出现一个甚至数个巨大的“不稳定源”。毒品走私、恐怖主义、极端主义、非法武器交易和难民问题带来的冲击将大大增加，对中国国家安全构成严重威胁。另外，美国和某些西方国家可能进一步加强其在这一地区的军事存在并扩展联盟体系，这同样会增加我国安全环境中的不确定性，甚至造成我国局部地缘战略环境的重大变故。南部，印度与巴基斯坦的矛盾可能长期存在，从而牵制我国外部安全环境的改善。

6. 恐怖主义、环境问题、全球气候变化等非传统安全威胁

随着中国进一步融入国际体系，我国国家安全与国际安全之间的联动效应显著增强。跨国犯罪、毒品走私、恶性传染性疾病、全球气候变化等全球性问题对我国安全构成重大威胁，非传统安全问题进一步突出。其中，恐怖主义、环境问题和全球气候变化正逐渐成为国家面临的重大安全威胁。在恐怖主义威胁方面，中国一贯坚持反恐立场，公民与财产遭受国际恐怖主义袭击的可能性也将会一直存在。另外，中国境内像“东突”等分裂势力和某些宗教极端势力本身就是国际恐怖组织的组成部分，其频繁使用暴力恐怖手段，对中国安全构成严重威胁。在环境安全威胁方面，中国已经面临严重的问题，发达国家工业化后期出现的污染公害在我国已较普遍出现。按照当前经济增长与环境代价之间的比例，据预测，未来我国经济总量再翻两番时，水资源、可耕地等要素将全面短缺，产生的污染负荷将增加4—5倍，超出环境的承受能力，将对经济社会的发展与稳定产生长远影响。全

球气候变化同样对中国安全构成越来越严峻的挑战与威胁，2008年年初中国南方出现的暴雪冰冻灾害充分说明，全球气候变化导致的极端天气对经济发展和社会稳定造成的冲击不容低估，同时全球气候变暖的趋势未来难以迅速扭转，其引起的海平面升高等后果对中国沿海地区也构成了威胁。

（二）重要安全威胁则包括以下五个方面：

1. 战略通道安全威胁

随着我国国力的上升和国家利益的拓展，我国对一些国际战略通道，特别是台湾海峡、马六甲海峡、巽他海峡、霍尔木兹海峡、苏伊士运河等海上交通要道的依赖程度继续增加，我国面临的安全压力也将随之加大。一方面，上述部分战略通道地处世界热点地区，易受地缘政治因素冲击。例如，苏伊士运河曾在1967年至1975年间关闭，霍尔木兹海峡也曾因两伊战争而几近阻断；另一方面，一些大国和地区国家控制国际战略通道的意图日益明显，如若得逞，就可能对我国海上运输施加相当大的影响，使我国面临十分被动的局面。另外，海盗、恐怖袭击以及重大自然灾害等非传统安全因素也会对战略通道的顺畅构成威胁，发生阻塞和中断及威胁人员安全的可能性始终存在。如今，亚丁湾、索马里海域海盗问题已成为一大国际公害，对我国海上航运等也构成威胁。例如，近两年来在索马里周边海域劫持或袭击船只事件时有发生。2008年1月至11月，中国共有1265艘次商船通过这条航线，其中20%受到过海盗袭击，涉及中方的劫持案件有七起，包括中方两艘船只和42名船员，其他五起为外轮，但有中方船员、货物或持有香港区旗船只。

2. 领土、海洋权益争端

当前除中印边界外，中国已经基本解决了与陆上邻国的边界问题，但在海洋方面则不容乐观。中国是一个海洋大国，海岸线长约1.8万公里，500平方米以上的大小岛屿共6500多个，拥有38万多平方公里的内海及近300万平方公里的专属经济区。但是，中国的海洋权益遭受多方侵蚀，多数争端未见解决。在一个相当时期，诸如钓鱼岛争端、东海油气田开发争端、南中国海岛屿争端等等，所有这些事态都在提醒中国人的海洋权益、中国主权与领土完整。未来，这类问题将继续成为中国主权与领土完整的潜在威胁。特别是在南海问题上，虽然中国主张“主权归我、搁置争议、共同开发”，并与相关国家签署了《南海各方行为宣言》。但是，一些国家并不认真遵守，以各种借口抢占资源、造成既成事实的行为时有发生，因而引发冲突的隐患将一直存在。更严重的是，美国对南海的“关注”也不会减少，将进一步利用各种机会趁机插手，不断加强其在南海地区的军事活动，使南海问题进一步“国际化”、复杂化。需要指出的是，未来这些领土和海洋权益争端都存在于“中国崛起”的大背景下，很可能成为一些外部势力压制、打击中国的借口，出现危机甚至冲突的风险可能会随着中国国力的发展而进一步加大。在一定条件下，这方面的潜在安全威胁可能迅速升级为现实安全威胁。

3. 信息与太空安全威胁

在信息安全领域，国际争夺日益激烈，制信息权成为新的战略制高点。计算机病毒和“黑客”攻击等在信息迅速发展的年代应时而生，对信息化程度较高的国家重要基础设施和军事设施造成极大威胁。同时，军事领域的各种信息攻防手段快速发展，信息系统与网络成为新的作战要素，网络空间正在成为国家安全的重要“战场”。可以说，信息安全威胁已经覆盖了经济、政治、军事等多个领域。

在太空安全方面，美国为确保其军事上的绝对优势地位，高度重视制天权，一再加快太空军事化的步伐。其他大国也加紧开发空间技术，外层空间领域的斗争将日趋复杂尖锐。中国在这方面面临的主要威胁包括：某些强国从太空对我国侦察、干扰甚至发动攻击；中国自身合理利用太空资源的权利受到限制和剥夺；太空军事化进程加速，最终升级为大国间的军备竞赛并使中国陷入两难境地；等等。

4. 主要国际安全机制遭受严重冲击

国际安全机制是国际体系的重要框架，也是中国安全环境的重要组成部分，主要国际安全机制如若遭到严重削弱将不可避免地冲击中国国家安全。其中，国际防扩散机制形势严峻，如果未来其遭到进一步削弱，那么大规模杀伤性武器扩散问题则可能出现失控，届时将危及我国多方面安全利益。另外，作为世界上最具权威、成员范围最广的国际安全机制，联合国在未来国际事务中的地位也与我国安全利益息息相关。对联合国权威的冲击和削弱将压缩中国的战略空间，增加维护安全利益的难度，对中国国家安全构成重要威胁。

5. 对海外人员与海外资产的威胁

海外人员与资产的安全是我们面临的一个新问题。随着出国经商、旅游、培训、定居人员的迅速增加，针对我国海外人员的暴力袭击、绑架、劫持等案件也迅速增多，暴力排华事件也时有发生。另外，我国驻外机构、投资项目遭到当地暴力冲突、突发事件影响的情况也不断增加，已经成为影响我国经济发展和安全的重点问题。特别是由于我国许多重要投资地位于相对不发达地区或是接近国际热点地区，其形势和所在国国内形势的不确定性较大，安全保障体系也不完善，一旦发生危机，我国海外人员和资产往往会面临相当大的风险。

三、安全威胁的特点与发展趋势

中国国家安全是置身于国际安全这个大背景下的，与时代发展和世界整体局势的变化关联密切。同时中国又是一个地位、处境较为独特的大国，特殊的国情也产生了中国国家安全有别于其他国家的特点。在安全威胁方面，表现为中国面临的威胁既带有国际安全形势发展的一般性特征，又反映出中国的特殊情况。其主要特点包括以下三个方面：

（一）传统威胁与非传统威胁交织

在前面列出的六项重大威胁和五项重要威胁中，既有传统安全威胁，也有非传统安全威胁，两者同时并存、相互交织，使中国的安全面临前所未有的复杂局面。对于中国来说，传统安全威胁虽然仍是主要威胁，但非传统威胁上升迅速，且应对经验相对缺乏，可能对国家安全构成严峻挑战。尤其值得警惕的是，传统威胁与非传统威胁之间还可以相互转化。一方面，如果非传统威胁长期积累而又得不到有效化解，可能引发传统的军事和外交冲突，导致更严重的安全威胁；另一方面，一些传统威胁，比如周边地区武装冲突，也可能造成恐怖主义、极端主义、毒品走私等长期的非传统安全威胁。在未来相当长的一段时间内，两类威胁相互交织、相互转化都会是中国面临安全威胁的一大特点，并极大地增加了维护国家安全利益的难度。

（二）内部威胁与外部威胁互动增强

前面的威胁判断表明，中国面临的内部威胁与外部威胁均比较突出。而且，由于经济全球化和信息技术的发展，内部威胁与外部威胁之间的互动进一步增加，内外界限趋向模糊，这已经成为安全威胁的一个重要特征。特别是，一些外部因素渗透进来后直接影响到国内的政治、经济和社会机制，使外部威胁在很多情况下以内部威胁的形式爆发出来。例如，国际资本对我国国民经济的冲击就往往会表现为国内结构性经济危机和金融危机。处理得当，就能化险为夷，把坏事变好事。例如，2008 年，由美国次贷危机引发的金融危机继续向世界扩散和延伸，对国际金融市场造成严重冲击，对世界各国经济发展和人民生活带来严重影响。我国领导人运筹帷幄，提出了我们首先要把国内的事情办好，强调宏观调控的预见性、针对性、有效性，及时调整政策，着力扩大内需，保持经济、金融、资本市场的稳定等等。同时也提出了加强政府间的协作与配合等建议，这里不一一详述。与这种外部威胁的“内化”进程相对应，一些内部威胁，如分裂势力的活动与破坏，则往往具有复杂的国际背景并会导致一些大国借机干涉，引起外部威胁增强，最终表现为内部威胁的“国际化”或者说是“外化”。这种内外威胁互动增强进一步加大了中国安全环境的复杂性，是当前与未来相当一段时间内中国安全的突出特点。

（三）由发展问题带来的安全威胁逐渐突出

在前面列举的各项安全威胁中，有些由于中国的崛起与发展而变得突出，有些本身就是由发展带来的新问题。可以说，中国的崛起构成了所有安全威胁的大背景，崛起带来的安全风险、发展带来的问题成为贯穿其中的主线。历史经验表明，大国崛起是对现有国际格局和利益关系的修正，必然引发外界的反弹与压力，可能导致国际关系紧张甚至冲突。因此，历史上大国政治的逻辑约束将是中国在崛起进程中难以回避的问题，也是考虑与分析国家安全面临威胁的重要出发点。在未来相当长的一段时间内，中国都将处于一个实力、地位不断发展与上升的过程，来自其他国家的戒备、防范甚至打压都有可能成为一种"常态"，而大国崛起进程中特有的压力与矛盾也将成为中国面临的安全威胁中的一个主要特点。

除对威胁分类、具体威胁的排序和特点归纳外，制定国家安全战略还需要高度关注安全威胁发展的基本趋势，以加强战略的前瞻性。这一问题实际上就是安全威胁中主要线索的演变，对于中国来说，就是崛起带来的风险与压力的变化趋势。研判过程中，应综合考虑国际格局、自身实力和世界技术水平发展这三方面的变量，并对未来的发展作出阶段性区分。

从中短期看，作为一个和平崛起过程中的大国，中国的外部压力在未来相当长一段时间内都会随着自身实力的上升而增加，在迅速发展阶段所特有的内部问题与矛盾也将积聚，同时应对能力与手段又相对不足，从而使中国处于安全上比较脆弱的"瓶颈期"，内外风险都高度集中。在这一时期，前面安全威胁的基本判断，包括威胁的特点、具体形态和排序等仍然适用。

然而从长远看，中国只要成功渡过这一安全上的"瓶颈期"，整体安全环境将发生显著改观，崛起带来的负面效应基本消除，同时自身应对安全威胁的能力也大为增强，国家安全将进入一个"平稳期"。在这一阶段，安全威胁可能出现以下变化：

1. 内部威胁趋于下降

随着我国发展水平达到一定阶段，社会主义市场经济体制、政治建设和社会文化建设都将趋于完善，应对各种危机和风险的能力将大为增强。在这种情况下，中国不仅可以基本控制甚至消除各种对制度与经济社会稳定的威胁，也可以有效应对分裂主义的威胁，从而使内部威胁保持在一个可控的、逐步下降的水平。

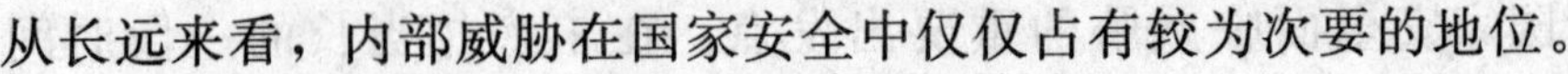

从长远来看，内部威胁在国家安全中仅仅占有较为次要的地位。

2. 非传统威胁进一步突出

对于中国来说，传统威胁与非传统威胁交织的局面不太可能发生大的变化。然而，国力发展将使中国应对传统威胁的能力得到有效提高，同时，当中国融入国际体系的进程发展到一定程度，其他国家对中国的防范与戒备也会有所缓解，届时，国际力量与利益分配格局将接纳并适应一个崛起的中国，同时，中国也将适应国际体系内部的各种安排与规则。这样，传统威胁对中国的影响将有所缓和，而来自非国家行为体、自然环境变化等方面的非传统威胁将相对突出。

3. 新型威胁不断出现

随着世界范围内技术水平的进步，一些新的问题也相继出现，并对国家和人类的安全构成冲击。长远来看，中国面临的由技术进步引发的新型威胁必然不断增加，特别是一些技术领域出现突破性进展时，很难从安全的角度对其后果与影响进行准确评估。在某种情况下，技术的突破可能造成安全威胁的突然变化，具有极大的不确定性。

第三节　中国国家安全战略目标与任务

安全战略目标是应对安全威胁、维护与实现国家安全利益的指标性任务，是安全利益在战略制定中的明确化。确定安全战略目标，一方面要正确判断主要威胁，准确把握国家安全利益的客观需求，另一方面也需充分估量可运用的资源条件，做到主观与客观的统一、需要与现实的统一、科学性与可行性的统一。

一、中国国家安全战略目标

在西方战略界，确定安全目标被认为是战略制定过程中的第一步，是至关重要的。[①] 对于中国这样一个后起的发展中大国来说，制定合理的安全战略目标更是具有举足轻重的地位，不仅关系到安全利益的维护，甚至影响中国的和平崛起进程。

一般情况下，安全目标高低反映出国家对安全的期望值大小，过高与过低的目标都会损害国家安全利益。安全目标过低，将造成投入与手段运用不能满足实际安全需求，使国家安全利益出现不必要的损失，相当于国家主动放弃了在自身能力范围之内的部分职责。安全目标过高，则容易导致在安全领域投入过大，造成资源浪费，甚至是国力透支。[②] 更重要的是，过高的安全目标往往会引发其他国家的反弹，造成“安全困境”。

对于中国来说，“安全困境”问题尤其需要关注。“安全困境”是国际关系中一种较为常见的状态。由于国际体系缺乏公共权威，因而个体之间对彼此的意图不能确定，相互疑惧普遍存在。这必然驱使他们追求更多的权力以保证自己的安全，但这种行为反过来又会增加对方的不安全感，导致对方同样增加实力以

---

① ［美］丹尼斯·德鲁、唐纳德·斯诺著：《国家安全战略的制定》（王辉青等译），北京：军事科学出版社，1991年版，第16页。

② 理论上讲，安全目标设定偏低偏高均有可能，但在实践中，目标往往容易偏高。由于无法准确判断其他国家的真实意图，战略决策者不得不着眼于可能发生的最坏情况，而这种最坏情况实际上“是根据对敌方能力的估计（往往有些夸大敌方的能力）和对敌方最坏意图的判断设想出来的”，这就是确定安全目标过程中普遍存在的“保守主义倾向”。同上，第50页。

防不测，从而加剧了原有的安全担忧，形成一种紧张和敌意循环升级的过程。[1] 用简单的语言来描述，就是“一个国家用以增加自己安全的途径降低了其他国家的安全”。[2] 相对于一般国家，崛起的大国更容易陷入“安全困境”，这是因为，大国崛起过程本身就容易引发其他国家的疑惧和防范，导致外部安全压力的增加。在这种情况下，崛起的大国容易倾向于强调应对“最坏可能”，从而导致其对潜在的威胁做出过度反应，促使其变为现实，形成一种“自我实现的预言”效应。

种种迹象表明，中国崛起过程中的“安全困境”问题已经开始显露。近年来，中国实力的增长促使国内外的政界、学界更多地关注大国崛起问题。在国际上，对中国崛起的方式和结果都有各种各样的猜测，一些大国、特别是美国对中国防范和戒备的心理正在加重。例如，布热津斯基就将中国与 1890 年的德国相类比，认为中国下一步将面临两种政策选择，而选择的结果则会决定中美之间是否会迎头碰撞。还有另一种更极端的观点。例如，米尔斯海默，他认为中国的崛起最终必然会导致中美进行激烈的安全竞争并很可能走向战争。[3] 在国内，对中国崛起的方式与途径也有诸多看法。尤其值得注意的是，由于近年来中国海外利

---

① John H. Herz, “Idealist Internationalism and the Security Dilemma,” *World Politics*, vol. 2, no. 2 (Jan. 1950) p. 157.

② Robert Jervis, “Cooperation under the Security Dilemma,” *World Politics*, vol. 30, no. 2 (Jan. 1978), p. 178.

③ 布热津斯基的观点参见 Zbigniew Brzezinski, “Living with China,” *The National Interest*, no. 59 (Spring 2000) pp. 5—22。米尔斯海默的观点参见：[美] 约翰·米尔斯海默著：《大国政治的悲剧》（王义桅、唐小松译），上海人民出版社，2003 年版，特别是第 4 页、第 517—522 页、第 539—545 页，另外，这两种观点还进行过公开辩论，参见 Zbigniew Brzezinski, John J. Mearsheimer, “Debate: Clash of the Titans,” *Foreign Policy*, No. 146 (January/ February 2005), pp. 46—50。

益、特别是海外能源进口的增加，使社会对国家安全的担心上升，扩展的海外利益与有限的保卫手段正构成中国国家安全面临的一对突出矛盾。另外，来自美国的压力也屡屡在中国国内引起反弹，要求大力发展军力，以打破美国对中国的围堵，保护不断扩展的海外利益。反过来，这种呼声又被美国的鹰派势力所利用，进一步鼓吹“中国威胁论”，鼓吹对华强硬政策。这些互动在一定程度上已经有了“安全困境”的特点，需要引起高度重视。

“安全困境”的存在揭示出国家安全中一些根本性的问题。那就是，安全本质上是一种关系状态，属于“多方博弈”。维护国家安全绝不能仅仅使用一种“兵来将挡、水来土掩”的简单思维，而应坚持辩证法，全面把握各种要素、各种关系之间高度复杂的互动进程。对于中国，“安全困境”的存在应该说是对国家安全战略目标的设定提出了更高的要求，不仅需要考虑安全需求与现实条件，而且要对目标与追求过程中引起外部世界的反应预先有一个充分的估量。在一定意义上，确定合理适度的安全目标将是中国有效管理与控制崛起过程中的“安全困境”、避免重蹈历史上大国崛起覆辙的第一个环节。

为此，中国的安全战略目标设定至少需要坚持以下几条原则：符合国家整体战略目标、符合国家安全主体需求、符合自身发展阶段、符合国际安全的总体趋势。

第一，符合国家整体战略目标。中国国家安全战略服务并服从于国家整体战略，安全目标设定也必须从国家整体战略目标出发并为其提供支撑。中国共产党的第十七次代表大会明确指出，全面建设小康社会是党和国家到2020年的奋斗目标，要求“抓住和用好重要战略机遇期，求真务实，锐意进取，继续全面建设小康社会、加快推进社会主义现代化，完成时代赋予的崇高使命”。[1] 这就为中国的国家安全战略目标设定提供了明确的指导，构成安全目标的核心内容。

第二，符合国家安全的主体需求。设定安全目标是为了更好地配置资源，最大限度地维护国家安全利益。能否满足国家安全利益主体部分的需求，是衡量安全战略目标设定是否成功的首要标准，也是目标设定应遵循的首要原则。中国的安全目标必须满足国家安全利益需求，否则设定目标就失去意义。同时也要看到，中国是一个处于经济社会发展上升阶段的大国，安全利益涉及范围很广且不断扩展，在这种情况下，安全目标如果过于强调确保所有的安全利益，不仅不现实，而且容易滑向“绝对安全”的误区，反而削弱国家安全。因此，作为一种指标性任务，中国的安全战略目标应紧紧抓住国家安全需求的主要方面，或者说集中力量确保核心安全利益与重大安全利益。这样有利于实现安全资源配置的最优化，也有助于确保安全目标的稳定性与延续性。

第三，符合自身发展阶段。在不同的发展阶段，国家安全的重点与维护安全的能力都有较大的差别，国家安全战略目标必须与此相适应。中国在相当一段时间内都将处于上升阶段，在这一发展阶段，由发展带来的内部问题和外部压力将是安全威胁的主线，安全目标的设定必然以应对与化解这类压力为重点。这一发展阶段的另一个含义是，中国在相当长时期内仍是一个弱势大国。与西方发达国家相比，中国不仅在经济、科技、军事、占有资源等硬实力方面处于劣势，而且不同文化之间在文化价值观的吸引力等“软实力”方面也有相当差距。在这种情况下，中国所

---

① 胡锦涛:《高举中国特色社会主义伟大旗帜为夺取全面建设小康社会新胜利而奋斗》，人民出版社，2007 年版，第 1—2 页。

确立的仍是一个弱国战略的基调，设定安全战略目标不能好高骛远，不能脱离自身能力条件，必须确保中国国家安全战略的总体目标与国家基本战略能力之间的协调与平衡。

第四，符合国际安全的总体发展趋势。时代潮流与国际安全的大趋势是国家安全战略必须考虑的因素。作为一个处于相对弱势的大国，中国在安全战略上更应强调顺势而为。在世界经济全球化的大背景下，国家间进一步加强政府间在安全方面的协作与配合，区域性安全机制的地位持续上升，国际安全的整体性特征更加明显。面对这种发展趋势，中国在安全目标的设定上必然要更多体现国家安全与国际安全的协调统一。要看到，中国的安全利益也需要在融入国际安全这个大局的情况下才能够全面实现，也只有通过平等对话与合作达到互利共赢。同时也应尊重各自国家的社会制度、意识形态、文化背景、发展模式，提高彼此对和平发展方向的认同。坚持在不断融入国际体系的进程中实现安全目标，才能有效化解由崛起引发的外部压力与冲击。

按照上述原则，中国国家安全的总体目标可设定为：维护和创造战略机遇，为全面建设小康社会和实现中华民族的伟大复兴提供良好的安全环境。该目标还可分解为以下六项具体目标：[①]

---

① 《2004 年中国国防》白皮书曾将中国安全战略目标归纳为：制止分裂，促进统一，防备和抵抗侵略，捍卫国家主权、领土完整和海洋权益；维护国家发展利益，促进社会全面、协调、可持续发展，不断增强综合国力；坚持国防建设与经济建设协调的方针，建立符合中国国情和适应世界军事发展趋势的现代化国防，提高信息化条件下的防卫作战能力；保障人民群众的政治、经济、文化权益，严厉打击各种犯罪活动，保持正常社会秩序和社会稳定；奉行独立自主的和平外交政策，坚持互信、互利、平等、协作的新安全观，争取较长时期的良好国际环境和周边环境。中华人民共和国国务院新闻办公室：《2004 年中国的国防》，2004 年 12 月。

（1）确保与其他大国关系的基本稳定，进一步塑造良好的国际环境；

（2）防范与制止“台独”势力的分裂活动，确保国家统一与领土完整；

（3）确保国内社会稳定与基本政治制度安全；

（4）确保国民经济的平稳运行，有效防范经济危机与金融风险；

（5）确保周边安全环境的稳定，防止争议地（海）区形势发生逆转；

（6）确保建立符合中国国情并适应世界军事发展趋势的现代化国防。

二、中国国家安全战略任务

国家安全战略任务是国家安全战略目标的细化和具体化，可操作性较强。中国国家安全战略任务以中国安全目标为基础，是由目标向具体的政策途径转化的中间环节。

（一）确保与其他大国关系，特别是中美关系的基本稳定，巩固并扩大在联合国等主要国际安全机制中的影响力，进一步塑造良好的国际环境

这一任务着眼于从国际层面上解决中国的安全问题，维护国家安全利益。中国崛起面临的外部压力主要来自于其他大国，特别是作为世界唯一超级大国的美国，崛起与霸权的矛盾将成为影响中国安全全局的长期因素。在处理好与美国等其他大国关系的同时，中国还需要高度关注其在主要国际安全机制中的地位与影响，坚持在现有国际法和国际机制的框架内通过协商、配合和合

作来解决国际安全事务。这一任务可以进一步分解为以下三个主要方面：

一是有效管理中美关系中的对抗性因素，保持双边关系的平稳发展。中美之间存在广泛的共同利益，同时，彼此的矛盾也是深层次的、结构性的，绝非短期政策调整所能解决的。在台湾问题上，中美矛盾有向对抗性方向发展的危险，局面失控导致冲突的可能性不能排除。为此，中国需进一步深化中美之间的利益联系，在不违背原则、不损害自身重大利益的前提下加强与美国在国际安全事务中的合作；需要积极发展自身力量，采取多种手段，制约美国对华政策消极面的发展；需要推动中美之间的互信建设和危机管理机制，加强风险管理。

二是增强与其他大国的战略协调。避免对抗、不针对第三方是中国发展与其他大国关系的一贯做法。中国需要准确把握大国关系的发展趋势，在符合原则、符合国家利益的前提下努力推动与各主要战略力量之间的协调与合作，增强彼此间的利益联系，促进大国之间的良性互动，扩大自己的战略空间。

三是推动联合国改革，加大参与国际安全机制的力度。在可预见的未来，联合国仍将是世界上最具权威、最有代表性的国际安全机制，也是中国施展影响、维护世界和平与国家利益的主要平台。然而，联合国机制在新形势下也显示出一些不适应的地方，面临一系列挑战，改革是一个必然趋势。因此，中国一方面要更加深入地参与联合国的各项活动，维护其在国际安全中的权威地位；另一方面要通过与其他国家加强政治协商、密切合作，稳步推进联合国各项改革，特别是妥善处理好安理会改革等敏感事项，做到小国与大国、历史与现实之间的平衡。对于其他重要的国际安全机制，中国也应加大参与力度，使中国的安全利益与国际安全更紧密地结合在一起。

（二）遵循“和平统一、一国两制”的方针，有效遏制“台独”势力的分裂活动，增强两岸在经贸、文化、政治等领域的联系纽带，创造条件促进国家统一

该任务着眼于应对“台独”分裂活动这一直接而现实的安全威胁，并具体体现在“止独”和“促统”两个方面。

关于“止独”，安全战略任务包括以下三个方面：（1）进一步遏制“台独”的发展。要综合运用政治、经济、军事、外交等多种手段，进一步塑造有利的国际和地区环境，大力争取岛内民众，对“台独”势力形成有效牵制，阻止其迈出实质性分裂步伐。（2）有效应对可能发生的台海危机。为防止“台独”势力铤而走险，挑起台海地区重大危机，应进一步完善危机管理机制，在外交、政治、军事等方面做好切实准备，全面提高危机预防、控制与化解的能力。（3）增强两岸联系纽带。需要进一步深化两岸的经贸、文化交流与合作，强化两岸之间的联系纽带，挫败“台独”势力搞“去中国化”的阴谋。

关于“促统”，在“台独”分裂活动已经得到基本控制的条件下，安全战略任务应在继续保持对“台独”压制的同时，全面加强两岸交流与联系，根除分裂隐患，包括：积极推动两岸经济一体化，逐步在国际经济活动中以“一个声音”说话；加强文化、教育交流，共同推动中华民族的文化传承与发展，强化民族心理认同；逐步建立两岸政治、安全交流与合作机制，为实现国家的统一打好坚实的基础。

（三）保持社会、经济的稳定发展，进一步健全社会主义民主政治，逐步形成可覆盖全社会的风险防范和危机管理体系

该任务的实质，就是实现国家内部安全与发展的统一，具体包括以下四个方面：（1）坚持以人为本，推动国民经济全面、协调可持续发展。需抓住经济全球化和信息技术革命的机遇，及时变革经济发展模式，加大经济增长的科技含量，加快实现产业链升级，妥善处理发展的速度与质量、经济与社会、经济与环境等关系。（2）稳步推进政治体制改革。邓小平同志曾指出："不改革政治体制，就不能保障经济体制改革的成果。"[①] 要以进一步提高党的执政能力、加强执政地位为核心，稳步深化政治改革，为国家的持续发展提供强有力的制度保障。（3）全面推动和谐社会建设。胡锦涛总书记指出，要"形成能够全面表达社会利益、有效平衡社会利益、科学调整社会利益的利益协调机制"。[②] 这是中国经济社会发展的必然要求，也是国内社会稳定的深层保证。（4）形成强大的社会主流文化。主流文化是国家"软力量"的重要组成部分，是增强民族凝聚力、提高民族认同的深层次力量。应在坚持社会主义价值观的基础上，紧扣时代发展主题，发扬传统文化的精华，借鉴吸收外来先进文化，弘扬平等、开放、包容的精神，提倡不同文明和谐共处，互相学习，进而达到"世界文化"与"民族文化"的统一，"现代文化"与"传统文化"的统一，"大众文化"与"精英文化"的统一。

在此基础上，应着眼可能的风险与危机，建设健全覆盖全社会的风险防范和危机管理体系，包括以下四项：（1）机制准备。要强化中央的统和职能，科学调配和使用资源，形成纵向一体、横向协调的高效管理机制。（2）法律准备。要形成完善的相关法律体系，为国家危机管理能力的提高提供坚实的法律支持。（3）预案准备。对于可能爆发的各种类型的突发性危机，要在科学评估、反复推演的基础上，有重点、有系统地建立和完善危机

① 《邓小平文选》第3卷，北京：人民出版社，1993年版，第176页。

② "深刻认识构建社会主义和谐社会的重大意义，扎扎实实做好工作，大力促进社会和谐团结"，《人民日报》2005年2月20日。

应对预案体系。（4）资源准备。要针对不同的危机管理特点，有重点地调配国家行政、国防、人力、医疗卫生、战略通信等资源，形成重要资源预置体系。

（四）进一步发展与周边国家的合作，促进区域性国际组织的建设，营造稳定的周边安全环境

周边是我安全利益最为集中的地区，也是国家发展的重要依托。通过增信释疑、推进合作，在周边营造良好的安全环境是中国一贯遵循的既定政策，也是安全战略的一项重要任务。

为此，一方面要努力发展与周边国家的双边关系。要在坚持和平共处五项原则的基础上，加强国家间的交流与合作，妥善处理与解决安全隐患，特别是与我领土和海洋的权益争端。对于一些敏感性较高的、可能产生摩擦的问题，要形成某种程度的双边协商机制，在万一出现突发性事件的情况下可以预先有准备，防止事态激化。

另一方面，要充分利用、依托和发展已有的区域性多边组织，将我国安全利益融入多边安全框架，使周边态势向积极方向发展。在我国周边地区，存在着东盟地区论坛、上海合作组织、南亚区域合作联盟等区域性多边国际机制。这些机制在地区安全事务中发挥着越来越重要的作用，并逐步形成一种包括多个层次、多种领域、覆盖面广泛的地区性“安全网络”，已经构成我国外部安全环境的一个重要组成部分。我国应充分依托这些组织，推动中国与其他国家的多边安全合作与交流。要着重处理好现实与可能、主动与被动之间的辩证关系，坚持量力而行、分清主次、统筹协调的原则，在拓展我国与国际安全合作交流的同时增强我国对区域性国际组织的影响力，进一步有效地塑造周边地缘战略环境，确保国家安全战略全局。

（五）提高军事力量应对各种安全威胁的能力，建设与国情相符合、与世界新军事变革趋势相适应的现代化国防

国防与军事力量是国家安全的支柱。对于中国这样一个未完成祖国统一的、崛起中的社会主义大国来说，跟上世界新军事变革的潮流、实现国防建设现代化具有更加关键的意义，是实现国家安全利益的关键保障。首先，中国的国防和军队建设必须从我国国情出发，不仅着眼于应对传统的安全威胁，还要针对恐怖主义等新的、非传统安全威胁，增加军事力量维护国家安全的深度与广度。其次，要顺应世界新军事变革的潮流，加大高新技术在国防与军队建设中的自主创新研发和应用，及时在体制编制、武器装备、训练等方面作出与之相适应的调整，以形成与自身国际地位相称的国防与军事力量。第三，需要逐步提高军事力量“走出去”的能力。作为一个负责任的大国，中国必须更加深入地参与到国际安全合作中，在派遣部队参加维和、海外抢险救灾及主要海运通道护航等方面作出更大的贡献。这就要求中国在人员、装备、组织等方面进一步改进，全面提高军事能力。

需要指出的是，作为一个快速发展的大国，中国的国防建设现代化进程容易引发部分国家的猜疑，甚至成为炒作“中国威胁论”的藉口。对此，一方面要看到，中国不可能因为部分国家的疑虑或戒备而“自废武功”，另一方面也要看到，加强协调和配合，通过细致有效的工作，及时消除一些国家不必要的担心，防止中国正当的国防现代化建设冲击中国与其他国家的关系大局是完全可能的，也是必要的，这同样是中国国防现代化建设中的一项重要任务。

第三章

中国国家安全战略的方针与原则

国家安全战略方针和原则的选择在国家安全战略筹划中占有十分重要的地位，这是因为“指导方针是国家安全战略从制定到实施的全过程中必须遵循的总体指导思想和原则”，[①] 而战略原则是指导战略行动的相关准绳和法则，是战略行动的一般依据。战略方针和战略原则规定实现战略任务与战略目标的基本方法和途径，并明确战略实施的重点和行动规范。没有正确的国家安全战略方针和战略原则，国家安全战略会发生偏差，严重损害国家安全利益，最终甚至可能危及国家的生死存亡。

① 杨毅主编：《国家安全战略理论》，北京：时事出版社，2008 年版，第 69 页。

第一节　中国国家安全战略方针

确立正确的战略方针是国家安全战略筹划的核心工作。新中国成立后，根据错综复杂的国际安全环境和本国国情，逐步形成了具有中国特色的防御性的国家安全战略方针，在较长时期里有效地维护了国家的安全，推动了国家的稳定和发展。冷战结束之后，尤其是进入 21 世纪以来，随着改革开放政策的不断深入，国家战略利益不断拓展，国家战略能力也得到全面提升。与此同时，中国的安全环境已发生巨大变化，但国家面临的安全问题和安全环境也日趋复杂，维护国家安全的机遇前所未有，挑战也前所未有。根据当前国家安全的新特点和新任务，中国国家安全的战略方针应是积极预防、主动营造、有效控制、全力化解。战略方针的四个方面相辅相成，构成一个完整的体系。

一、积极预防

所谓积极预防，就是指对国家安全可能遇到的挑战和面临的威胁预先有警觉与防范，提前采取有力措施，做到防患于未然。预防强调的是安全战略筹划和决策的主动性和预见性，安全战略如果没有以比较准确有效的预测预警为前提，做好预先防范，结果必然只能是被动的应付。安全战略决策从实施到产生效果，必然要有一定时间上的滞后。现在做出决策，其效果要经过一段时间才能显示出来。对于国家安全战略筹划，预见性是它生命力的主要来源。

随着国际联系的增强和社会的发展，国家安全所面临的风险和威胁已经发生了重大变化，其多样性、复杂性、综合性和跨国性日益明显，国家安全需求充实进许多新的内容，传统安全与非传统安全问题相互交织在一起。在这种情况下，一旦发生危机和冲突，必然产生广泛影响，处置不当就可能产生连锁影响并对国家安全带来巨大冲击。这就对安全战略的预防作用提出了越来越高的要求，而战略筹划的精髓也越来越突出地表现在要努力把握安全问题内在规定性，比较准确地推及其未来走向，并能对其进行必要的干预，防范严重危害国家安全的事态发生。由于国际关系发展的不确定性日趋增强，国内外总有一些人否认战略预见性的存在，这实在是对战略研究的一个误解，实际也是一些战略分析偏离科学性的一种缺陷。对未来的分析一方面应重视战略问题的连续性，并且这种连续性只有在洞察历史的条件下才能获得。一般情况下，不论未来会出现什么，其渊源只有到过去的历史中才能找得到，对历史（也包括现实）看得越透彻，对未来的推论才可能更准确一些。另一方面，对未来也应有科学的足够的想象力，充分估计到一些可能的突然变化及其影响，并努力找到它们与连续发展趋势相联系的纽带。

因此，维护国家安全绝不能被动地坐等安全风险来临，必须见微知著，始终对潜在的安全风险保持戒备，力争赢得战略上的先机和主动。这种预防性对于面对强大对手或严重安全威胁的弱势国家尤其重要。基于此，筹划国家安全甚至还要立足于最困难、最复杂的情况，预防本身更强调预先采取措施和手段消除各种可能发生的风险。积极预防强调的是防与攻的完美结合，在预见到可能发生风险时就采取积极行动消弭于无形之中。积极预防符合当前国家安全对安全战略提出的新需求，是新的历史条件下国家安全战略方针的基本内涵。积极预防要求不做被动的适应者，而做主动的进取者，在战略上力争主动，不断促进国家战略

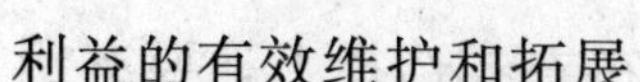

利益的有效维护和拓展。

二、主动营造

所谓主动营造，就是打破守陈，借局布势，通过积极的行动去塑造和改善在维护国家安全斗争中的态势，赢得战略上的主动。主动营造重在谋势而不是谋子，可以通过对话、合作、协调，进而发展国家间关系、强化安全支撑等方法以改善地区和国际安全环境；也可以运用威慑、阻吓、扼其要害等方法，去应对各种威胁和对手的挑战。

主动营造要具有开拓的视野，长远的筹划，不局限于眼前的得失，从地区和全球着眼，以更加主动的姿态来化解和消除潜在和现实的威胁。在实力许可的范围内，中国甚至可以不惜走一些“闲棋散子”，到时候就会发挥意想不到的作用。因此，主动营造依赖战略筹划的预见性而存在，否则就会产生盲动，营造就可能变成画地为牢，反而贻害国家未来的安全。

与一些西方国家不同，中国反对在国际关系中的绝对安全观念，反对在追求绝对安全过程中推行的所谓“先发制人”的做法，并不认为只有自己保持绝对的实力优势才能得到安全。相反，中国主张建立互信、互利、平等、协作的新型安全观，致力于发展一种新的大国安全关系。中国在新形势下实现国家安全，要有在险境中求生存、挑战中抓机遇、斗争中谋发展的政治智慧。

主动营造要以我为主，循序渐进，趋利避害，促进周边的和谐稳定与世界的和谐发展，兼顾构建地缘政治、地缘经济、地缘安全战略和谐架构，展现坦诚、负责、务实、灵活、开放的对外战略风格。在政策选择上，努力做到有所为，有所不为；在步骤实施上，坚持有所连续，又要有所超越；在方式选择上，要有所合作，又要有所斗争；在手段运用上，要灵活多样，又要及时遏止威胁的扩大。总之，必须坚持从中国国家安全的客观实际出发，从维护国家安全的现实需要着眼，权衡利弊，循序渐进，决定取舍，通过吸引而不是强制和利诱手段获取所需要的安全环境。在处理国家间相互关系时要更加理性，解决热点敏感问题要十分慎重，参加国际多边安全合作要更加积极，通过自己的快速发展，努力提升维护世界和平、促进共同发展的能力。

三、有效控制

所谓有效控制，主要是指科学确定国家安全目标，努力把握国家安全利益实现的过程，对战略进行严格的评估，尽可能避免或减少可能付出的代价，积极创造条件应对各种威胁，实现国家安全利益，有效维护国家安全。安全战略有其自身的周期，战略实施需要一个过程，没有过程就没有结果，不能对其实施有效控制，战略目标的实现就很可能变为空谈。

尤其在当前情况下，安全问题或激化演变为紧张和冲突，或受到抑制回归平静，往往是多种力量和多种要素互动的结果。例如，中美关系及台湾问题的发展等莫不如此。决定和影响局势发展的要素非常多，相互间影响作用十分复杂，因此，应对威胁、维护国家安全也必然是一个复杂的系统工程。考虑到国内外各种因素，从目前到未来 20 年左右的时间是决定中华民族能否实现和平崛起的关键阶段，中国必将为此付出艰辛的努力，其中尤其应努力把握解决诸多安全问题的进程。

有效控制要注重事前控制、目标控制、过程控制和结果控制。避免因控制不当而失控致使危机升级，事态如若失控，将导致严重的后果，甚至威胁到国家核心利益。有效控制需要灵活运用各种手段，降低潜在的安全风险，避免问题集中爆发。由于实现安全利益的过程要受到越来越多因素的影响，不确定性日趋增强，认识复杂与应对复杂就成为安全战略筹划必须具备的一种能力，要在相互交织的诸多矛盾中，找出维护国家利益的有效途径和方法，或利用矛盾、或淡化矛盾，争取把握战略主动。

有效控制就如同为国家安全又构造了防护栏，增加了一道道保障。有效控制可以对国家间的冲突和对抗过程进行必要的调节，引导由危机导致的系统紊乱状态向有序状态转变。一般情况下，有效控制强调要防止单一危机演变成复合危机、国内危机演变成国际危机、国际危机演变成国内危机、地区危机演变成全球危机。

四. 全力化解

全力化解就是消弭各种不稳定和不安全因素，避免危机和冲突事态恶化，减少和消除国家安全所受到的威胁。为此，要积极培育和提升国家战略能力，其中包括核心军事能力，并予以综合运用，以应对和遏制危机和冲突，必要时能够打赢维护国家安全的合法性战争。面对安全挑战，特别是当国家安全受到严重威胁时，必须果断采取行动，迅速化解对国家安全可能构成的危害。在化解行动中既要全力以赴，也要抓住主要矛盾，突出核心问题，调动可使用的资源和力量加以解决，保证国家安全得到有效的维护，促使国家安全恢复到稳定的状态。

应该强调的是，维护国家安全，不能简单地以降低目标来躲避风险，一旦目标低于国家安全利益的底线，风险会从另一方面表现出来，甚至使国家安全面临更为严峻的危害。同时，决策中还要注重分散风险，考虑时间元素和空间元素，考虑可能产生的变数，注意力量使用，避免因力量的过度投入而导致战线过长，能力下降；为此还要突出重点，抓住主要矛盾，重点突破。总之，面对威胁就是要能够变被动为主动，化危机为机遇，化风险为坦途。

全力化解是基于安全问题的渗透性、扩散性不断增强的现实所作出的必然选择，全力应对以防止局势失控，但与此同时，也应该避免对事态作出极端的反应，更要避免不顾问题的根源随意出手，从而使矛盾深化。实际上，即使再强大的权力，也有它作用的范围，超出了这个范围，“权力失效”也就在所难免。比如，一个时期以来恐怖主义势力主要针对美国的殊死抵抗，已说明即使是美国在安全领域也存在着弱点。以极端势力的恐怖网络体系为例，美国对“基地”组织及其支持者的打击不能不说迅速、猛烈而有效，但是由于在从北非、中亚到东南亚的广阔范围内仍存在着“基地”组织生存的土壤，目前他们在这些地区仍然维持着较为紧密的联系。

有些思想家看得比较远，约瑟夫·奈认为：“在信息时代，政府比过去的这一个世纪更难以控制主要的权力资源。大国依然拥有军事优势，但大规模杀伤性武器技术的扩散也为恐怖分子提供了机会，并使后工业化国家更容易受到破坏。”[1] 新世纪的安全问题远比以往任何时候都微妙，信息革命“正在改变国家、主权和控制的性质，也正在改变着软实力的作用。在我们所关心的问题中，没有哪个问题会容易用我们的军事力量优势加以解决。政

① ［美］约瑟夫·奈著：《美国霸权的困惑——为什么美国不能独断专行》（郑志国等译），北京：世界知识出版社，2002年版，第78页。

策的制定者将不得不更加关注有关信誉的政治和软实力的重要性”。[①] 由此，中国的安全战略筹划才必须有更多的创新，才能切实满足国家的安全需求。

第二节　中国国家安全战略原则

依据国家安全战略目标及相应的安全战略方针，在充分总结和弘扬中国国家安全战略实践经验的基础上，可以确定国家安全战略应遵循的一些基本原则。这些原则也是战略行动的重要理论依据，并主要规定实现安全战略目标的基本方式和行动规范。

一、以内为主原则

唯物辨证法认为，任何事物的变化以内因为主，外因为辅，实现国家安全也就必然要依靠国家自身的实力与能力。中国作为一个大国，关键是要把自身的事情办好，维护国家安全也是如此，内部安全重于外部安全，自强之外无胜人之本。坚持以内为主，一方面在于，即使发展到今天，中国还没有足够的“安全剩余”，国家对安全的基本需求必须要在国内实现，有限的安全资源需要用来应付国内的矛盾和危机。另一方面则在于，外部所有的威胁最终都必将通过作用到国家内部的社会结构中去才能发挥作用。如果没有国家内部社会结构的严重失衡，外部力量很难肢解一个大国；如果没有内部经济发展的种种隐患，国际垄断资本

① ［美］约瑟夫·奈著：《美国霸权的困惑——为什么美国不能独断专行》，第78页。

也就难以转嫁危机；如果没有国家战略选择的严重失误，外部势力也就不能从根本上动摇一个大国现代化的步伐。

历史已经证明："滋生骄逸之端，必践危亡之地。"一些敌对势力企图从外部搞垮我们是不容易的，真正可怕的是我们自己滋长骄奢之风，安而忘危，乐而忘忧。为此，要善于把握时代主题，掌握、遵循社会发展规律和执政规律，善于在正确理论思维指导下分析和解决各种复杂的矛盾和问题；要解放思想，实事求是，立足当前，考虑长远，把握大局，抓住重点，注意在全局上和关键环节上下功夫，在当前与长远相互关系的最佳结合点上下功夫，把加快发展放在第一位。把中国建设成为一个富强、民主、文明的中国特色社会主义现代化国家，实现中华民族的伟大复兴，是全国各族人民的共同目标和愿望，也是国家最大的安全利益所在。只有我们自己强大了，综合国力增强了，才能为促进各国共同繁荣和人类发展作出更大贡献。只有努力提高自身素质，苦练"内功"，充分积累和准备，不断提高国家的经济实力、国防实力和民族凝聚力，促进军事、经济和社会效益的有机统一，达到最大限度地提高国家战略能力，才能在机遇到来时"发现"机遇，抓住机遇，创造机遇，实现国家的安全，永远立于不败之地。

二、独立自主原则

独立自主是中国人民经过长期艰苦卓绝的奋斗取得的根本权利，是新中国成立后在曲折复杂的国际斗争中立于不败之地的经验总结，是中国国家安全战略的基本立足点。建国后中国对外战略虽经历过多次重大调整，但是始终坚持独立自主原则。新中国建国前夕毛泽东就明确指出："中国必须独立，中国必须解放，中国的事情必须由中国人自己作主，自己来处理，不容许任何帝国主义国家再有一丝一毫的干涉。”[①] 改革开放后，邓小平也强调：“中国的事情要按中国的情况来办，要依靠中国人自己的力量来办。独立自主，自力更生，无论过去、现在和将来，都是我们的立足点。中国人民珍惜同其他国家人民的友谊和合作，更加珍惜自己经过长期奋斗而得来的独立自主权利。任何外国不要指望中国做他们的附庸，不要指望中国会吞下损害我国利益的苦果。”[②]

在当今国际体系中，资本主义仍占有主导地位，在这样的背景下，“独立自主原则已成为社会主义国家对外交往的重要原则，也是维护国家安全的必然选择”。[③] 2008 年 10 月以来，金融危机在全球的迅速扩展和蔓延尤其说明，独立自主原则不仅没有过时，而是在新的条件下具有更普遍意义和更深层次的安全战略内涵。要成为一个独立于世界民族之林的大国，就必须具备坚定不移的独立自主的战略意志。中国这样做既是为了自身的安全利益，也是对国际社会负责，担负起平衡国际社会各种势力、制定相对合理的游戏规则的责任，共同为促进人类繁荣进步作出贡献。现在，无论中国主观上做出何种选择，都不可能有任何其他的退路，中国的国家安全战略不能被别人所左右，更不能依附于任何人。如果中国缺乏独立自主的原则，放弃坚定的战略意志，放弃作为一个大国的责任，中国的国家安全就难以得到有效的保障。作为大国却没有大国的独立主张和坚定的意志与决心，中国的命运只能任由他人摆布。

在新的形势下，维护国家安全的独立自主原则主要内容包含

---

① 《毛泽东选集》第 4 卷，人民出版社，1991 年版，第 1465 页。

② 《邓小平文选》第 3 卷，人民出版社，1993 年版，第 3 页。

③ 金钿主编：《国家安全论》，中国友谊出版公司，2002 年版，第 211 页。

以下五个方面：一是以国家利益为最高准则，坚决维护国家主权独立，绝不容忍中国的国家统一、领土完整、国家安全和民族尊严受到侵犯，决不拿原则做交易。二是排除外来干扰，独立自主地选择适合中国国情的经济制度和政治制度，坚定不移地走中国特色的社会主义道路。三是坚决不依附于任何国家或国家集团，以自己的国家安全和国家利益作出自己的安全战略选择。四是从中国人民和世界人民的根本利益出发，根据是非曲直实事求是地确定自己的立场和政策，主持国际正义和公道，反对任何形式的霸权主义和强权政治。五是中国奉行独立自主原则，同时也尊重其他国家独立自主权利。中国既珍视自己的独立自主，也尊重别国的独立自主，不将自己的意志强加于别国，不干涉别国的内政，坚决地支持其他国家和人民维护国家主权和维护政治独立与经济独立的斗争。

这里需要注意的是，有人往往将独立自主与融入国际社会对立起来，这是值得商榷的。实际上，主权国家的共同利益是国际合作的基础，是世界多元性的存在为不同类型国家融入国际社会提供了可能和机会。换言之，“国际社会的多元化是将独立自主与融入国际社会相结合的客观条件”。[①] 其中就独立自主而言，也绝不是固步自封，而是必须以激发内部活力和发展潜力为前提。因为一个民族的崛起，如果没有自身社会结构的重大变革，将是难以想象的，不进行必须的社会变革就消解不了迅速发展所产生的经济政治等各领域的沉重压力。如何在维持国家安全、社会稳定的前提下积极推进社会结构的变革将成为维护国家安全的重要任务。

① 金钿主编：《国家安全论》，第211页。

三、顺势而为原则

中国要维护国家安全，进而屹立于民族国家之林并为世界的发展进步做出应有的贡献，归根到底就是要审时度势，顺应世界历史发展潮流，在此大势之下求生存谋发展。这是顺势而为原则的精要所在。战略的使命，不是也不可能是为复杂的客观世界设计某种自以为是的结局。换言之，真正高明的战略家，不是凭借强大的国家力量把自己的奇思妙想、美丽蓝图强加于客观世界，而是能审时度势，做历史允许做的事情。如若强为本不可为之事，凭侥幸能取得眼前的成功，最终还是会被历史潮流所淹没。即使强如美国在伊拉克战争中，军事上取得胜利没费多大的劲，但要“消化”一个破碎的国家则完全是另外一回事。

国家安全战略属于大战略研究范畴，与军事战略相比，它更具宏观特性，关注更为长远，并对军事战略起指导作用。军事战略比较重视谋略，战争史上曾上演过一幕幕谋略制胜的好戏。所谓“兵者，诡道也”。然而，国家安全战略筹划就要对谋略运用予以节制。国家的长治久安应当建立在牢固的基础之上，谋略发挥作用，但已远远不如在纯军事领域那么突出。也就是在大战略目标选择恰当的情况下，手段、时机和技巧选择俱佳的谋略无疑将有利于战略目标更好更快地实现，而不当的谋略将影响战略目标的实现甚至可能导致整个战略的失败。在大战略目标选择失当甚至错误的情况下，越是精妙的谋略越会将这种失当或错误扩大化，从而走向另一个极端，甚至造成难以弥补的恶果。老子指出：“以智治国，国之贼。”从中也能找到对谋划国家安全所具有的重大启发意义。

实际上，即使是关乎民族生存和国家前途的大搏杀，往往也不仅是军事力量本身的较量。抗日战争初期毛泽东关于持久战的论述，可看作是大战略的经典。《论持久战》指明了中国人民战胜日本帝国主义的正确途径，这一战略为全党全军乃至我们的敌人所熟知，已远远超越军事行动本身。这是堂堂正正而且力量无比的取胜之道，因为其根植于对中日双方国情对比及国际局势的深邃理解，对手无论怎样挣扎也奈何不得，最后收获的只能是失败。

顺势而为，就必须坚持用宽广的眼界观察世界，提高科学判断国际形势和进行战略思维的水平。深刻认识国内大局和国际大局、内政和外交的紧密联系，科学把握世界的深刻变化及其特点，主动顺应维护和平、促进发展的时代潮流，正确应对世界多极化、经济全球化和科技进步的发展趋势，做到审时度势、因势利导、内外兼顾、趋利避害。为此，还必须“全面认识和把握国际因素对我国的影响，不断提高同国际社会交往的本领。全面分析和妥善应对来自外部环境的机遇和挑战，善于扬长避短，坚持平等互利、共赢共存，充分利用有利因素，积极化解不利因素，努力变挑战为机遇”。①

四、以迂为直原则

未来较长时期，中国在国际体系中仍将处于弱势地位，这决定了中国对安全的追求不能采取简单的直接路线，需要开发更广泛的战略资源和更广阔的回旋空间、经过曲折的道路和较长时期

① 《中共中央关于加强党执政能力建设决定》，《人民日报》2004年9月27日。

的努力才可以达到。崛起的中国不会走上传统的权力对抗之路，在保持自主性的同时扩大与外界的安全合作，在合作中谋求安全利益的实现。对待具体的问题，既要敢于大步前进，也要敢于大步后退，不能固守某一种思维和行为模式。

历史一再证明，在战略上最漫长的迂回道路，往往是达到目的的有效捷径[①]。毛泽东曾说："世界上没有直路，要准备走曲折的路，不要贪便宜。"[②] 这个告诫发人深省。任何一个国家的崛起，既要善于用合作借势，以迂为直，又要勇于承担责任，待时而动。大国兴衰的谜底，也许就藏在特定的国家于变与不变的世界中扎实积累、顺势而为的大智大慧之中。江山代有人才出，只要具备了相应的条件，一个国家的崛起是必然的。因为满足大国崛起条件的概率，要比满足发挥大国特殊作用的概率大许多。英国在19世纪，美国在20世纪，都曾经在大部分时间里占有世界生产总值的很大比重，雄厚的经济实力构成了这两个国家各自充当世界霸主的基础。而21世纪国际政治经济的发展将使未来很难再次出现实力如此集中的情况。关于大国走向，仅仅看到刚刚过去的一段时间内一些国家的兴盛与衰败是不会管用的。也许用不了多少年，一些背景就会变化，美国由于不能再次幸运地获得成为世界霸主的充分必要条件，它现在的咄咄逼人将会逐渐失去强大的支撑。

实际上，以迂为直原则适用范围不仅仅限于相对弱势国家，有时对霸权国家也是如此。因为即使再强大的权力，也有它作用的范围，超出了这个范围，"权力失效"也就在所难免。黑格尔

---

① 利德尔·哈特在《战略论》中对间接路线战略作了详尽具体的阐述，参见[英]利德尔·哈特著：《战略论》（中国人民解放军军事科学院译），北京：战士出版社，1981年版。

② 《毛泽东选集》第4卷，人民出版社，1991年，第1163页。

强调："科学的整体本身是一个圆圈，在这个圆圈中，最初的也将是最后的东西，最后的也将是最初的东西。"[①] 其中蕴含的深刻哲理，在研究安全问题时也可作为参考。历史已经反复证明，如果目标过于雄心勃勃，战略途径过于直接，最后往往收获不到预想的结果。

迂与直的选择，重要的是坚持战略的艺术性，不被小利遮住自己的视野，不被暂时的被动影响自己的决心，不被胜利冲昏头脑，而是在重大的战略决策中选择最适合自己需要的路径和政策。以迂为直正是战略家的高明之处，在处于困难局势之时，不一定采取直接进攻的手段，可以待机采取行动。在遇到强劲对手的时候，不能从正面遏其势，要"锐者避其锋"，"以谋攻之"，消其力减其势。当遇到难以直接解决的问题时，考虑更多的方法与路径，运用迂回包抄路径达成自己的目的。国家安全战略是平时和战时运用各种力量维护国家安全的科学和艺术，筹划国家安全是战略的科学与艺术的表现，其艺术更是一种在限制中展现能力的艺术。实际上，安全战略所受到的制约因素越来越多，处理国家之间的安全关系十分复杂，比过去更加困难。各种利益在不断融合，各种风险也在汇集，国家利益和国际利益相互交织、相互冲突、相互合作与相互制约性都在增强，很难用传统的"零和关系"来处置。

在迂与直的选择上，应把握以下六点：（1）在国内外两个大局的互动中不断调整和选择安全战略的途径。国家与国家互动日益密切，为努力改善和维护整个战略环境稳定，要注意分析与战略对手的利益关系，研究各方的优势和劣势所在，巧妙地利用自

① ［德］黑格尔著：《逻辑学》（杨一之译），上卷，北京：商务印书馆，1981年版，第57页。

身的优势，迫使对方作出妥协和让步。同时，也要明确自身的劣势所在，弥补自身的不足，避免被对手利用。（2）要全面分析和把握安全形势变化中的各种有利或不利因素，充分利用各种于己有利的因素，消除各种不利因素，改变安全局势中的不利态势，力求在不稳定的变化中求得安全。（3）要充分利用各种矛盾，要善于把国际关系中业已存在的重大现实矛盾加以有效利用，把一些重大国际突发事件纳入到整体的国家安全战略谋划中，用以改变自己的安全环境。（4）要善于出奇制胜，充分发挥战略艺术，调动对手，打乱对手的战略方案和部署。要注意分析战略重点，分清主次，争取以小力赢大势，以小的代价换取战略上的主动。（5）要把握机会，对于各种突发事件不回避，积极应对，加以有效利用，抢得先机。（6）要积蓄力量与后劲，慎密地权衡利弊得失，谋求更大的发展，改变战略的态势。

五、统筹兼顾原则

统筹兼顾是解决中国国家安全面临的诸多矛盾，合理配置战略资源，科学调动各种力量，预防各种风险和威胁，实现国家安全必须长期坚持的基本原则。国家安全需求拓展以及国际关系的复杂化发展为这一原则提供了客观依据。一般情况下，统筹兼顾就是要审时度势，总览全局，加强宏观调控，搞好筹划，协调力量，正确决策。在当前安全利益日益拓展、对外联系日趋紧密的情况下，国家安全战略筹划需要有更多的创造，才能适应国际关系的发展变化，才能找到借重多种力量、化解多重矛盾、达到多重目标的有效方法和途径，更好地维护国家安全。

统筹兼顾强调发展与安全的统一，内部安全与外部安全的统一，政治安全与军事安全的统一，富国与强兵的统一，传统安全与非传统安全的统一，现实安全与未来安全的统一。统筹兼顾就是按照社会发展的客观规律办事，要做到瞻前顾后、科学协调、分步实施。统筹兼顾的核心在于尊重和把握规律，充分发挥人的主观能动性，有效分配力量，去实现合理的安全目标。

统筹兼顾要把握以下八个方面的问题：(1) 在新的历史条件下，要对那些危及国家安全的重大矛盾和问题有正确的认识，用全面、协调、可持续的观点来解决这些矛盾和问题。特别是对在今后相当长一个时期内，还会增加甚至可能激化的矛盾和问题要统一分析，认真研究，对突出的问题要有战略上的考虑和安排，要有必要的政策调整。(2) 实现优势互补，保证国家投入维护安全的资源得到有效合理的使用。统筹的主体是中央，必须维护中央的权威。任何一个地方、一个部门的利益都必须服从全局，发挥各自的特长和优势，不能推诿，不能上有政策下有对策，用局部利益损害整体利益。强调大局观念，保障政令畅通，从维护国家的最根本安全利益出发，思考自己的行动，促进维护安全的资源得到合理与有效使用。(3) 在国家安全战略筹划上，要长远安全利益与近期安全利益兼顾，重大安全利益与一般安全利益兼顾，主要安全方向与次要安全方向兼顾，主要任务与一般任务兼顾。在设计和筹谋国家整体和全局安全问题时，注重目标与能力的协调，也要关注全局与局部安全利益的协调，局部安全问题没有妥善解决，局部的问题也会波及和影响国家的整体安全。(4) 统筹国内和国际安全，立足于国内外两个大局。筹划对外安全政策，要与国内安全需求结合起来，要注意两者的协调。在处理国际关系中，加强大国关系的同时，还要积极参加和构建各种多边组织，经营好“大周边”，构筑稳固的战略依托，也要加强与广大发展中国家的交流合作。(5) 正确把握国防建设与经济建设的关系，经济建设与国防军队建设兼顾，确保国防和军队现代化建设的规划部署有机融入国家发展的总体布局，实现强军与富国的进程相匹配。加快经济发展和建立强大国防已经成为我国现代化建设的两大战略任务，两者应做到协调统一，平衡发展。在国防军队建设上，要陆海兼备，协调发展各种力量。（6）统筹应对传统威胁和非传统威胁。在积极应对传统威胁的同时，更应该注意非传统威胁的综合性和复杂性。国家主权面临的威胁和社会稳定面临的问题，哪一方面防范不好、斗争不力、处置不当，都有可能影响和冲击国家发展的重要战略机遇期。（7）协调各方关系，兼顾到局部与全局的利益，解决好矛盾与冲突。减弱局部性风险可能对全局安全带来的破坏。（8）要减少片面性，统筹硬实力和软实力之间的关系，通过集中控制，统一调度，有效配置人力、物力、财力、科技力等各种力量，按照"统筹安排、协调发展"的原则，增强国家维护安全的综合实力。

六、合作共赢原则

合作共赢原则主张坚持中国"和平崛起"的基本方向，在处理国家间关系时不搞对抗，努力发展一切愿与我国友好相处的国家关系，通过合作谋求安全，通过合作推动各国增进了解、取得共识、消除分歧、预防危机发生、遏止冲突升级，并致力于解决人类面临的许多安全威胁和隐忧。

权力政治过于强调国家间利益的零和特征，不相信合作的存在。时移事易，国际体系不会简单反复循环，而是一直在不断进化。在经济全球化深入发展的条件下，一些新因素和原本不重要的因素对其演化进程发挥越来越明显的影响，各种全球性问题和威胁的凸现也促使国家面临新的选择，单纯的权力政治逻辑已经受到越来越多的挑战。国际关系的非零和特性逐渐显现，"非友即敌”、“非合作即对抗”、“非得即失”等等已经愈来愈不合时宜，谋求国家的生存和发展需要在互相尊重的基础上更具包容性和更具远见的战略思维，处理国家间关系既要有利于国家利益的实现，也要具有足够的弹性，为新条件下国家间的战略博弈提供必要的宽松条件。

在中国的传统文化中，以儒家为代表的文化是积极主张“和合”观念的。孔子和儒家把“和”视为天下大道。和，就是和平，协调，和谐，和合。今天的世界是一个相互联系、相互制约的整体，国家与国家之间相互依存加深，彼此利益相连，安全的内涵正在不断深化，任何国家都难以单独实现其自身的全面安全，也难以仅仅依靠自己的力量确保安全不受危害。中国存在着与各国合作的空间和机遇，以及拓展自己利益的现实条件和可能。特别是在当前国际金融危机扩展和延伸的情况下，合作共赢是有效应对各种安全威胁，实现共同安全、普遍发展目标的有效途径，不仅可以增强国际社会抵御风险的能力，也会协助一个国家克服安全风险。

互信、互利、平等、协作是合作共赢原则的重要体现，展示中国追求国际合作的愿望。通过加强国际合作，依靠集体行动和力量，有效应对本国和世界面对的新威胁。同时合作共赢也是显示自身意志和实力，捍卫国家利益的必要手段，在世界积累道义资源和提升国家形象的重要途径。经济全球化趋势使各国有更多的共同利益，合作共赢有可能使各国避免对抗，使各国找到更多的共同点，至少可以相互包容而不是相互对立。合作共赢原则以相互尊重彼此的利益为前提，也要求各国进行更多的协调，达到增进互信、扩大共识、深化合作的目的。合作共赢原则能够在政治上相互支持，促进国际关系民主化，在涉及国际安全的重大问题上进一步加强沟通、协调和配合。在经济上优势互补，并不断培育新的合作增长点，达到互利共赢。在文化上推动文明对话、交流，建立不同文明积极对话的渠道。在安全上，就重大安全问题领域相互沟通和合作。合作共赢原则寻求各种合作的可能，夯实合作基础，扩大合作范围，提升合作层次，通过双边和多边合作模式达成利益的平衡。合作共赢原则体现在共同构建公正、合理的地区和国际政治经济新秩序、维护市场稳定和繁荣经济等方面，确保经济发展能有一个稳定的环境，增进各国经济利益。合作共赢原则希望求同存异，包容开放，主张通过平等的、友好的、坦诚的对话与协商，增加相互理解、相互信任和相互尊重，以便达成最大限度的共识。

中国倡导的合作共赢原则是要超越社会制度和意识形态的束缚，超越文化和历史的纠葛，克服民族国家利益的限制，以全球的视野来认识和考察国际社会中那些关系到整个人类社会生存和发展的共同利益，努力寻求同各方利益的汇合点。按照和平共处五项原则处理国家关系，走和平发展的道路，同所有国家开展平等互利友好合作，携手解决世界共同所面临的诸多安全问题。中国倡导的合作共赢原则是在共同利益基础上，寻求共赢和多赢。在互相尊重、互相信任基础上，通过对话、协商，用和平方式求得共同的安全。以和平方式解决国家之间的分歧和争端，不诉诸武力和不以武力相威胁，以对话和协商促进相互了解和信任，通过双边和多边的协商合作寻求国家安全。中国倡导的合作共赢原则是积极、主动地参与国际事务、参与国际经济政治新秩序和安全秩序的构建与调整。中国倡导的合作共赢原则不是靠牺牲本国的安全利益来委曲求全，也不是把本国的安全利益凌驾于别国之上，更不是为了维护本国安全利益不惜损害人类共同的安全利益，而是顺应国际关系的现实发展而致力构建更加和谐的世界。

当然，中国倡导的合作共赢原则不是意味着要一味的妥协、让步，同时还需要以斗争求合作，以斗争求安全，以安全保合作。中国与其他国家的利益日趋交汇重叠，由此也承担了新的权利与义务，具有了共同应对安全威胁的新的合作平台。充分运用和开发这些平台，就能大大增强中国应对安全威胁的思路和手段，也能使中国的和平崛起更易被外界接受。在国际参与中寻求复杂的利益平衡，是21世纪世界各国，尤其是大国战略筹划必须考虑解决的重大课题。

第四章

中国国家安全战略能力

中华民族实现伟大复兴是一项艰巨的使命，前进道路不可能一帆风顺。当下的国家安全环境以及未来的发展趋势都在提醒我们，谋求未来更大的发展，必须维护稳定的安全环境。而达成国家安全战略目标，必须具备强大的国家安全战略能力。培育我国的国家安全战略能力是当下和今后的重要战略议题。

第一节　国家安全战略能力的构成

国家安全战略能力是指国家将一定的战略资源转化、运用以实现国家安全战略目标的能力。它既包括国家在非战争状态下，营造和形成有利的安全战略态势的能力，也包括国家在危机和战争状态下，管理危机、遏制战争、赢得战争的能力。国家安全战略能力的外在表现形式多种多样，但都是其构成要素互动、组合的产物。

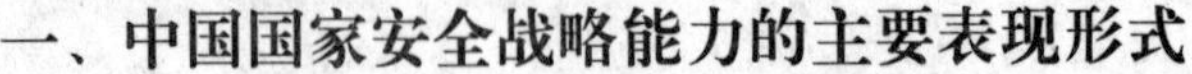

一、中国国家安全战略能力的主要表现形式

作为一个处于上升过程中的大国，中国的安全环境十分复杂，实现安全目标的难度也较大。这种情况对中国国家安全战略能力无疑提出了更高的要求，主要表现为以下三种形式：

（一）稳健的执政能力

执政能力是指中央政府掌握和运用战略资源，领导、管理国家，维护社会稳定的能力。（1）稳健的执政能力是处于崛起过程之中的中国应对复杂多变的国际形势的需要，是正处于社会主义初级阶段的中国维护国内社会稳定的需要，是社会主义中国强化意识形态坚定性的需要。而稳定的执政能力离不开系统的组织基础、坚实的财力基础和强大的群体凝聚力。（2）执政能力也依靠有效的机制建设。比如，国家预警机制，正如国外学者所指出的，"现代社会中所有机构的决策者都越来越依赖于信息"，[①] 而预警机制的迅速建立和正常运转恰恰是信息获得的重要保证。再如，调控机制，在战略资源各个要素的发展过程中，既需要市场的竞争，优胜劣汰，更需要中央政府的宏观调控，而宏观调控作用的发挥必须依托有效的调控机制，凭借法律和行政手段促进战略资源结构向着合理有序的方向发展。（3）咨询和评估反馈机制也在执政能力的形成和提高过程中发挥着重要作用，使决策、施政、反馈、转化等环节连接成有机整体，形成良性互动。

① ［美］罗伯特·A·达尔著：《现代政治分析》（王沪宁等译），上海译文出版社，1987年版，第97页。

（二）强大的外交能力

外交能力是提升国家形象、化解危机、增强国际资源的重要手段。外交政策目标的实现必须有充足的实力给予支撑，没有实力的外交就恰似没有乐谱的乐队。[①] 主权国家的最高领导人既是外交最高决策者，同时也是外交最高执行者。要为最高领导者提供决策支持，不仅需要有比较完善的决策机制和行之有效的法律制度，更需要积极发挥智囊班子或思想库的参谋作用；随着多边外交领域的拓展，各个部门需要彼此关系协调、[②] 资源整合，实现“横向组合”，共同为外交工作服务。正如汉斯·摩根索所说：“精心构想和巧妙执行的外交政策即使凭借着丰富的物质和人力资源，如果没有良好的政府，它也势必徒劳无功。”[③]

（三）有效的威慑和实战能力

威慑能力是主权国家对来自各种行为体的威胁进行有效慑止的能力。在维护国家安全的过程中，威慑是一种比较常见的行为方式，该能力的实现需要兼具以下因素：有力量、有使用力量的意志和对潜在的侵略者估计这两点。[④] 不仅如此，还需要协同机

---

① Adam Watson，*Diplomacy*：*The Dialogue Between States*，Eyre Methuen Ltd，1982，p. 53.

② 因为“战后多边外交的增长目睹了大量的政府部门，如工业、航空、环境、航运、海关、卫生、教育和体育等部门定期地参与到对外关系之中”。［英］巴斯顿著：《现代外交》（第二版）（赵怀普等译），北京：世界知识出版社，2002年版，第6页。

③ ［美］汉斯·J·摩根索著：《国家间政治——寻求权力与和平的斗争》（徐昕等译），北京：中国人民公安大学出版社，1990年版，第195页。

④ ［美］亨利·基辛格著：《选择的必要》（国际关系研究所编译室译），北京：商务印书馆，1972年版，第18—19页。

制、整合机制与动员机制的高效率运转，只有这样，才可以彰显主权国家的意志和决心，调动一切战略资源形成强大的力量以对付所面临的威胁。“一个国家及时实施快速动员的能力越强，潜在敌人采取的可能升级为武装冲突的行动所招致的风险就会越大。强大的动员能力，一定能使敌人的计划制定人员在估价对手的反应能力时，无法作出肯定的结论。”①

实战能力，是指武装力量遂行作战任务的能力，是主权国家在维护国家安全过程中的“最后”手段②。实战能力一方面可以直接实现国家安全目标，另一方面，实战能力也关系到国家威慑能力的可信度，中国未来的安全必须建立在有效的威慑与实战能力的基础之上。

二、国家安全战略能力三要素

国家战略能力是一个巨大系统，主要包含三大要素，即战略资源、转化机制和战略谋略。这三大要素既各成系统，而彼此之间又保持着紧密的联系。国家安全战略能力的产生和形成正是这三大要素相互结合、相互作用的产物。

（一）战略资源

战略资源是指可以用来为实现国家安全战略目标服务的资源，可以划分为地理资源、人力资源、经济资源、政治资源、军

---

① ［美］哈诺德·J·克莱姆著：《经济动员准备》（库桂生等译），国防大学出版社，1991年版，第13页。

② ［英］爱德华·卡尔著：《20年危机（1919—1939）：国际关系研究导论》（秦亚青译），世界知识出版社，2005年版，第103页。

事资源、科技资源、国际资源和时间资源。

地理资源是一国权力所依赖的最稳定[①]的要素，素来是军事家和国际政治学者关注的重点之一。它主要包括：地理位置、领土面积、自然资源等，这些要素对国家安全目标的实现具有最为基础性的影响。

人力资源则是另一个具有相对稳定性的资源，它既是战略资源中的客观因素，同时又集中体现了战略资源中的主观成分，这在所有战略资源中是独一无二的。它主要包括人口数量和质量、人口结构和人口分布等等。

经济资源是国家生存和发展的基础，是战略资源中最重要的要素，在战略资源的构成中发挥着决定性的作用。它主要包括：国民生产总值和人均值、经济体制、工农业生产能力、财政收入、金融实力和对外贸易关系等。

政治资源在战略资源中占据着核心地位。主要包括：国家的政权性质、政治体制、外交政策、政府素质、意识形态等。

军事资源是战略资源中对外抵御侵略、对内维护社会稳定的强制性要素。它主要包括：武装力量（武装人员和武器装备）的数量和质量、国防支出、编制体制、军事思想、国防科技和国防工业，以及战争动员能力等。

科技资源作为一种纽带，将战略资源的其他要素紧密地联系在一起，同时它也反映着战略资源的未来发展趋势。主要包括：科技队伍的数量和质量、科技投入、科技设施和科技进步的贡献力等。

国际资源是对以上所有资源的补充，从外延来看，主要包

---

① ［美］汉斯·J·摩根索著：《国家间政治——寻求权力与和平的斗争》，第152页。

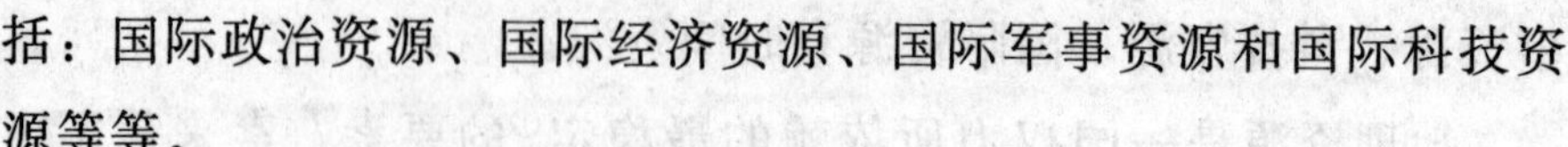

括：国际政治资源、国际经济资源、国际军事资源和国际科技资源等等。

时间资源是在战略资源中最稀缺的资源，具有一维性的显著特征。

（二）转化机制

然而，战略资源并不等同于国家战略能力，战略资源的多寡并不一定能决定国家战略能力的高低。其原因在于，两者之间还存在着一个介质——转化机制。转化机制在国家战略能力的形成过程中具有十分重要的意义，是战略资源发挥其功能的媒介，主要包括预警机制、决策机制、协调机制和动员机制。

其中，预警机制是转化机制的“神经系统”，是国家战略能力系统得以正常运转的必要保证。它可以帮助战略决策者对各种现实的或潜在的危险尚未形成的情况下，迅速定位危险和威胁的来源，为及时、准确、科学地制定决策奠定基础。

决策机制是转化机制中最为核心的部门，是指挥整个转化机制有效运作的“大脑”。决策是决策者根据现实中的各种信息对事实作出评估和判断，并在此基础上进行决策目标的选择、方案的优化、方案的实施和评价等一系列活动。尤其是在事关国家安全的危机事态发生后，决策机制需要高速运转，在尽可能短的时间内找到解决国家安全问题的合理途径。

协调机制是否能够正常运转直接关系到战略资源能否顺利实现转化。不同战略资源为不同的政府部门所支配，要充分发挥战略资源的作用，各个政府部门必须保持密切的合作，否则，就会掣肘战略资源的作用。保罗·肯尼迪在分析第二次世界大战中的德国时就认为：“军队本身指挥阶层内部的斗争，使得对希特勒野心勃勃地进攻斯大林格勒和库尔斯克的疯狂欲望的抵制未能奏效。最重要的，这里存在着学者们指出的，相互对立的行政部门和小独立王国（军队、党卫队、地方长官和经济部门）的‘多角混乱’阻碍了对资源作统一的估计和分配，更不要说设计出其他国家所称的‘总战略’了。”①

动员机制是将国家战略资源转化为战略能力的关键环节。国家安全在一定程度上取决于一个国家在危机时刻集中和组织战略资源的数量、质量和速度，换句话说，国家安全在很大程度上取决于国家动员机制是否健全和完善。

由预警机制、决策机制、协调机制和动员机制组成的转化机制系统是一个密切联系的系统。只有各个系统彼此保持密切联系，才会不断推动着战略资源向国家安全战略能力转化。

（三）战略谋略

战略谋略是指在维护国家安全的过程中，以战略资源为基础，寻求制胜之法的思维过程和结果。它体现了人的主观能动性在国家安全战略能力形成中的作用和地位。战略谋略脱胎于军事领域，但它并非军事活动的专利。当代意义上的战略谋略随着战略内涵的拓展，涵盖范围已经延伸到政治、经济、文化、外交等一切领域。古人云：“谋先事则昌，事先谋则亡。”② 这是对谋略与国家安全之间关系比较精辟的概括。

在当代，战略谋略在国家安全中的作用和地位并没有随着技术的发展而消减：战略谋略是战略资源作用发挥的“倍增器”。

---

① ［美］保罗·肯尼迪著：《大国的兴衰》（天津编译中心译），成都：四川人民出版社，1988年版，第424—425页。

② 卢元骏注译：《说苑今注今译》（一卷），台北：台湾商务印书馆股份有限公司，1977年版，第533页。

成功地使用谋略，可以大大地推动各种战略资源在维护国家安全过程的效能：它可以产生更为强大的政治凝聚力、更为巨大的生产力、更为惊人的战斗力和更为广泛的影响力。

战略资源、转化机制和战略谋略是构成国家安全战略能力的三要素。国家安全战略能力的形成和发展保持着它自身的特征，它内在地规定着其构成要素的原则性要求，即数量上保持均衡性，质量上保持适应性，空间上保持积聚性，时间上保持有序性。

第二节　中国国家安全战略能力的初步评估

能力评估是中国培育和发展安全战略能力的必要环节。科学评价中国的国家安全战略能力的内部诸要素，明确我们的优势，发现我们的不足，才能为更好地培育我国国家安全战略能力找到恰当的着力点。

一、中国的战略资源

近年来，中国的综合国力持续增强，战略资源不断积聚。基于对中国未来发展趋势的认识和美国战略文化的惯性思维，2001年9月，美国国防部的《四年防务评估报告》把中国看作是一个“拥有雄厚资源基础的军事竞争对手”；[①] 2006年2月，美国国防

① Department Of Defense. *Quadrennial Defense Review Report*, September 30, 2001. http: //www. cdi. org/issues/ qdr.

部发布的《四年防务评估报告》明确把中国作为“最具有与美国进行军事竞争的潜力国家”[①]。实际上，美国对中国的主要判断依据来自中国综合国力增长可能带来的战略资源投入的增加。

（一）地理资源

我国是陆海复合型国家。陆地面积为960万平方公里，居世界第三位；依据1982年通过的《国际海洋法公约》，有效司法管辖海洋面积为300多万平方公里。辽阔的领土为我国国家安全的维护提供了广阔的战略纵深；复杂的地形地貌，特别是边境地区大都由高山、沙漠和海洋所组成，形成了有效的安全屏障。

我国自然资源种类比较齐全，现已发现171种矿产资源，查明资源储量的有158种，总量比较丰富。[②] 根据土地利用变更调查结果，全国耕种的耕地面积为12339.22万公顷；全国地下水天然资源量多年平均为9235亿立方米，地下淡水可开采资源多年平均为3527亿立方米；[③] 全国海洋产业总产值已达到10077.71亿元。

但也必须看到，我国的自然资源还存在着相对短缺问题。一是资源禀赋较差，人均占有量不高。中国人口占世界21%，但人均矿产资源占有量仅相当于世界人均值的3/5；人均土地、人均耕地占有量只相当于世界人均值的1/3；人均河流年径流量相当

---

① Office of the Secretary of Defense, *Quadrennial Defense Review Report*, February 6, 2006. http://www.defenselink.mil/qdr/report/Report20060203.pdf.

② 国务院新闻办公室：《中国的矿产资源政策》，载《人民日报》，2003年12月24日第6版。

③ 中华人民共和国国土资源部：《2003年中国国土资源公报》，载《人民日报》，2004年4月17日第6版。

于世界人均值的1/4；人均森林占有量仅相当于世界人均值的1/5。[①] 二是自然资源的供需矛盾日益扩大。中国45种主要矿产探明储量能满足2010年前需要的仅有一半，能满足2020年前需要的仅有6种。一些重要的矿产对国外资源的依赖程度在不断提高。三是资源自给率低，对外依存度将会不断提高。除了煤之外，中国所有矿产资源都十分紧张。报告预测，到2020年，中国需要进口5亿吨原油和1000亿立方米天然气，分别占中国消费量的70%和50%。今后20年，中国将短缺30亿吨铁、5亿到6亿吨铜和1亿吨铝。中国也可能短缺目前还在出口的其他矿物，例如钨和锌。[②]

(二) 人力资源

中国是人口大国，2007年年末全国总人口为132129万人，总量位居世界第一；15岁以上国民人均受教育水平从20世纪80年代初的4.5年已提高到目前的8.5年左右；总人口中，小学以下文化程度的比例显著下降，初中以上文化程度的比例明显上升，大学以上毕业生由1982年的610万人跃升到2005年的7000万人左右。[③]

但需要引起我们高度重视的是：一是人口数量增长。虽然中国已经进入了低生育率国家行列，但由于人口增长的惯性作用，目前中国人口总和生育率约在1.7—1.8之间，总人口将于2010

---

① 赵晓："中国：'世界工厂'的美景与'破坏增长'的困境"，载《当代经理人》，2004年第6期。

② 贺军："中国的庞大需求为何转化不成议价能力"，《瞭望东方周刊》，2007年第3期。

③ 国家人口发展战略研究课题组：《国家人口发展战略研究报告》，2007年1月16日，http：//www. gov. cn/gzdt/2007－01/11/content－493677. htm。

年、2020年分别达到13.6亿人和14.5亿人。人口总量持续增长影响全面建设小康社会目标的实现。二是人口素质较低。迄今文盲率高达约15%，与发达国家相比，仍然偏高。三是老龄化速度快、高龄趋势明显，预计本世纪40年代后期形成老龄人口高峰平台。甚至有专家呼吁决策者警惕：到2013年中国的“人口红利”可能转变成“人口负债”。[①] 四是人才稀缺。高素质人才总量不足且分布不均衡，人才结构与实际需求存在差距。

（三）经济资源

改革开放30年来，中国经济以全球平均水平两倍以上的速度快速增长，经济建设已取得了令人瞩目的成就。国家统计局公布的2006年国民经济统计数据表明，我国人均GDP首次超过了2000美元，预计到2020年将达到3000美元。对外贸易在改革开放以来也一直保持高速发展，2007年全年货物进出口总额达21738亿美元，[②] 超过日本，仅次于美国和德国；外汇储备明显提高。2007年年末，国家外汇储备飙升到15282亿美元，仍居世界第一位。

但是，当前经济发展中还面临不少矛盾和问题。从深层次看，经济结构不合理、增长方式粗放、体制机制不完善等问题还没有得到根本解决。看来，经济运行虽然朝着宏观调控的预期方向发展，但基础还不稳固，经济增长付出的代价过大，不稳定、不协调的因素较多，像农业基础较差、金融体系脆弱、资源环境矛盾日趋尖锐、劳动力总量过剩与结构性短缺并存等问题依然

---

① 王俊秀：“‘人口红利’难再续　中国距劳动力短缺时代还有多远?”，《中国青年报》2008年5月9日。

② 王俊秀：“‘人口红利’难再续　中国距劳动力短缺时代还有多远?”，《中国青年报》2008年5月9日。

突出。

（四）政治资源

中国共产党具备坚实的组织基础。到2007年底，全国党员总数已达到7400多万，近70%是改革开放以来入党的，党员队伍的结构和分布得到新的改善和优化。[①] 中国共产党有一大批靠得住、素质高的干部队伍，还有遍布全国各地的基层党组织。党通过高度严密的组织形式，把党员的作用发挥到社会各个层面上，并以民主集中制原则使党形成了一整套严密的酝酿、决策、吸纳、表达、规范机制，保证了党的路线方针政策的全面贯彻。[②]

中国共产党拥有雄厚的群众资源。中国共产党的执政地位是领导广大人民群众顺应历史发展潮流，通过推翻旧制度、建立新制度而取得的。建立新政权后又是在广大人民群众的支持和拥护下行使执政权力的，广大人民群众的全力支持已经成为我党执政的强大资源。

但中国的政治资源也存在很多问题。譬如，政府职能转变还不到位，社会管理和公共服务比较薄弱；一些部门权责脱节，效率低下；一些政府工作人员服务意识不强，素质不高；对权力的监督和约束机制不健全，弄虚作假、奢侈浪费和腐败现象比较严重。[③]

---

① 习近平："改革开放30年党的建设回顾与思考"，载《学习时报》2008年9月8日。

② 《加强党的执政能力建设若干问题学习问答》编写组：《加强党的执政能力建设若干问题学习问答》，北京：中共中央党校出版社，2004年版，第142页。

③ 温家宝：《政府工作报告》，2008年3月5日在第十一届全国人民代表大会第一次会议，http：//www. gov. cn/2008lh/content—92398. htm。

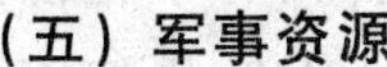

（五）军事资源

中国人民解放军着眼于有效履行新世纪新阶段历史使命，加快推进中国特色军事变革，全面提高信息化条件下的防卫作战能力，朝着规模适度、结构合理、机构精干、指挥灵便、战斗力强的目标迈出了新的步伐。从军队规模来看，现保持230万人，位列世界第一。从武器装备的研发看，坚持以国家经济发展和科技进步为依托，坚持自力更生为主，自主创新，加快推进武器装备现代化建设。依据新时期军事战略方针和军队建设发展规划纲要，按照三军一体、联合作战和体系建设、综合集成的要求，研究论证武器装备发展战略。从编制体制看，领导指挥体制不断改革；军兵种内部编成得以优化，通过近年来的编制体制调整，海军、空军和第二炮兵占全军总员额的比例提高了3.8％，陆军部队比例下降了1.5％；联勤保障体制改革日益深化，官兵比例逐步改善。从国防投入来看，从1990年到2005年，国防费年平均增长为15.36％，扣除同期全国消费价格总指数，年平均上涨5.22％，实际平均增长9.64％。[①]

但是，也存在着一些严重不足。一是武器装备总体上处于机械化与半机械化状态，信息化程度不高。以陆军为例，大多数陆军部队仍然混合列装着高、中和低档武器，“几代同堂”的局面没有发生根本改变。二是国防投入较低。中国国防费总额、军人人均数额与其他一些国家特别是大国相比仍处于较低水平。[②] 有限的财力保障制约着我军缩小与军事技术先进国家之间的差距。

① 中华人民共和国国务院新闻办公室：《2006年中国的国防》，载《人民日报》2006年12月30日第11版。

② 中华人民共和国国务院新闻办公室：《2006年中国的国防》，载《人民日报》，2006年12月30日第11版。

三是高素质军事人才短缺。美军97%以上军官具有学士以上学位，其中38.4%拥有硕士、博士学位。俄罗斯军队指挥军官全部是大学本科以上水平。即使波兰、印度这样的国家，其军官90%以上是学士。而我军具有大专以上学历的军官比例是71.8%，目前拥有博士、硕士的比例不到2%。人才素质的滞后，是推进中国特色军事变革的“瓶颈”问题。①

（六）科技资源

新中国成立以来，我国科技资源不断丰富和加强。从人才队伍来看，截至2006年底，国有企事业单位共有各类专业技术人员2230万人，比2002年增长2.0%。从科技投入来看，据统计，2006年全社会研究与试验发展（R&D）经费投入达3003亿元，是2002年的2.3倍；从科技基础设施来看，经过几十年的努力，中国已经建成了一批科学研究设施完备的国家重点实验室和重大科学工程、高速的网络科研环境、大型的科学数据库和文献资源共享中心；从科技成果来看，2002—2006年，全国累计登记省部级以上重大科技成果15.5万项，累计颁发国家最高科学技术奖6项，国家自然科学奖138项，国家技术发明奖164项，国家科学技术进步奖1155项，国际科学技术合作奖20项。②

但与发达国家相比，我国的科技资源还存在着很大的差距。一是科技投入仍然不足，研发投入强度要达到《国家中长期科学和技术发展规划纲要（2006—2020年）》的预定目标仍需付出努

① 温熙森：“迎接军事变革挑战实施人才战略工程——培养高素质新型军事人才”，载《解放军报》2003年6月17日。

② 详情可参阅国家统计局综合司：“发展回顾系列报告之十一：科学技术事业迈出新步伐”，http：// www.stats.gov.cn/tjfx/ztfx/sqd/t20070930 _ 402435819.htm。

力，尤其是基础研究投入较低。[①] 二是自主创新能力和水平仍然较低，许多关键领域仍需依靠引进国外技术，距创新型国家的要求仍有很大差距，99%的企业还没有一件专利。[②] 三是高层次人才十分短缺，能跻身国际前沿、参与国际竞争的战略科学家更是凤毛麟角。据统计，在158个国际一级科学组织及其包含的1566个主要二级组织中，我国参与领导层的科学家仅占总数的2.26%，其中在一级科学组织担任主席的仅一名，在二级组织担任主席的仅占1%。[③] 四是科技对经济和社会发展的促进作用有限。2004年中国科技贡献率仅为39%左右，而发达国家的科技贡献率基本上都保持在60%以上。[④]

（七）国际资源

50多年来，中国积蓄的国际资源不断增长。从建交国家来看，截至2007年底止，与中国建交的国家从1956年的25个增加到了170个；从参与国际秩序的进程看，中国共参加了100多个政府间国际组织，签署了近300个国际条约。而且，中国又是联合国安理会常任理事国之一，是国际货币基金组织和世界银行的第九位和第六位的股东，所享有的表决票超过了世界上许多发展中国家的总和。[⑤] 中国是多边贸易体制的积极拥护者和参与者，

---

① 范柏乃、[美] 蓝志勇："国家中长期科技发展规划解析与思考"，载《浙江大学学报（人文社会科学版）》，2007年第2期。

② 蒋正华："新时期人口政策思考"，载《新华文摘》，2007年第4期。

③ 范柏乃、[美] 蓝志勇："国家中长期科技发展规划解析与思考"，载《浙江大学学报（人文社会科学版）》，2007年第2期。

④ 段培君："建设创新型国家的理论与实践"，《中共中央党校学报》，2008年第2期。

⑤ 王杰主编：《国际机制论》，北京：新华出版社，2002年版，第458页。

2001年12月正式加入世界贸易组织，深入参与、推动各种区域经济合作，还与150多个国家和地区签署了双边贸易协定或议定书，与110多个国家签署了双边投资保护协定，与80多个国家签署了避免双重征税协定，成为双边贸易投资自由化和便利化的积极参与者。[①] 从中国国际形象来看，在1997年的亚洲金融危机、2003年的非典疫情、2004年底的印度洋地震海啸灾难、2005年10月的南亚地震、2007年的朝鲜半岛核问题、气候变化问题、伊朗核问题、苏丹达尔富尔问题、中东问题以及伊拉克问题上都发挥了建设性作用，彰显并确立了“负责任大国”的良好形象。

但一些负面的国际资源也同时存在。一是国外反华势力仍积极活动，诸如“妖魔化”中国的喧嚣声、刻意误导国际舆论的现象时有发生，对中国内政的干预未有间断。二是主要战略力量对中国崛起的防范和戒备有所增加，一些大国加强联盟关系，着眼于形成对中国的战略围堵，对中国在国际舞台上的活动构成制约。三是国际秩序的不公正、不合理。现存的国际规则及组织，基本上是由以美国为首的西方国家制定和主导的，美国掌握着国际机制优势；中国的政治影响范围仍较为有限。[②]

（八）时间资源

当前，中国依然处于以和平与发展为主题的时代，这既为我国聚精会神搞建设、一心一意谋发展提供了良好的时代前提，又为我国制定适宜的国家战略提供了时间坐标系。中国共产党的十

---

① 中华人民共和国国务院新闻办公室：《中国的和平发展道路》，2005年12月22日，http://www.news.xinhuanet.com/politics/2005－12/22/content－3954937.htm。

② 王杰主编：《国际机制论》，北京：新华出版社，2002年版，第458页。

六大报告明确指出：综观全局，21 世纪头 20 年，对我国来说，是一个必须紧紧抓住并且可以大有作为的重要战略机遇期。

“天予弗取，反受其咎；时至不行，反遭其殃。”当前的重要战略机遇期是我国改革开放的关键时期。在这一时期，我们正面临“实现现代化建设第三步战略目标必经的承上启下的发展阶段”和“完善社会主义市场经济体制和扩大对外开放的关键阶段”，对我国实现“三步走”的宏伟战略目标具有非常重要的意义。

二、中国的转化机制[①]

由预警机制、决策机制、协调机制和动员机制组成的转化机制系统是一个密切联系的系统。这个系统将战略资源加以转化，以构筑国家安全战略能力。各个系统只有彼此保持密切联系，才能不断推动战略资源向国家安全战略能力的转化。

（一）预警机制

目前，我国政府与军队的情报机构，注重借鉴外国的先进经验和技术，对外业务交流不断扩大，专业化程度不断提高。但需要注意的是，国家对各情报机构缺乏统筹和协调；各机构部门相互之间的信息情报共享不够，存在一定程度的条块分割现象，缺乏对情报资源的统合，预警预测能力不够强。

---

① 此部分借鉴了杨毅主编《国家安全战略研究》（北京：国防大学出版社，2007 年版）第十五章的部分内容。

（二）决策机制

中国国家安全决策机制正处于一个不断完善的过程。首先，国家安全决策机构明确。中共中央政治局和中央政治局常委会负责包括国家安全问题在内的重大事务的决策。自十六届一次会议到十七届一次会议间，据不完全统计，中央政治局共召开了57次会议，其中，许多重大的决定都成为国家安全的重要指针。[①] 其次，国家安全智囊机构快速发展。国家安全智囊机构是国家安全决策机构的"外脑"。目前，分布于党、政、军各职能部门及民间的各类战略研究机构，空前活跃，他们在各个安全领域开展战略研究，积极开展对外学术交流，培育了一批战略研究的专家队伍，在国家安全决策过程中发挥了良好的智囊作用。但是，其中也存在一些问题，如安全决策缺乏有效的机制保障，国家安全智囊机构的独立性不强等等。

（三）协调机制

近年来，我国国家安全协调机制不断优化。2000年下半年，中国设立"国家安全领导小组"，[②] 成为中共中央政治局在处理国家安全事务上负有咨询和协调职能的机构。这一机构成立后，在一系列重大国家安全问题上，加强了国家机构和政府各部门之间的协调和联系；2005年5月13日，国务院成立了国家能源领导小组，作为国家能源工作和能源安全的高层次议事协调机构；在金融安全方面，国家发展和改革委员会、财政

---

① IUD中国政务景气监测中心："十六大以来的57次中央政治局会议"，载《领导决策信息》，2007年第41期。

② 王志强："对华'接触派'看中国崛起"，载《南风窗》，2005年第23期。

部、中国人民银行等部门建立健全协调机制，中国人民银行会同中国银行业监督管理委员会、中国证券监督管理委员会、中国保险监督管理委员会建立金融监管协调机制，以部际联席会议制度的形式加强协调。

但目前我国的协调机制与发达国家还存在着一定的差距：一是由于尚未在国家机构层次建立国家安全委员会一类的正式机构，对国家安全事务的统合协调能力有所欠缺。二是安全力量往往是以分部门、分系统建设的，因此在实践上一旦遇到跨部门、跨领域的安全问题，其相互的协调就面临着一系列的矛盾，难以形成合力应对威胁。

（四）动员机制

目前，中国建立起了由最高领导决策机构、组织协调机构和执行机构组成的国防动员的组织体系[①]，国防动员组织能力得到加强。然而，其中也存在一些问题：一是作为国防动员协调机构的国家，国防动员委员会宏观协调能力弱，各个专项领域的动员工作基本上处于各自为政的状态。二是军地协调工作上还存在矛盾，动员程序不规范、军地关系不顺。三是没有建立起完善的国防动员法规体系。《国防动员法》这一基本法律以及《经济动员法》等专门法律至今还没有出台，国防动员在许多方面还无法可依。四是作用范围比较狭窄。现有的国防动员机制依然囿于平转战的军事功能，已经不能满足应对多样化威胁的客观需要。为维护国家安全，我国的动员机制需要加强在诸如抢险救灾、突发事件、反恐等非战争军事行动中的功能。

---

① 关于国防动员体系建构在《中华人民共和国国防法》中有详细的表述，可参见《中华人民共和国国防法》，北京：法律出版社，1997年版，第4—16页。

三、中国的战略谋略

五千年的中华文明积淀了深厚的谋略底蕴，古往今来，谋略在政治、军事、外交等领域都起着极为重要的作用。建国以后，中国的战略谋略进一步发展，体现了传统智慧与时代精神的有机结合。

以中国研制原子弹为例。20世纪50年代的中国，虽然各种战略资源取得了巨大的进步和提高，但与美苏相比，依然是一个弱势国家，中国依然面临着以美国为首的西方国家的经济封锁、军事包围和战争威胁，国家安全问题仍未解决；美国政府凭借自己掌握的原子弹，在朝鲜战争、越南战争和两次台海危机期间，包括杜鲁门在内的许多头面人物曾多次扬言要对中国使用核武器，进行核威胁，实施核打击。[①] 而在20世纪60年代初，前苏联认为，中国没有必要发展核武器，因为苏联的“核保护伞”足以保护中国不受侵犯。但这势必会造成当时的中国对苏联惟命是从，威胁到国家的主权安全。有鉴于此，中国政府决定一定要自行研制核武器。1964年10月16日，中国自行研制的第一颗原子弹爆炸成功。核试验的成功从相当程度上改变了中国被动的安全局面，体现了高超的战略谋略。

综上所述，中国国家安全战略能力的结构基本稳定，各项要素都取得一定的发展和提高，但与我国国家安全战略能力的现实需求相比，在很多层面还存在着一定的缺陷和差距。这些缺陷和差距的存在，为中国国家安全战略能力的发展提供了方向和动力。

---

① 详见傅耀祖、周启朋主编：《聚焦中国外交》，北京：中共党史出版社，2000年版，第214—215页。

第三节　发展中国国家安全战略能力

国家安全战略能力的发展有其内在规律和特点：它是一个综合的系统，涉及诸多领域的诸多层面，必须从战略角度予以把握；作为一个开放的系统，它不断地接受来自外部和内部的信息，并根据内外部环境的变化，及时调整自身结构和改变各要素的状态；它是一个连续的行动过程，不可能一蹴而就。因此，中国国家安全战略能力的培育需要在实践中依据其发展规律，有计划、有步骤地稳步推进。

一、制订明确的国家安全战略

虽然国家安全战略不是国家安全战略能力的构成要素，却是国家安全战略能力的服务对象。根据美国前参谋长联席会议主席马克斯韦尔·泰勒的观点，战略是由目标、方法和手段三个方面组成的，用一个公式表示这一概念即为：战略＝目的（追求的目标）＋途径（行动方案）＋手段（实行某些目标的工具）。[①] 尽管他对战略这一概念的表达并不完美，但毕竟为我们分析战略提供了一个可供借鉴的参考依据。由此我们可以推断出国家安全战略的基本结构，即国家安全战略＝国家安全战略目标＋国家安全战略途径＋国家安全战略手段。其中国家安全战略手段就是国家安全战略能力。在这一由三者构成的统一体中，三者相互作用、相

① 美国陆军军事学院编：《军事战略》（军事科学院外国军事研究部译），北京：军事科学院出版社，1986 年版，第 3—4 页。

互影响。没有明确的国家安全战略目标，国家安全战略能力就会无的放矢；没有有效的国家安全战略途径，国家安全战略能力就难以发挥其作用；没有强大的国家安全战略能力，国家安全战略目标就难以实现，国家安全战略途径更难以选择。因此，培育国家安全战略能力的前提就是要制定明确的国家安全战略。从中国的情况来看，虽然在党和国家的文件和报告中都包含着国家安全战略的思想，[①] 但至今仍没有明确出台中国的国家安全战略。这将是中国在未来国家安全筹划与实践中需要解决的一个重大问题。

二、增加战略资源

战略资源在国家安全战略能力的形成过程中所发挥的作用是基础性的。中国需要从以下几个方面着手提高战略资源：

（一）抓住战略机遇期

根据有关学者的观点，自 1500 年以来，中国历史上曾面临过四次重大战略机遇期，[②] 但要么是因为闭目塞听，固步自封而错失；要么是因为重军事轻经济，造成过犹不及。第三次科技革命为我国带来了第五次重大战略机遇期，只有我们全盘筹划，平衡发展，突出重点，才有可能逐步缩短与发达国家之间的差距，实现我国“三步走”的宏伟战略目标，进一步夯实维护国家安全

① 自从1998年以来，中国政府分别在2000年、2002年、2004年和2006年发表了《中国的国防》白皮书，涉及了国家安全战略的相关内容。

② 有学者认为，中国经历了三次战略机遇期；有学者则认为，中国经历了四次战略机遇期。详见刘德喜：“中国错失的三次战略机遇期”，载《四川统一战线》，2008年第1期；余钟夫：“中国错失的历史战略机遇期”，载《宁波大学学报（人文科学版）》，2003年第9期。

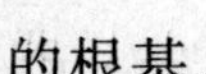

的根基。

（二）大力发展经济，促进科技进步

保持国民经济持续、健康、稳步地增长，这既是当今主权国家参与世界竞争的内在要求，也是维护政权稳固的根本需要。在经济及国民收入持续增长的基础上，不断地提高和改善人们的生活水平，尽可能多地满足民众由于经济增长而产生的合理需求，对塑造政府权威、促进社会认同、维持政治稳定具有十分重要的意义，同时也保障国家在国际安全竞争中立于不败之地。

世界科技发展突飞猛进，创新创造日新月异，世界科技正孕育着新的重大突破，知识在经济社会发展中的作用日益突出，科技竞争在综合国力竞争中的地位大为提升，科技已成为支撑和引领经济发展和人类文明进步的主要动力。当今世界，谁掌握了先进科学技术，谁就掌握了社会经济发展的主动权。我们必须坚持科学技术是第一生产力；坚持人才资源是第一资源；坚持提高自主创新能力；坚持发挥社会主义制度能够集中力量办大事的政治优势；必须坚持科技为经济社会发展服务、为人民服务；坚持弘扬科学精神，[①] 推动我国科学技术的不断发展。

（三）继续加强战略物资储备

国家战略物资储备是国民经济全面、协调、可持续发展的基本保障，是国家安全的客观需求，是应付各种危机与突发事件、自然灾害的重要后盾。《中华人民共和国国防法》第四十六条明确规定，国家建立战略物资储备制度。目前，我国已经建立了棉

---

① 胡锦涛：《在中国科学院第十四次院士大会和中国工程院第九次院士大会上的讲话》，载《新华月报（记录）》，2008 年第 7 期。

花、粮食和石油等重要战略物资的储备制度，发展势头良好，成绩较为显著。今后，我国在继续完善已有的粮食储备、棉花储备和石油储备的基础上，要将铟、钨、钼、锡、锑、锗等稀土金属以及煤炭等战略物资纳入储备体系，并建立与之配套的法律法规体系，强化国家战略物资储备。

（四）加快政治体制改革，推动和谐社会建设

政治体制改革是中国改革的一个重要组成部分，也是中国进一步积累政治资源、提高战略能力的必要环节。应以提高党的执政能力、加强执政地位为核心，以推进党内民主为突破点，以强化法制建设为途径，以降低执政成本、提高民众认可度为标志，稳步深化政治改革，为国家的持续发展、维护国家安全提供强有力的制度保障。此外，应从积极扩大就业、完善社会保障体系、理顺分配关系、发展社会事业这四个切入点入手，大力协调各阶层利益关系，全面推动和谐社会建设。要进一步创新和制定恰当的经济社会政策，调整城乡、不同区域之间的比例关系，培育形成一个合理、开放的现代社会阶层结构，形成构建社会主义和谐社会的坚实基础。

（五）加快军事转型，提高实战能力

军事资源在维护国家安全中的作用和地位是无可替代的——它是国家安全持久维持的关键性保障，是维护国家利益和实现国家安全战略目标的最后手段，没有强大的军事资源，经济资源、政治资源等战略资源的发展就难以得到有效保障。当前，我国国防与军队建设应着眼于世界新军事变革的要求，坚持以战斗力为核心，加速推进军队改革与转型，同时积极探索新的国防发展模式，使国防科技工业体系、国防动员体制能够跟上时代与社会的

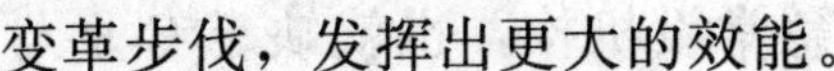

变革步伐，发挥出更大的效能。

三、优化转化机制

在中国转化机制的各个环节中，预警机制和协调机制的缺陷比较明显，改革完善的要求也最为迫切。

预警机制是国家安全战略能力转化机制的首个环节，必须加强统筹情报信息的收集与处理，强化国家安全决策的情报支持。针对政治、军事、经济、科技、文化等领域的情报系统相互封闭、各自为政的问题，中国的安全预警机制可以适当参考当前一些发达国家情报系统改革的做法，设立负责国家安全情报的机构，对情报收集与处理能力进行跨部门整合，最大限度地发掘、利用现有情报资源，对相关情报信息实行共享，保证情报来源广、渠道多，互为补充、互相印证，从不同角度满足安全决策需求，增强国家安全预警的能力。

协调机制在转化机制中居于“中间”地位，发挥着承上启下的作用，而中国的转化机制自身存在的缺陷制约着国家安全决策的顺利落实和执行。目前，中国在中央政府层面上形成了一套在国务院领导下、分类别分部门对各类突发公共事件进行应急管理的模式。遇到重大突发事件，通常成立临时性指挥机构，由国务院分管领导任总指挥，有关部门参加，日常办事机构设在对口主管部门，统一指挥和协调各部门、各地区的应急处置工作。这种分类别分部门的应对方式对单项危机事件的快速反应能力比较强，而对需要各种资源协同运作的复合型危机事件的快速反应力就显得比较低。这种临时性的处理方式主要存在以下问题：不具有连续性，危机处理后的经验不能够有效地保留；临时小组每次都需要大量时间与相关的机构进行协调；临时小组事前没有一个有效的危机处理计划；由于缺乏应急常设机构，也就缺乏专业人员和应急运作规则。[①] 优化协调机制的途径之一就是打破部门、行业之间的藩篱，将战略资源的配置主体整合为一体，形成有效利用战略资源的中枢机构。因此，需要建立一个能够将各部门协调起来的总体性协调机制。

在这一点上，美国组建国家安全委员会的做法可供借鉴。为达成“为政府中涉及国家安全的各部、局和职能机构规定统一的政策和工作程序”的目的，1947 年，美国颁布了《国家安全法》，并依此组建了国家安全委员会（NSC）。在国家安全委员会的框架下，各部门各司其职，各负其责。[②] 乔治·W·布什任总统后，在 2001 年的《美国国家安全委员会机构总统指令》中明确提出，财政部长是国家安全委员会的正式成员，而总统办公厅主任和总统经济政策顾问应邀参加全部会议。这样，国家安全委员会已经几乎囊括了政府中的各个部门。从总体看，它在综合协调不同部门意见，充当各个部门“粘合剂”方面一直发挥着任何其他部门都无法实现的功能和作用。

当然，中国的国情与美国有较大差异，中国的政治决策体系的运行有其自身的规律，安全协调机制也不可能照搬照抄。然而，建立一个能够协调军队和政府各个部门的长效机制应该是符合当前中国国家安全需求的，也有助于促进中国国家安全战略能力的整体提高。

---

① 张玉华、王静：“新形势下提升我国政府危机管理能力的思考”，载《甘肃农业》，2005 年第 9 期；段晓竣、李静：“新形势下提高我国政府危机管理能力的思考”，载《昆明大学学报》，2006 年第 3 期。

② 国家战争动员条例起草领导小组办公室：《战争动员文件资料汇编 国外部分（一）》，北京：解放军出版社，1989 年版，第 227—281 页。

四、促进现实运用

明确安全战略、积蓄战略资源、优化转化机制是培育和提高国家安全战略能力的主要途径。然而，国家安全战略能力的建设并不仅仅是各种要素的静态累积，而是需要在现实运用中不断检验、反馈和提高的。只有在作用于具体对象时，国家安全战略能力才能真正得到发挥，战略资源、转化机制、谋略运用等各个环节才能真正有机地结合在一起并发挥出整体效能。在这种现实运用过程中，才能对国家安全战略能力的真实情况作出检验，找到其中的薄弱环节，为下一步的发展找到方向。为此，在国家安全战略能力的建设过程中，还需要建立起有效的评估和反馈机制，使安全战略能力的建设与现实运用有机地结合起来，实现相互促进，良性发展。

第五章

中国国家安全领导体制

国家安全战略的制定、实施需要有相应的体制保障。国家安全领导体制就是完成国家安全战略决策、对决策实施过程进行指挥、监控和评估的组织体系。中国国家安全领导体制来源于战争年代中国共产党领导下的军事指挥体制，随着新中国的建立和维护国家安全的长期实践而不断得到完善发展，在维护国家安全利益、消除各种安全威胁和实现安全战略目标的过程中发挥着领导核心作用。

第一节　中国国家安全领导体制的形成发展

任何一个国家的安全领导体制都有自己的结构与功能，要受本国政治制度和历史、文化传统的深刻影响，并没有普遍一致的模式。要分析中国国家安全领导体制，也需要联系中国政治制度和政治体制的发展演变，才能深入认识国家安全体制结构和决策方式。

一、建国初期国家安全领导体制的运作方式

新中国建立后，遵循中国特有的政治制度和现实政治需要建立起有自己特点的国家安全组织体系。1949年9月，中国人民政治协商会议第一届全体会议通过了起临时宪法作用的《中国人民政治协商会议共同纲领》（以下简称《共同纲领》），确立了新中国的性质，即工人阶级（通过共产党）领导的，以工农联盟为基础的人民民主专政国家。会议制定了《中华人民共和国中央人民政府组织法》（以下简称《政府组织法》），明确规定中华人民共和国政府是基于民主集中制原则的人民代表大会制的政府。中央人民政府委员会组织政务院，为国家政务的最高执行机关；组织人民革命军事委员会，为国家军事的最高统辖机关；组织最高人民法院和最高人民检察署，为国家的最高审判机关和检察机关。会议选举产生了以毛泽东为主席的中央人民政府委员会。10月1日，中央人民政府正式成立。

伴随着新的国家以及新的政治制度出现，中国国家安全领导体制虽然没有明确的法律表述，但作为一个新政权，维护国家安全是政府的重要职责，从职权的配置关系上，实际上已经确立。《共同纲领》中提出，我国人民民主专政制度除继续完成新民主主义的革命任务，实现向社会主义社会转变外，还担负着对外维护国家主权独立、领土完整，对内实行对少数敌人的专政、建立和发展人民民主的历史任务。也就是说，中央人民政府具有维护中国国家安全的职责，它需要相关的领导机制来完成这样的使命。

世界主要国家安全领导体制一般具有以下共同特性，即以最

高行政领导人为核心，有关少数高级幕僚组成咨询机构，提出建议供最高领导人决断，并执行决策和监控决策实施过程。所以，国家安全领导体制具有处理国家安全问题的最高权威。例如，1947年美国国会通过的《国家安全法案》明确提出，国家安全委员会的宗旨是："就有关内政、外交和军事政策向总统提出建议，从而使各军种及其他政府部门更有效地进行合作。就与我们实际的和潜在的军事力量有关的美国目标、义务和风险做出评价，从而能够向总统推荐可行的选择；考虑涉及与国家安全有关的政府部门共同关心的事务和政策，并向总统推荐可行方案。"[①] 美国国家安全委员会的组织形式包括两个部分：一个是由总统的高级内阁成员组成的咨询委员会，一个是配合其工作的小型秘书班子。[②] 西方国家的政治体制下所建立的国家安全领导体制，突出行政权力的作用，不受立法机关的干扰，一般由法定的人员构成，以便能对涉及国家安全的重大问题及时做出应对决策。

建国初期中国在处理国家安全问题上，其领导体制除了具有主要国家安全体制的一般特征外，更具有自己的政治特色，这就是党政高层系统参与重大决策，体现民主集中制原则。行政系统来自中央人民政府，党的系统来自中共中央政治局，而作为执政党，政府和党在决策中的地位实际上是重叠的，中共中央政治局的成员大多也是中央人民政府的领导，他们既是党的最高领导层和决策层，同时也是国家的最高领导层和决策层，这是中国的政治体制所决定的。

就行政系统而言，《共同纲领》规定了中央人民政府是中华

---

① 高金虎著：《美国战略情报与决策体制研究》，西安：陕西师范大学出版社，2004年版，第102页。

② 北京太平洋国际战略研究所著：《应对危机——美国国家安全决策机制》，北京：时事出版社，2001年版，第116页。

人民共和国的最高权力机关，由主席、副主席和委员组成，具有立法、财经、人事、对外等多项权力。其中主席的职权在《政府组织法》中没有单独列举，在规定中央人民政府委员会职权时对主席的职权也未具体规定，但由于这一职务由中共中央主席毛泽东担任，仅从规定的条款上看，其职权是相当大的。[①] 主席负责召集并主持中央人民政府委员会的会议，并可以决定提前或延期召开，副主席、秘书长协助主席，主席领导中央人民政府的工作。中央人民政府下辖四个机关，即政务院、最高法院、最高检察署和人民军事委员会，其中政务院向主席负责，最高法院院长和最高检察署检察长均为中央人民政府委员会的委员，毛泽东兼任军事委员会主席。由此可以看出，毛泽东作为中央人民政府主席，是国家一切活动的中枢和总领导。为此，中国国家安全的领导体制虽没有明确规定，但中央人民政府主席是这一体系的总负责人和总决策人。

当时的政务院位于中央人民政府辖下的四机关之首，是国家的最高行政机关，相当于西方的内阁，只不过这个内阁首脑是由中央人民政府主席任命的。政务院总理统揽国家内政、外交事务，周恩来任政务院总理，并兼任外交部长一职，使他成为毛泽东处理国家安全事务的主要副手和具体执行人。如 1950 年 7 月 7 日，美国操纵联合国安理会在苏联缺席的情况下通过成立“联合国军司令部”准备干预朝鲜内战时，毛泽东和中共中央及时决策，调动部队加强东北边防。7 月 7 日至 10 日，中央军委根据毛泽东的提议，由周恩来主持召开两次会议，研究保卫国防、组建

① 王敬松著：《中国人民共和国政府与政治》，北京：中共中央党校出版社，1995 年版，第 20 页。

东北边防军。[①] 因此，作为政务院总理的周恩来是当时中国国家安全领导体制中最重要的幕僚和决策执行人，并在以后决定派遣中国人民志愿军入朝等一系列重大战略决策和执行这一决策中起着重要作用。

就党的系统而言，中国共产党在国家政权系统中是核心，因此中国政权系统的各个部分是由党的领导统一起来的。因此，中国国家安全领导体制自然也就是党的最高决策体制，它是高度统一的。从中国共产党的历史发展来看，它在夺取政权的过程中，其重大决策高度集中在党的最高领导层。整个解放战争时期，人民解放军的一切战略性行动的决策都出自以毛泽东、朱德、刘少奇、周恩来和任弼时组成的中共中央书记处，时称"五大书记"，他们是中共领导的核心层。而毛泽东居于中国共产党领导层的中心领导位置。1945 年中共七大时，毛泽东不仅是中共中央委员会主席，也是中共中央政治局主席和中央书记处主席。全国解放以后，这一特征在处理国家安全的重大问题上得到了延续，只不过这时已经有条件把党的最高决策层扩大到政治局，并实行集体决策。新中国成立后不久进行的抗美援朝、保家卫国的决策就充分体现了这个体制的运作过程。

朝鲜战争爆发后不久，1950 年 8 月 4 日，中共中央政治局召开会议，讨论此事。进入 10 月，朝鲜战局发生逆转，朝鲜政府请求中国出兵援朝。10 月 2 日下午毛泽东主持召开中共中央书记处会议，讨论朝鲜半岛局势和中国出兵问题，多数人不赞成出兵。[②] 这次书记处会议决定 10 月 4 日召开扩大的中央政治局会

---

① 中共中央文献研究室：《毛泽东传》(1949—1976)，北京：中央文献出版社，2003 年版，第 108 页。

② 中共中央文献研究室：《毛泽东传》(1949—1976)，北京：中央文献出版社，2003 年版，第 118 页。

议，正式讨论中国人民志愿军入朝作战问题。[①] 4日至5日，中共中央政治局扩大会议开了两天，会上充分发扬民主，毛泽东尽管有了自己的主张，仍然认真听取各种不同意见，让大家把出兵的不利方面充分地说出来，然后再说服大家。[②] 会议最后决定出兵援朝。会后毛泽东派周恩来赴苏联说明情况，要求斯大林提供军事援助，特别是出动空军掩护。由于斯大林担心美苏间发生军事对抗，不准备出动空军。在这种情况下，毛泽东认为需要与政治局的同志再次讨论此事，以作定夺。13日，毛泽东与政治局委员再一次商量。大家一致认为，即使苏联不出动空军支援，在美军越过“三八线”大举北进的情况下，我们仍然出兵援朝不变。当天，毛泽东把这个决定电告周恩来。[③] 从这个案例可以看出，建国初期处理重大的国家安全战略问题时，中共中央政治局是主要咨询和决策机构，党和国家最高领导人毛泽东对战略决策具有重大影响。

二、国家领导体制正式形成后的安全决策机制

1954年9月，中华人民共和国第一届全国人民代表大会在普选的基础上召开，大会一致通过了《中华人民共和国宪法》以及一系列重要法律，表明我国政治制度和国家领导体制正式形成。与此同时，在国家领导体制内，也形成了处理国家安全重大问题

---

① 中共中央文献研究室：《毛泽东传》（1949—1976），北京：中央文献出版社，2003年版，第114页。

② 中共中央文献研究室：《毛泽东传》（1949—1976），北京：中央文献出版社，2003年版，第119页。

③ 中共中央文献研究室：《毛泽东传》（1949—1976），北京：中央文献出版社，2003年版，第121页。

的领导决策体系。

要认清国家领导体制处理安全战略的特点，需要分析中国政治权力结构的组织形式。从国家政体上讲，1954年宪法确定在中国实行人民代表大会制度，它是国家的最高权力机关，但同时宪法又规定了中国共产党对国家生活的领导地位。正如毛泽东在第一届全国人民代表大会第一次会议上的开幕词中所指出："领导我们事业的核心力量是中国共产党。"[①] 因此，中国国家安全领导体制形成的组织结构，主要出自党政两个体系，而且党的组织是核心，它通过对国家政权组织的政治领导，实现对国家安全战略的决策与实施。

一般说来，国家安全领导体制因国体不同，或围绕国家元首，或围绕政府首脑运转。根据1954年宪法规定，中华人民共和国的政体形式实行人民代表大会制度。全国人民代表大会是国家最高权力机关，拥有立法权，借此可以建立立法制度并通过立法活动建立其他政治、经济、社会、文化等方面的制度，并制定相应的公共政策。全国人民代表大会还拥有对其他国家机关的组织、领导和监督权，借此可以建立行政、军事、司法等其他国家机关，并把它们置于自己的领导和监督之下，责令它们向自己负责并报告工作，并有权撤销这些机关领导人的职务。[②] 在这种体制下，全国人民代表大会作为国家最高权力机关，由全国人民代表大会派生出来的各种政府机构都位于全国人民代表大会之下，服从其领导和监督，而不得与之平行和抗衡，更不得超越其上。由全国人民代表大会决定产生的中华人民共和国主席、国务院总理、最高人民法院院长、最高人民检察院检察长要对全国人民代

① 《毛泽东文集》第6卷，北京：人民出版社，1996年版，第350页。

② 胡伟：《政府过程》，杭州：浙江人民出版社，1998年版，第25—26页。

表大会负责，无条件接受全国人民代表大会的领导和监督，没有任何对抗和牵制的权力。所以，我国的这种全国人民代表大会制度被称作“议行合一”[①] 体制。

宪法设立了国家主席职务。其关系是国家主席根据全国人大常委会的决定，公布法令、任免国务院总理、副总理、各部部长、各委员会主任、秘书长，任免驻外全权代表，授予国家的勋章和荣誉称号，发布特赦令、戒严令、动员令，批准或废除同外国缔结的条约。这些均是由全国人大常委会通过而由国家主席宣布的。上述内容属于国家元首的职权，从这一点上讲，我国应为集体元首制国家。1954 年刘少奇在解释宪法时说：“中华人民共和国，实行集体国家元首制，即国家元首职权由全国人大常委会和中华人民共和国主席结合起来行使。我们的国家元首是集体的国家元首。”[②]

但从实际权力运作上来看，作为“集体元首”之一的全国人大常委会，在 1982 年第五届全国人大五次会议修改宪法以前，它与全国人大地位悬殊。国家最高权力机关只有一个，即全国人大，而全国人大常委会只是其常设机关，并不分享国家最高权力机关的地位。因此，全国人大常委会无论从其内容到形式，从地位到性质，均不应当而且实际上也从未行使过国家元首的职权。[③]而由国家主席主持的最高国务会议中，全国人大方面只有全国人大常委会委员长一人参加而并非全体常委或全国人大常委会作为

① 议行合一作为一种国家政治体制来自马克思总结巴黎公社失败教训的一句颇有影响的话：“公社不应当是议会式的，而应当是同时兼管行政和立法的工作机关。”

② 《刘少奇选集》(下)，北京：人民出版社，1985 年版，第 157 页。

③ 王敬松著：《中国人民共和国政府与政治》，北京：中共中央党校出版社，1995 年版，第 67—68 页。

一个整体参加。

1954年，宪法所规定的国家主席有两项重要职权：一是国家主席统帅全国武装力量，担任国防委员会主席；二是国家主席可以召开最高国务会议，并担任其主席，讨论国家重大事务。此外，国家主席对外代表中华人民共和国，接待外国使节，根据人大常委会的决定，派遣和召回驻外全权代表，批准和废除同外国缔结的条约和重要协议，这些都是国家元首的实质性权力。因此从理论上讲，国家主席应该成为我国国家领导体制的核心。但实际上由于共产党的组织系统对国家机关的领导体制存在，仅国家主席一个职务，在我国国家领导体制中还不能成为这一体制中的核心和决策人。因此，还必须对党的领导体制进行考察。

单从宪法角度考察，全国人民代表大会是最高权力机关，但从政权的运作实际来看并非如此。由于中国共产党的法定领导地位，它的组织成为国家政权组织的一个重要组成部分，而且是国家政权组织的核心部分。正如有的国外学者所言："党的领导有更具体的现实内容。最终政策权操于中央的党组织——特别是政治局和书记处——之手。"[①] 实际上，中国政治体制的组织结构形成了党的组织一元化的领导体制。这一体制的基本点在于，共产党对一切国家机构、军事机构实行组织关系上的统一领导，它既包括党的中央机构对下级机构的统一领导，也包括党组织对同级国家机关、军事机关的统一领导。

如果说单从宪法解释看，国家最高权力统一于全国人民代表大会，那么实际上包括全国人民代表大会在内的所有国家机构的权力最终则统一于中共中央和中央政治局，在国家重要岗位上担

---

① 费正清、麦克法尔考主编：《剑桥中华人民共和国史》(1949—1965)(谢亮生等译)，北京：中国社会科学出版社，1990年版，第110页。

任职务的人员，其权力均出自中共党内，特别是对国家武装力量的掌握更是如此。1949 年撤销了中共中央军事委员会，把它纳入中央人民政府内。1954 年 9 月成立国防委员会的同时，恢复了中共中央军事委员会作为军队的领导机构，毛泽东任中央军委主席，这在事实上掌握着全国武装力量。

正因为如此，就处理国家安全战略的体制而言，中国共产党的最高领导人，只有当他同时兼任国家主席时，国家主席作为国家元首决策核心人的地位才能得到体现。比如，1959 年以前的毛泽东就是如此。而在 1959 年第二届全国人民代表大会以后，毛泽东只担任中共中央主席，同时保留中共中央军委主席，而国家主席一职由党的副主席刘少奇继任。但对有关国家的重大问题决策，并不由刘少奇主持决定，还是来自毛泽东主持的中共中央和中央政治局。在毛泽东于 1958 年决定不再连任国家主席后，中共中央决定："在他不再担任国家主席的职务以后，他仍然是全国各族人民的领袖"。[①] 中国政治体制的这一特点决定了制定国家安全战略的领导核心来自共产党的最高层，最高决策人始终是党的最高领导人。

在国家安全战略决策的领导体制中，一个重要的环节就是决策咨询机构。1954 年宪法规定成立最高国务会议，它由国家主席主持，"在必要的时候"召开，"由中华人民共和国副主席、全国人民代表大会常务委员会委员长、国务院总理和其他有关人员参加"，主要讨论有关国家发展的重大问题。在第一届全国人大期间，作为中共中央主席和国家主席的毛泽东共主持召开了 16 次会议，提出一些带有国家基本政策性和方针性的重大问题进行讨论，使最高国务会议起到了一种决策咨询机构的作用。但宪法

① 《人民日报》，1958 年 12 月 18 日。

同时规定："最高国务会议对于国家重大事务的意见，由中华人民共和国主席提交全国人民代表大会、全国人民代表大会常务委员会、国务院或其他有关部门讨论并作出决定。"这一规定使最高国务会议与国家安全领导体制所要求的咨询机构的地位和作用又不相符，而实际上在毛泽东主持召开的16次会议上也没有讨论安全方面的议题。而在刘少奇主持最高国务会议后，讨论的议题远没有毛泽东时期重大。总体来看，当时的最高国务会议，实际上起到了最高政治动员、政策宣讲会和最高层统战会的作用。[①]这一机构在"文化大革命"前夕停止，以后多次修改宪法也没有再设立这一机构。显然处理国家安全这样的重大决策和决策咨询系统来自中共中央的高层机构。

从现代国家的安全决策咨询机构来看，一般都是最高领导人的高级幕僚、内阁重要成员，人数不是很多，具有相当的权威性，能够在一定程度上影响最高领导人的决策。从中国的政治体制和中国共产党的组织系统来看，中共中央政治局、政治局常务委员会和书记处历来是决定国家重大战略方针的高层机构，自然也是处理国家重大安全问题的决策层，是以党的最高领导人为核心的最高决策咨询机构。中共中央政治局常务委员会是1956年中共"八大"设置的，在此之前与之地位相当的机构是中央书记处。1945年中共"七大"时中央政治局有13名委员，其中毛泽东、朱德、刘少奇、周恩来、任弼时为书记处书记，是中共中央最高决策组织。中共"八大"仍然设置书记处，它只是中央的日常工作机构，与"七大"书记处相比，地位低了许多。中共中央政治局及其常务委员会在国家政治运作过程中地位更为重要，在

① 王敬松著：《中国人民共和国政府与政治》，北京：中共中央党校出版社，1995年版，第70页。

决定国家重大问题时发挥更为重要的作用。政治局一般在 20 人左右，大部分成员同时也是国家的重要领导人，且集中在北京，便于及时高效地工作。因此，在处理国家安全的问题上，中共中央政治局应成为党和国家最高领导人的主要咨询决策机构。

实际上，在毛泽东作为国家最高领导人时期，他对有关国家安全重大问题的决策，主要是在中共中央政治局或必要时扩大到有关部门人员进行讨论后决定的。例如，1958 年中国政府为加强对美斗争作出炮击金门的决策过程就是如此。从 1957 年开始，台湾海峡局势紧张起来。中国政府不得不适当调整对美政策，从争取和平协商到加强对美斗争。1958 年 6 月 16 日，毛泽东在中南海游泳池召开会议，讨论外交问题。参加会议的除中央政治局常委和部分政治局委员外，还有外交部负责人和部分驻外大使。毛泽东决定对美斗争采取针锋相对、以文对文、以武对武、先礼后兵的做法。[①] 这显然是作出炮击金门决策前的一次对外战略调整的咨询讨论会。紧接着发生了美国海军陆战队在黎巴嫩登陆事件，中东形势紧张。为此，毛泽东从 7 月 15 日至 18 日连续 4 个下午召集会议，分析情况，研究对策，作出炮击金门的决定。7 月 20 日，毛泽东主持召开了中央政治局扩大会议，讨论目前国际形势和我军准备问题。到会的有政治局委员和军委成员，共 44 人。[②] 可见这一时期，我国在处理重大的安全问题并进行决策时，其特点是国家最高领导人提议，先在中共中央政治局，有时扩大到相关的人员参加，进行广泛的讨论，提出对策，以中共中央的名义作出决策，毛泽东作为最高领导人对最后形成的共识有重要影响。

---

① 中共中央文献研究室：《毛泽东传》(1949—1976)，北京：中央文献出版社，2003 年版，第 851 页。

② 中共中央文献研究室：《毛泽东传》(1949—1976)，北京：中央文献出版社，2003 年版，第 853 页。

三、国家安全领导体制在改革中进一步完善

20世纪60年代中期，中国出现“文化大革命”，这是“一场由领导者错误发动，被反革命集团利用，给党、国家和各族人民带来严重灾难的内乱”。[①] 这场“内乱”历时10年，使我国的政治制度和国家领导体制遭到了严重挫折。国家最高权力机关全国人民代表大会及常务委员会停止工作长达八年，国家主席刘少奇在没有经过任何法律程序的情况下被罢免，并遭迫害致死，党、政、军、司法和检察机关受到很大冲击。当时在强调“党的一元化领导”情况下，党组织包办代替政府和司法机关的工作，党政不分、以党代政的状况十分严重，政府、司法部门不再对人民代表大会负责，而是直接向党组织负责，个人崇拜、个人专断盛行，民主、法制建设受到极大破坏。在这种政治环境下，1975年1月召开的第四届全国人民代表大会第一次会议修改、通过了宪法，在国家领导体制中正式取消了国家主席的设置，并将其职权部分转交给全国人民代表大会常务委员会，人事提名权改由中共中央行使，这使国家领导体制中党与政府的关系很不明确，给国家权力体制的运行带来了一定的混乱。

1976年10月，中国结束了“文化大革命”，政治制度和国家领导体制开始逐渐恢复。1978年12月召开的中国共产党十一届三中全会确立了改革的路线和方针，提出了健全社会主义民主和加强社会主义法制的目标，要求改变同生产力发展不适应的生产关系和上层建筑的任务，为中国政治体制和领导体制的改革提供

① 《中共中央关于建国以来党的若干历史问题的决议》，北京：人民出版社，1981年版，第25页。

了政治与思想前提。1982 年召开的中共十二大强调要“继续改革和完善国家的政治体制和领导体制”。

中国政治体制和领导体制中最主要的问题是如何摆正党和政府的关系问题。党的十一届三中全会以来，要求把“党政职能分开”作为政治体制和领导体制改革的重要内容的呼声很高，这反映出建国以来大部分时间实行的“党政不分”、“以党代政”的管理体制存在着诸多的弊端。特别是随着社会主义市场经济体制的推行，党组织过多地干预国家经济活动的方式必须改变。邓小平强调，政治体制改革的关键是“党政要分开，解决党如何善于领导的问题”。[①] 随着中国改革的不断深入，党在国家政权中的地位和作用逐渐明确。作为中国的执政党，中国共产党的领导主要是政治领导，这种领导表现在党通过制定国家发展的路线、方针、政策去组织和支持人民选举的代表机关行使国家权力，同时党通过在组织上向政府和有关机关、团体推荐干部，体现党对国家各方面事务的领导。这就需要把党的机构与国家政府机构分开，明确不同的工作职能；在国家政权机关担任领导的党的领导人，要按全国人民代表大会的授权工作，并接受其监督。

20 世纪 80 年代以后，伴随着国家领导体制在改革中不断完善，处理国家安全战略的体制也在进一步健全。1982 年召开的第五届全国人民代表大会第五次会议，以 1954 年宪法为基础，修改通过了新宪法，即现行宪法，它对国家领导体制建设而言具有十分重要的意义。修改后的新宪法规定，全国人大常务委员会与全国人民代表大会一样，享有立法权；在全国人民代表大会闭幕期间，国务院、最高人民法院和最高人民检察院对全国人大常务委员会负责并报告工作，全国人大常务委员会有权监督它们的

① 《邓小平文选》第 3 卷，北京：人民出版社，1993 年版，第 177 页。

工作；全国人大常务委员会成员不得兼任国家行政机关、审判机关和检察机关的职务。从1983年第六届全国人民代表大会以来历届常务委员会的人员构成（加正副委员长和秘书长）来看，大体保持在155人左右，并越来越向专职化方向发展。从宪法规定和人大常委会的实际运行看，它向着议、行分离的方向发展，不断强化了人大常委会在立法、重要人事任免、财政监督的权力，与现代议会体制接近。

1982年修改后的宪法还规定，恢复设立国家主席和副主席，在国家设立中央军事委员会，领导全国武装力量。同时宪法对国家领导人的任期作出了规定，即国家主席和副主席、全国人大委员长和副委员长、国务院总理和副总理任职不得超过两届。

恢复设立国家主席，是国家生活正常化、国务活动规范化的需要，也是健全国家领导体制的需要。虽然我国宪法中没有国家主席是国家元首的条款，但从国家主席对内、对外的职权来看，特别是从全国人民代表大会及常务委员会主要行使立法权的趋势来看，国家主席就是中国的国家元首。宪法同时恢复了国家主席对国务院总理的提名、任免权，取消了1975年宪法总理人选由中共中央提名的规定，有利于理顺党政关系，实行党政分开。与1954年宪法相比，1982年宪法对国家主席对内职权有两点修改：一是没有规定统帅全国武装力量；二是由于没有设立最高国务会议，自然也就没有主持召开该会议和担任该会议主席的权力。所以，单从宪法对国家主席的规定来看，国家主席虽然具有崇高的地位和威望，但不直接处理国家行政事务，不单独决定国家事务，其权力与地位只具有象征的意义。

从1983年第六届全国人民代表大会恢复设立国家主席以来，李先念和杨尚昆分别担任过两届国家主席，但他们在党的排名是在党的总书记、中央军委员主席、国务院总理等人之后。从1993年第八届全国人民代表大会之后，江泽民担任国家主席，由于他同时兼任党的总书记和中央军委主席，使他名副其实地具有国家最高领导人的实权。虽然没有明确的规定，但这先例被继承下来，2002年胡锦涛当选为党的总书记后，也逐渐担任了上述其他两个职务。这种趋势有利于党对国家的总体领导，有利于国家领导体制的规范和稳定，有利于当前国际上开展首脑外交的需要。

在国家安全战略的体制保障方面，中央军事委员会具有重要的地位和作用。中央军事委员会是“一个班子、两个机构”。作为党的军事指挥机关，其成员由中共中央委员会选举产生。作为国家的军事机关，军委主席由全国人民代表大会选举产生，副主席和委员由主席提名，全国人民代表大会或常务委员会表决决定。宪法对中央军事委员会组成人员的连任没有限制性规定。中央军事委员会实行主席负责制，军委主席对军委职权范围内的事项有最后决定权，全军必须服从军委主席的命令和指示。军委主席对党中央和全国人民代表大会及常务委员会负责。国防部作为国务院下属的一个职能部门只是管理国防建设事业。①

国务院作为我国最高行政机关，在国家安全战略的体制保障方面也具有十分重要的地位。国务院具有行政执法、行政立法、经济管理、社会事务管理、对外事务等方面的权力，它通过全面执法活动，保证国家的法令、政令的统一。国务院总理历来是最重要的国家领导职务之一，一般在中国共产党领导层内排名在第二或第三位，是国家安全战略决策中的重要成员。此外，国务院

① 朱光磊著：《当代中国政府过程》，天津人民出版社，1997年版，第56页。

下属的外交部、国家安全部、公安部和其他涉及国家安全的有关部门，也在为国家安全战略提供情报、咨询建议和执行、实施战略方面发挥重要的作用，这些部门的负责人是国家安全战略决策中的重要角色。

第二节　完善中国国家安全领导体制的原则构想

长期实践证明，中国国家安全领导体制及其发展符合我国的基本国情，为应对安全威胁、维护国家安全提供了强有力的体制保障，也为维护国家的长治久安发挥了核心作用。同时还应看到，国际安全局势的深刻演变和国家安全利益需求的重大变化，也对完善国家安全领导体制提出了新的迫切要求。

一、世界主要国家安全领导体制发展的基本趋势

冷战结束后，世界安全形势变得越来越复杂，不确定因素增多，国家安全领导体制在决策和实施决策时所面临的难度空前增大。为应对新形势下的安全威胁，各国对国家安全领导体制均进行了不同程度的完善与改革，体现出一些共同的特点和趋势。

（一）体制结构向决策集中化与机构分散化相统一的趋势发展

所谓决策集中是指国家安全的最高决策机构趋于小型化，强调精简高效、位高权重，这样在应对安全危机时能够反应迅速、

处置果断。所谓机构分散是指为决策服务的情报、咨询机构，由于安全内容的多样化和相互关联的广泛程度大大提高，使这些机构日常存在于多种部门，范围包括军事、外交、经济、科技、情报等职能部门，一旦高层决策机构需要，就形成一个庞大的情报、咨询体系。正如国内某学者所提到的，为了不断适应国际安全局势的新变化，各国尤其是当今世界一些发达国家，安全领导体制的组织结构不断向"小核心、大范围"调整。[①] 只有决策机构高度集中，并且在比较小的领导核心圈内，才便于迅速作出决策，才有利于危机处理和国家安全的维护。只有在较大的范围内进行情报收集、咨询，才能有益于决策机构的决策，以便应对当前多种安全的威胁。

（二）决策程序向规范化和灵活性高度统一的趋势发展

国家安全决策的规范化是科学决策的重要前提和保障，加强国家安全体制的法律规范，依法履行职责，是现代领导决策体制的一个突出特征。国家安全体制的规范化包括体制机构具有坚实的法律基础，许多国家的安全决策机构是根据宪法或相关法律建立起来，并由国家最高领导人领导的一个决策机构，这既保证了决策机构的稳定性和决策的权威性，又有利于统一认识、统一行动，提高了效能。在国家安全体制的决策程序方面，通过立法方式规范应对各类威胁的程序，制定体制内各机构的性质、职能、权限、运作方式及资金来源等。此外，对国家处于危机状态下的政府管理权力、公民的权力保障都给予法律的规范。由于国家安全形势的复杂性和不确定性增多，国家安全决策的体制和运作程

---

① 徐思宁："夯实国家安全基石——解读国家安全体制"，《解放军报》2006年4月28日。

序在注重规范化的同时，也更加注重体制运作的灵活性。国家安全战略目标的实现是一个动态的过程，体制如果没有灵活性将使战略决策和政策实施限于被动。特别是随着多种安全问题的关联性增强，更需要安全体制具有灵活性，这也是冷战后各国对安全体制调整的一个方向。要实现国家安全体制在决策程序上的规范性和灵活性的统一，关键在于体制的组织结构合理，部门分工清楚，并且各部门之间彼此关系界定明确。只有这样，才能在遵守法律规范中发挥各部门的能动性。

（三）对危机管理能力提出了更高要求

当今社会，国家所面临的威胁很多是以危机形式出现的，危机管理和决策在涉及国家安全战略筹划中的比率明显上升，这就要求国家领导人在处理危机的过程中，能主动、有效地实施管控。为了达到这一目标，需要做大量的先期基础性工作，诸如进行中、长期的战略形势预测和冲突分析，确定各种可能危机局势下的管理目标，设计可能的应对策略，以及研究危机期间可能需要的各种技术和保障措施。在此基础上，对可能影响国家安全的各种动向保持密切关注和跟踪，以使能早期发现正在孕育的危机，给有关的决策者及决策机构提供预警。为此，加强早期预警体系，建立和健全完整、准确、全面、及时的信息收集、报告、分析的制度是当前国家安全领导体制的一个重要发展趋势。

（四）跨部门的协调机制进一步增强

由于国家安全议题的广泛性和安全威胁的多样性，许多非传统安全问题的处理都带有一定的技术性和专业性，而且有些安全问题还带有跨部门的综合性，这样就从体制上需要有一个协调行动的合作机制。在国家安全领导体制内，原有的协调机制主要依赖最高领导人来运转，协调调动与安全有关的部门统一调配和使用各种资源。但随着安全内涵和安全问题的不断增加，需要更多的有关部门参与到安全战略筹划中来，如果只由最高领导人来协调就有一定的困难，需要一个专门的机制来保障这项工作。当前许多国家在安全体制改革中就增设了一个跨部门的临时或常设机构，以帮助最高领导人来协调多个部门的资源调配和使用。这一机构的设立，有助于超越部门利益，对有关国家安全的各种职能部门进行全面协调，以集中体现国家利益。

二、改进我国国家安全领导体制的现实需求

严格地说，中国目前还没有完全以法律形式确定的、有明确组织实体的国家安全领导机构。中国现行的国家安全领导体制由国家最高权力机关、国家最高行政机关和中国共产党中央领导机关实际行使决策权和实施权。中国的国家安全战略决策由中共中央、中共中央政治局和政治局常委会作出，然后由具体的行政部门来贯彻执行。中共中央国家安全领导小组、国务院和中央军事委员会及相关部门参与处理国家安全的有关事务。中央军事委员会主席和国务院总理依法拥有对全国或某一地区危机形势作出紧急状态的决策和指挥权。

在处理某些重大的安全问题时，党中央和国务院除了加强原有职能部门的地位和作用外，往往成立一些综合领导有关部门的决策工作小组。诸如 1958 年成立的中央外事小组、1973 年成立的全国海上安全指挥部（1988 年撤销）、1980 年成立的中央政法委、1981 年成立的国家紧急处置劫机领导小组（1988 年撤销）、1988 年成立的国务院抗震救灾领导小组、1991 年成立的国家边

防委员会、1992年成立的国家防汛抗旱总指挥部等。[①] 这些领导小组和委员会都是最高决策机构的咨询机关，由党、政、军相关部级单位的负责人组成，定期开会讨论问题，交换观点，提出方案以供党中央领导机关和国务院领导机关做决策参考。由于许多领导小组和委员会都是由政治局委员甚至政治局常委牵头，所以他们的政策建议对最终的决策会产生重大影响。但大多数情况下，这些领导小组并无常设的办事机构，而是由相关的常设部门承担。

日益复杂多变的安全形势，对完善国家安全战略的领导体制提出了新的要求，概括起来，我国现有体制显示出的不适应主要表现为以下三个方面。

（一）安全决策体制结构不够健全

在当前，保障国家安全的任务已经很难由一个部门或几个部门来完成，即使由某个中央工作领导小组或某个方面的委员会统领，也不能适应一些重大突发性危机的处理。这时不仅需要某些强力部门，更需要一些专业性的部门，临时组建领导机构往往不能有效地调动国家的全部资源。因此，设立一个能够从战略高度统领国家安全全局、协调各部门进行有效开展工作的国家安全领导实体，已经成为迫切的需要。由于没有确定的国家安全领导实体，在涉及部门较多时，协调难度大，反应难免不够及时，对策也不易准确，处理机制的运行往往在某些环节出问题。

---

① 参见王敬松著：《中国人民共和国政府与政治》，北京：中共中央党校出版社，1995年版。附录一：中华人民共和国中央非常设机构历年设置简表。

（二）相关法律体系不够完善

目前我国涉及安全方面的法律法规主要包括两大类：一类是处理战争威胁和社会动乱的法律，如《国防法》、《防空法》、《戒严法》等；另一类是处理重大突发性自然灾害、灾难事故的法律法规，如《防洪法》、《消防法》、《防震减灾法》、《传染病防治法》、《核事故应急处理条例》、《突发公共卫生事件应急条例》等。这些法律法规为国家应对安全威胁事件和重大自然、人为事故的有效管理，提供了基本的法律依据。但这些法律法规本身的部门管理色彩太浓，缺乏政府各部门之间的协调与合作，难以适应现代安全威胁的综合性特征。1993 年颁布的《中华人民共和国国家安全法》（以下简称《国家安全法》），并没有涉及整体国家安全。事实上，在出现重大安全威胁时，领导和决策机制运行是以中共中央政治局、尤其是政治局常委会发挥核心作用，它具有举足轻重的地位。但宪法只在原则上确立党的领导地位，没有明确规定党的职能权限及其决策程序。我国在中共中央和国务院设立的领导小组的地位及其职能大多以党的决定或通知的形式确立，没有确定的法律权威地位，这的确需要给予法律的完善。

（三）决策辅助机构作用发挥得不够

国家安全战略的决策机制需要信息情报和决策咨询两个重要的系统支撑，而我国目前这两个系统还存在明显的不足。就信息情报系统而言，隶属于不同部门的情报存在着条块分割和交叉重叠的现象。由于缺乏必要的协调机制，各部门有自己的情报渠道，造成一些重要信息不能及时上达，有时大量相同的信息拥堵。另外，由于受各部门职责的限制，一些信息情报的收集、整理工作往往从各部门专门渠道发出，有时容易忽略一些虽与本部门专业无关但对国家安全却有重要影响的信息。与此同时，作为决策咨询机构，大多过度依附决策系统，缺乏独立研究精神，这严重影响了它们在国家安全领导体制中发挥应有的作用和功能。

三、完善我国国家安全领导体制的基本思路

为了适应新世纪新阶段国家安全形势发展的需要，提高中国国家安全领导体制的工作效能，要在进一步改革中优化组织系统，完善机构职能，健全法律法规。优化体制的基本要求在于，组织系统要在坚持党的领导的同时，向有利于最高决策机构精干、高效、灵活的方向发展；安全体制内的机构职能要从注重军事、政治安全向军事、政治、经济、社会等综合安全领域转变，谋求安全功能的整体化、多样化；进一步推动有关国家安全方面的立法和法规建设。

（一）进一步改进和加强党对国家安全的领导制度

中国共产党是国家的执政党，它本身就处于国家安全领导体系的核心。在党政关系的建设方面，不仅要建设具有强大领导能力的政党制度，而且要建设具有强大运作和治理能力的国家制度，只有同时健全党的领导制度和国家的领导制度，党政关系才能健康发展。党要在国家的政务活动中全面加强国家制度建设，提升国家制度的权威和相对独立性，这是党执政能力的有力体现。现阶段党的领导体制改革，就是要使党从过去党、国家、社会“三位一体”结构下进行领导，改变为在党、国家、社会各自相对独立的结构下进行领导。因此，党对国家的具体领导，是通过它的党员，特别是党的领导人在国家和社

会的政治活动中，通过贯彻党的路线、方针、政策来实现领导。为此，在国家安全领导体制中，党的最高领导层是通过自己的国家领导人的身份来参与和进行国家安全战略的决策，改变以党中央的名义直接领导国家安全领导体制，从而使党政关系在制度上得到健全。

（二）完善国家安全领导体制中的法律保障

自 1993 年《中华人民共和国国家安全法》颁布实施以来，我国国家安全领域的法制化建设被提上议事日程，但由于国家安全法律立法体制的高度特殊性，迄今为止，缺乏一个对各类安全威胁进行有效预防、统一指挥与协调管理的法律，多以部门法的形式出现。这种现实安全威胁和挑战日益增多与国家安全保障法律法规不够健全的状况，需要进一步完善国家安全的法律体系。《国家安全法》的积极有效实施，对于国家安全法制建设全局和维护国家安全具有无可取代的重要法理指导功能，但在立法和执法过程中，将《国家安全法》与普通行政法、刑事法等诸部门法等同对待，显然就不符合现代国家安全的特殊行为。在全球化的背景下，国家安全法律关系非常复杂而高度特殊，没有任何一种普通部门法能比。因此，应进一步完善《国家安全法》，把它作为国家安全领域的基本法，从国家综合安全的角度，明确目标、原则和基本任务，以法制的形式指导并规范各个安全领域法规及制度的制定与实施。尤其要明确国家安全保障活动中最高决策者的构成和职责，明确涉及国家安全事务的职能部门，以及所承担的职责和工作权限及运作流程，使全部国家安全领域的活动纳入法制化轨道。与此同时，在《国家安全法》的基本精神和原则下，也还要进一步制定和完善有关实施紧急状态、反恐怖主义、处置社会公共安全、保护中国公民在境外安全等的法律法规。

（三）健全国家安全决策机构

国家安全机制一般由决策、咨询、情报机构组成，其中决策机构是国家安全领导体制的中枢。根据我国现行领导体制，需要进一步改进国家安全决策机构，特别要明确其组织构成和职责权限。国家安全决策机构由党中央、国务院、中央军事委员会领导人及外交、国家安全、公安、财政等部门负责人组成，党的总书记同时兼国家主席和中央军事委员会主席，并对国家安全决策机构负总责。该机构的主要职责可界定为：制定国家安全战略和重大突发事件防范的目标、原则、应对方针和措施，对来自国际和国内威胁国家安全的事件处置进行决策，并根据实际情况对其进行调整和实施过程进行监督；领导国家安全体制其他机构，对其进行指导；促进政府各部门、军事部门就国家安全事务进行更加有效的合作与领导关系的协调。决策机构不仅是处理国家安全事务的政策制定者，同时也是国家安全活动的指挥者。为了保证决策机构的正常运行，应建立一些处理日常事务的机构，负责联络，召集会议，下达指示和文件，并就各种安全议题进行研究，为决策机构准备政策和方针。在遇到特殊的危机事件时，国家安全决策机构还可以成立相关的临时性专门机构负责处理。

（四）建立并完善相对独立的决策咨询体系

现代国家安全问题内容复杂，处置的专业化程度越来越高，决策者不可能样样精通。决策者的主要作用应当从传统的那种亲自制定详细政策方案，转移到从战略高度对政策专家制定的各种方案进行择优选择。因此，建立由各类专家组成的政策咨询机构，对国家安全领导体制建设十分重要。我国的决策咨询机构不少，有党、政、军所属的政策研究机构，有隶属科研部门和大学的学术研究机构，也有一部分属于民间团体的研究机构。但由于历史和现实的原因，我国许多政策咨询机构，其人员构成基本上是在政府内或学术机构内自我循环，受自身专业和经验的限制，缺乏独立、创新思维和研究的独立性。而近几年发展起来的一些民间咨询机构，人员构成和运作机制灵活，效率较高，研究成果具有一定的客观性。但这样的咨询机构较少，不成气候。为此要促进政府研究机构的转型，增强其相对独立性；要培育和发展民间研究咨询机构，吸收其参与决策咨询过程，使其与体制内的咨询机构相辅相成，形成强大的决策咨询队伍。

（五）整合信息情报系统

我国专职安全情报机构主要隶属于政府和军队两大系统，并且相互独立。即使在本系统内，隶属不同部门的情报机构，也有不同的业务范围，相互独立也是必然的。但在国家安全机制内，就需要有一个整合和协调各信息情报的机构，它要向国家安全决策机构的负责人负责。建立保障国家安全所需要的、统一的、完整的信息情报体制，是国家安全领导体制发展的必然趋势。在国家安全领导体制下建立信息情报协调机构，协调政府和军队的情报系统，分别把两大情报系统的信息情报统一归口、分类处理。这样就能避免多头分散管理，各自为政的局面，实现情报工作的整体优化，也能对来自各种渠道的庞杂信息情报进行科学的综合分析研究，及时有效地提供给决策者使用，从而提高对重大突发事件的早期预警能力。

第六章

大国关系与中国国家安全

大国关系一直是影响中国国家安全的主要因素。冷战后，主要大国之间互动频繁，国际力量对比不断发生新变化。中国作为一个大国，他的崛起将带来大国关系新的调整，同时也会承受由此带来的巨大的压力。在此情况下，深入研究和评估大国关系及其对中国国家安全的影响并做出正确的应有选择，已成为一个重大而紧迫的课题。

第一节　大国关系对中国国家安全的影响

大国关系是国际格局的骨架，在国际关系中占有突出地位。大国关系的调整与变化会带来国际格局中力量对比态势的变化，大国关系能否良性互动在一定程度上决定了时代主题和国际氛围，从而给一国的国家安全带来深刻影响。中国作为一个大国，本来就是大国关系的重要角色，大国关系对中国国家安全的影响也更直接、深刻。经过多年的快速发展，中国综合国力大幅上升，已成为推动大国关系调整的主要动力之一。大国关系调整反过来又影响着中国的国家安全。在此情况下，深入研究和探讨大国关系对中国国家安全的影响，具有重大的现实意义。

一、从国际安全层面上看，大国关系对中国国家安全影响巨大，调整大国关系是维护和促进中国国家安全的重要手段

在国际政治中，大国地位突出，在国际格局中占有主导地位。自新中国成立以来，大国关系一直是中国谋划国家安全的根本出发点，根据新情况不断调整与大国之间的关系也是中国维护国家安全的重要方式。

新中国成立之初，两大阵线对峙局面初步形成。一方是以美国为首的西方阵营，另一方是以苏联为首的社会主义阵营，美国和苏联分别在两大阵营中发挥主导作用，两者之间的关系尖锐对立，在军事、政治、经济和意识形态等领域进行全方位的对抗。在此情况下，新中国只能在两大阵营中做出选择，没有第三条道路可走。长期以来，美国从意识形态角度出发仇视共产主义，支持国民党政府消灭共产党，而中国共产党和苏共在意识形态上是一致的，且长期得到苏共的指导和大量援助。因此，新中国选择了“一边倒”的对外战略，完全倒向了以苏联为首的社会主义阵营。1950 年 2 月，中苏两国签署了《中苏友好同盟互助条约》，借助苏联的力量维护国家安全。“帝国主义如果准备打我们的时候，我们就请好了一个帮手。”[1] 历史证明这是一个正确的选择。通过选择与苏联结盟，中国提前 20 多年收回了依国民党与苏联

---

① 《毛泽东外交文选》，北京：中央文献出版社，1994 年版，第 132 页。

签订的条约一直要存在到1975年的苏联在华特权，在西方势力敌视的国际环境中迅速巩固了政权，有效维护了国家安全。

从20世纪60年代末开始，中苏关系急剧恶化，特别是1969年爆发了“珍宝岛事件”和“铁列克提事件”，两国甚至走到了战争的边缘。在中美关系又长期敌对的情况下，中国明显感到了两面受敌的战略压力。苏联在中苏、中蒙边境陈兵百万，中国感觉到来自苏联的威胁比来自美国的威胁更直接更严重。此时，美苏实力对比也发生了重大变化，由于长期陷入越战泥潭，美国在争霸中处于被动，也急于改善中美关系以尽快结束越战。在此情况下，中美不但存在通过改善关系联合对苏的需要，也存在这种现实可能性。1972年尼克松访华标志着中美关系的缓和和国际格局中力量对比的变化。1973年，毛泽东提出了“一条线、一大片”战略，主张联合美国、日本等国共同对付苏联。通过调整大国关系，中国成功避免了两边受敌的危险，缓和了国际压力，有效改善了国家安全环境。

20世纪80年代初，美苏争夺的战略态势和世界政治力量对比都发生了重大变化，邓小平对国际局势作出了新的判断，把和平与发展作为时代主题，把重心转移到经济建设上来。在此情况下，对外战略也出现了重要调整，“不与任何大国或国家集团结盟或建立战略关系”。大幅调整与大国之间的关系，与美国拉开距离，不搞战略关系；改善与苏联的关系，但不参加“大家庭”，不与美苏任何一方结盟，也不联合一方反对另一方，而是在和平共处五项原则的基础上改善、发展同两国的关系，这标志着中国开始在大国关系中奉行真正意义上的“独立自主”的对外政策。这实际上表明，早在冷战结束前近十年，中国已经走出了冷战。“独立自主”的外交政策不仅没有引起中美、中苏关系的退步，反而改善了中国在中美苏三角关系中的处境，苏联在“三大障碍”[①]问题上出现了松动，美国反而更加重视中国的战略价值，中国国家安全环境得到了进一步改善。

20世纪90年代初，苏联解体，标志着两极格局的瓦解和冷战的结束。冷战后，大国关系中的角色和力量对比均发生了变化，日本经过长期的发展，已成为仅次于美国的世界第二经济强国。俄罗斯继承了苏联的大部分遗产，仍保持着世界大国的地位。中国的国际地位也不断上升。欧盟一体化进程稳步推进，已成为一支独立的力量。美国对日本和欧盟的控制和影响明显减弱。经济全球化和世界多极化成为时代潮流，和平与发展成为时代主题。各大国纷纷从自己的国家利益出发调整和发展国家间关系，大国关系正如江泽民同志在党的十五大报告中所指出的“经历着重大而又深刻的调整”。在大国关系筹划上，中国提出建立不同形式和内容的伙伴关系，推动新型国家关系的形成，即“伙伴”外交战略。它不同于冷战时期的结盟或战略关系，而是中国同各国建立的以“不结盟、不对抗、不针对第三国”为特点的新型国家关系。在“伙伴”战略的指导下，中国继1996年与俄罗斯建立了“战略协作伙伴关系”后，与欧盟建立了“全面伙伴关系”，同日本确立了“面向21世纪，建立致力于和平与发展的友好合作伙伴关系”，与美国确立了“建设性的合作关系”。与各大国之间的伙伴关系虽然形式、内容不同，但均顺应历史潮流，符合中国及其他大国的利益，也有助于世界和平与发展，对中国国家安全和发展发挥了重要作用。

总之，多年来，中国始终把大国关系作为谋划中国国家安全

---

① 三大障碍指苏联从蒙古国和中苏边境撤军，从阿富汗撤军，促使越南停止侵略柬埔寨并从柬撤军。

的基础和出发点，也通过多次调整与各大国之间的关系有效地维护了中国国家安全。

二、从周边安全层面上看，大国在中国周边热点问题上博弈色彩浓重，是中国维护周边安全环境无法回避的问题

中国地缘安全环境复杂，周边地区有美、俄、日等大国力量的存在。在中国周边地区，既有朝鲜半岛这个从20世纪中叶延续至今的“冷战最后一块冰川”，也有中亚这样长期休眠后随着冷战的结束再次浮出水面的地区热点。无疑，朝鲜半岛与中亚两个热点的产生和存在是大国博弈的结果，两个热点地区能否“降温”，实现地区的稳定与持久和平也深受大国关系互动的影响。

朝鲜半岛的最初分治是美苏博弈的结果。朝鲜半岛的分治早在二战期间就埋下了伏笔。日本占领朝鲜半岛期间，半岛的抵抗力量主要由金日成领导的东北抗日联军和李承晚领导的朝鲜临时政府两部分组成。二战后期法西斯败局已定，美、苏、英、中等大国先后召开了一系列会议，确定战后的世界秩序和势力范围。在1943年的《开罗宣言》中，中、美、英三国宣布：“我三大盟国轸念朝鲜人民所受之奴役待遇，决定在相当期间，使朝鲜自由独立。”① 但大国之间并没有就朝鲜独立问题做出具体安排。在随后的雅尔塔和波茨坦会议上，美苏就朝鲜半岛达成妥协，商定战后以北纬38度线为界，分别对朝鲜半岛进行军事占领。二战后，美苏关系迅速恶化，根本无法就朝鲜半岛统一问题达成一致。在此情况下，朝鲜半岛北部在苏联的支持下组建了朝鲜社会主义民

---

①《国际条约集》（1934—1944），北京：世界知识出版社，1961年版，第407页。

主共和国（朝鲜），朝鲜半岛南部在美国的支持下组建了大韩民国（韩国），朝鲜和韩国分别在苏联和美国的支持下形成了严重对峙的局面。“三八线”也由最初的临时军事分界线变成了朝鲜与韩国两个国家的分界线。

朝鲜半岛战略稳定是朝鲜战争中美国与中苏较量的结果。二战后，美国与苏中分别为韩国与朝鲜提供了大量的军事援助，韩朝均有统一朝鲜半岛的强烈愿望。在此背景下，两国在“三八线”附近的军事摩擦越来越频繁、剧烈，最终导致了朝鲜战争的爆发。战争爆发后，韩国节节失利，美国操纵联合国安理会通过决议，组建以美军为首的“联合国军”入朝参战。1950 年 10 月，周恩来通过印度驻华大使潘尼迦转告美英：“美军军队正企图越过三八线，扩大战争。美国军队果真如此做的话，我们不能坐视不管，我们要管。”[①] 但美国对中国的警告置若罔闻，迅速向中朝边境推进。在此情况下，中国出于自己的国家安全需要，在苏联的支持下决定派志愿军入朝。经过近三年的反复较量，战争双方于 1953 年 7 月 27 日签订了朝鲜停战协定，朝鲜战争结束。随后，美、韩于 1953 年 10 月 1 日签订《美韩共同防御条约》，苏、朝于 1961 年 7 月 6 日签订《苏朝友好合作互助条约》，中朝于 1961 年 7 月 11 日签订《中朝友好合作互助条约》，朝鲜半岛战略稳定形成。

大国因素是朝鲜半岛局势发展变化无法回避的问题。20 世纪八九十年代，中、俄相继走出冷战，半岛战略稳定中的北方阵营趋于松散，特别是俄罗斯在冷战结束初期奉行完全倒向西方的对外政策，1993 年正式通知朝鲜取消《苏朝友好合作互助条约》。苏、中分别于 1990 年、1992 年与韩国建立了外交关系，但美国

① 《周恩来外交文选》，中央文献出版社，1990 年版，第 25—27 页。

在对朝关系问题上依然延续冷战思维，迟迟不愿实现与朝关系正常化，导致朝鲜无法走出冷战，成为“冷战的最后一块冰川”。冷战后，朝核问题浮出水面，其根本原因是原有的朝鲜半岛战略稳定被打破了，朝鲜试图凭借核这张牌走出冷战，实现与美国的关系正常化。朝鲜多次强调，如果美国尊重朝鲜，从法律上、制度上与朝建立和平共处的关系，通过朝美关系正常化构建信任，朝核问题自然会得到解决。但美国并不准备马上实现与朝鲜的关系正常化。2003 年，由中国倡议，中、美、朝、韩、日、俄等六方就解决朝核问题形成了六方会谈机制，目前已进行了六轮，对于缓和半岛局势、推动朝核问题的解决发挥了重要作用，但要真正实现朝鲜半岛的持久和平还有相当长的路要走。朝鲜半岛是中、美、日、俄四大国战略利益交汇和碰撞的主要地区，其走向事关各大国的安全利益。因此，虽然目前半岛问题已由冷战时期的两大阵营对峙发展成为美朝两国的对抗，但朝鲜半岛的未来走向将被打上深深的大国博弈的烙印。

维护朝鲜半岛的稳定对于中国的安全利益至关重要。目前，朝鲜与韩国边境仍是世界上军事力量最为集中的地区，紧张的军事对峙增加了发生军事冲突的可能性。一旦半岛发生军事冲突，美国很有可能介入，半岛局势很有可能失控，出现激烈动荡，东北亚地缘政治和安全格局也会随之发生剧变，同时大量难民的涌入会给中国东北和黄海沿海地区带来复杂的社会问题，从而严重冲击中国国家安全。

在中亚地区，大国关系也是该地区战略走向的关键因素。中亚地处欧亚大陆的“心脏地带”，东接中国新疆，西濒里海，经高加索可达欧洲，南与伊朗和阿富汗接壤，北邻俄罗斯，是东进西出、南下北上必经之地，具有重要的地缘战略价值，历史上一直是大国争夺的焦点。18、19 世纪，俄罗斯和英国曾就中亚进行过反复争夺。苏联成立后，中亚成为苏联的一部分，争夺暂时中止。冷战结束后，中亚五国成为独立国家，中亚地缘政治价值再次凸显。中亚原是苏联的一部分，俄罗斯一直将其视为自己的“后院”和“柔软的南方腹地”（俄前国家杜马国防委员会副主席阿·阿尔巴托夫语）。对于中国来说，中亚在一定意义上可以说是中国的“战略大后方”，在中国把营造一个有利的安全环境当作国家安全的目标而东南沿海面临较大安全压力的情况下，中亚的局势就具有特殊的战略意义。美国对中亚更是垂涎已久，控制中亚可以有力地策应北约东扩，进一步压缩俄罗斯的势力范围，还可以威胁中国西部边疆。

冷战后，大国在中亚地区的战略争夺加剧。“9·11”事件之后，美国打着反恐的旗号进入中亚，成功实现了在中亚的军事存在。冷战后，中俄倡导建立国际政治新秩序，主张世界多极化，反对美国建立单极世界的企图。上海合作组织的成立有利于抵御美国在中亚的渗透和势力扩张。[①] 总体而言，冷战后中亚各国奉行平衡的外交政策，均衡发展与美国、俄罗斯及上海合作组织的关系，“9·11”事件后加强了与美国的关系，2003 年起，格鲁吉亚、乌克兰和吉尔吉斯斯坦先后发生“颜色革命”，特别是“安集延事件”后，中亚国家调整了对美国的态度，重新回到了平衡发展美俄关系的中间路线上来。乌兹别克斯坦迫使美军从其国家撤军，随后俄乌签署了两国联盟关系条约。吉尔吉斯斯坦提高了美使用其军事基地的租金，同时加强了与俄的战略伙伴和盟友关系。塔吉克斯坦深化了与俄罗斯的同盟关系，并向俄提供位于首都杜尚别郊外的空军基地。哈萨克斯坦则表示“继续将俄罗

① 楚树龙、金威主编：《中国外交战略和政策》，北京：时事出版社，2008 年版，第 207 页。

斯列为哈发展的第一战略伙伴，中国第二位，美国第三位”。[①] 中亚重要的地理位置和丰富的自然资源吸引着美、俄及日、欧等大国及国家集团的目光，各大国均希望加强在中亚的影响，未来中亚地区的大国战略争夺仍将继续，大国之间的影响力也会不断变化与调整。

三、从国家核心利益层面上看，大国是造成目前台湾海峡两岸分治局面的主要原因，是影响中国解决台湾问题的主要外部障碍

对中国而言，台湾问题事关祖国完全统一，事关国家核心利益。[②] 台湾问题在很大程度上讲是美国问题，是大国干涉中国内政、威胁中国国家安全的最好例证。长期以来，美国把台湾问题当作牵制中国的“一张牌”。台湾问题的产生、发展和中美关系紧密相关，未来台湾问题的解决也将在中美关系的大框架下进行。

台湾问题的产生是和美国对中国国内战争的阻挠和干预分不开的。1950 年 4 月，美国出台了 NSC68 号文件，强调用军事手段遏制共产主义。台湾作为对抗共产主义的前沿阵地，理所当然地受到了美国的重视。“台湾在共产党手中如同一艘不沉的航空母舰和潜艇补给船。”[③] “美国应当尽一切努力保持台湾不落入共产党之手，即使这需要美国军事力量对台湾提供援

① 李晓春：“视为‘地区领袖’美国想拉住哈萨克斯坦”，《环球时报》2006 年 5 月 15 日。

② 胡锦涛看望出席全国政协十一届一次会议的民革、台盟、台联委员时的重要讲话（2008 年 3 月 4 日）。

③ Michal Schaller, *Douglas MacArthur: The Far Easten General*, New York: Oxford University Press, 1989, p. 177.

助也在所不惜。"[1] 1950年6月，朝鲜战争爆发，美国海军第七舰队开进台湾海峡，阻止中国大陆对台湾的一切海空行动，此后又向台湾提供了大量的军事援助，阻挠人民解放军攻台，台湾问题由此产生。

冷战期间，美国长期把台湾看成是遏制共产主义的前沿阵地。1954年12月，美国与台湾签订了《共同防御条约》，规定对台湾安全负有"义务"，同时把防御范围划定为台湾与澎湖，企图把台湾与大陆永久分离。在政治上，美国自己并迫使其他国家长期承认台湾，不承认新中国，致使中国在联合国的合法席位被台湾窃取长达22年之久（1949—1971年）。1972年尼克松访华，中美关系实现了正常化。台湾问题是中美关系正常化谈判中的关键问题，两国达成了一定共识，美国同意"断交、废约、撤军"。但台湾问题并没有得到彻底解决，两国在《上海公报》中就台湾问题也是"各自表述"。尼克松结束访华回国后，在接见台湾"大使"沈剑虹时表示"美国决心遵守对中华民国的承诺"。他还说："《上海公报》不是一项条约，仅是 项共同声明，双方就各项问题表示本文的立场，并未试图达成协议。"[2] 并分别于1972年、1973年向台湾出售了包括潜艇、先进战斗机和驱逐舰在内的大量武器装备。1979年1月1日中美建交，4月10日美国国会就通过了《与台湾关系法》，前后相差仅三个多月。冷战后，由于中国的快速发展，美国把中国视为潜在威胁，把台湾作为牵制中国的主要工具。在"台独"势力迅速膨胀的情况下，美国为稳定台海局势也对"台独"行为进行了一定的压制，但是长

---

① 转引自陶文钊：《中美关系史》（1949—1972），上海人民出版社，1999年版，第13页。

② 陶文钊：《中美关系史》（1972—2000），北京：中国社会科学出版社，2004年版，第10页。

远来看，美国在台湾问题上的政策不会有大的改变，台湾问题仍是美国牵制中国发展壮大的一张“王牌”。

第二节　中国与大国关系互动的现状及特点

一、中国与大国关系互动的现状

（一）中美关系

中美关系是21世纪初最重要的双边关系之一。中美关系已超越双边关系的范畴，越来越具有全球影响和战略意义。[①] 随着中国综合国力的不断增强，中美两国之间共同利益增多，矛盾也日益凸显，中美关系愈加复杂。

（1）在战略定位上，美国对中国定位的频繁变化反映了中美关系的复杂性。冷战后，美国先后多次调整对中国的战略判断和定位，即由20世纪90年代初的“中国崩溃论”到90年代中期的“中国威胁论”和克林顿政府时期的“有名无实的战略伙伴”[②]，再到小布什政府上台之初的“战略竞争者”。2001年“9·11”事件的爆发促使美国重新思考中美关系。2001年10月，在亚太经合组织上海峰会上，布什对中美关系进行了明确的定位，

① 2006年4月20日，胡锦涛主席在白宫同布什总统的谈话，见张幼文、黄仁伟等著：《2008年中国国际地位报告》，北京：人民出版社，2008年版，第6页。

② 潘忠岐：“冷战后中美安全关系的结构性战略互动”，见倪世雄、刘永涛主编：《美国问题研究》，北京：时事出版社，2007年版，第127页。

即“寻求与中国建立坦诚的、建设性的合作关系”，[1] 在此后的三年多时间里，“3C”（Candid 坦诚，Constructive 建设性，Cooperative 合作性）一直是布什政府对中美关系的公开提法。2005 年上半年，“中国威胁论”在美国国内再次抬头，美国国会反对中海油收购优尼科石油公司，美国国防部出台的《中国军力报告》大肆渲染“中国威胁”，布什与国务卿赖斯也强调中美关系是“复杂的”（Complex）。由此，美国对中美关系的定位也由“3C”变成了“4C”，这反映出布什政府认识到了中美关系的复杂性，中美之间既存在合作，也存在分歧。但中国综合国力和国际影响力的上升使美国不得不重视中美关系。2005 年 9 月，美国时任副国务卿佐利克在关于中美关系的讲话中提出，中国应成为现在国际体系的负责任的“利益攸关方”，与美国一起构建未来的国际体系。随后，“利益攸关方”这一定位被布什和美国其他政要多次引用，并写入了 2006 年《四年防务评估报告》和《国家安全战略报告》。

（2）在台湾问题上，中美存在一定共识，但美仍将台湾视为牵制中国的一张“王牌”。长期以来，美国在台湾问题上奉行所谓的“战略模糊”政策，但布什上台之初一度将“战略模糊”改为“战略清晰”，宣称将“尽其所能协防台湾”。[2] 在随后的两年里，陈水扁在“法理台独”的道路上越走越远，台海局势趋于紧张。美国此时深陷伊拉克泥潭，不希望台海局势出现动荡。2003 年 11 月开始，美国白宫和国务院发言人及高官频繁表态，重申“一个中国”政策，反对单方面改变台海现状。这表明中美两国

---

① 转引自陶文钊：《冷战后的美国对华政策》，重庆出版社，2006 年版，第 39 页。

② 转引自陶文钊：《冷战后的美国对华政策》，重庆出版社，2006 年版，第 38 页。

在反对“台独”、维持台海地区和平与稳定上形成了一定共识。然而，在2008年国民党重新执政、两岸关系明显缓和的情况下，美国又宣布对台出售总价值为64亿美元的武器，充分说明了美国以台湾问题牵制中国的做法并未改变。

（3）在经贸领域，中美相互依存增加，但矛盾与摩擦有所上升。近年来，中美政治关系虽然曲折不断，但两国间的经贸关系却稳步发展。现在，美国是中国的第二大贸易伙伴和最大出口市场，中国是美国的第二大贸易伙伴和增长最快的出口市场。2008年9月，中国首次超过日本成为世界持有美国国债最多的国家，达5850亿美元。①

随着经贸关系的发展，中美两国在经贸领域的矛盾与摩擦有所上升，主要包括贸易逆差问题、人民币汇率问题、知识产权问题等。美国一方面要中国加快改革汇率制度，加速开放金融市场，另一方面美国国内的贸易保护主义倾向也不时抬头，使两国经贸摩擦成为影响中美关系的重要因素。

（4）在地区与国际问题上，中美进行了广泛合作，但也存在一定分歧。小布什上台之初，把中国作为“战略竞争者”，“9·11”事件之后两国关系大幅改善。2002年10月朝核危机爆发，中国于2003年8月组织进行了第一轮朝核问题六方会谈，为朝核问题的解决发挥了建设性的作用。在伊朗核问题上，安理会五大常任理事国多次通过关于伊朗核问题的决议，本身就体现了美国与包括中国在内的其他大国协调与合作的重要性，中国还多次向伊朗发出明确信号，督促伊朗履行在核问题上承担的义务。中美两国还在应对非传统安全威胁方面形成了广泛共识，如防止核扩散、打击恐怖主义、保护环境、加强金融安全和能源领域的合

① “中国成美国最大海外‘债主’”，《参考消息》2008年11月20日。

作等。当然，在一些国际问题上中美还存在分歧。如在缅甸问题上，美国试图通过联合国向缅甸施加政治经济压力，中国明确反对这种做法，主张劝说缅甸政府通过谈判方式解决与反对派的分歧与冲突。

（二）中俄关系

俄罗斯是中国的最大邻国。对中国而言，中俄关系是最重要的双边关系之一，对中国具有特殊的战略意义。中俄关系直接关系到中国战略后方的稳定和国际政治中的力量对比。近年来，两国关系总体稳定，保持着较好的发展势头。

（1）在政治领域，两国存在广泛共识，战略协作伙伴关系稳步发展。冷战后，中俄均面临着来自美国的战略压力，在政治与安全领域互有需求。2001 年，美国推行单边主义，中俄签署了《中俄睦邻友好合作条约》，共同抵制这种倾向。2004 年，俄总统普京访华时签署了《中俄关于两国边界东段的补充协定》，标志着中俄边界问题的圆满解决，为中俄战略协作伙伴关系长期、健康和稳定的发展打下了基础。2005 年 7 月，中俄共同签署了《关于 21 世纪国际秩序的联合声明》，强调两国决心与其他国家共同努力建立公正合理的国际新秩序。近年来，中俄在国内问题上相互支持，在地区与国际问题上密切合作。俄方多次重申在台湾问题上的“四不承诺”[①]，并明确表示“台湾问题纯属中国内政”[②]，中国也多次明确表示车臣问题是俄罗斯的内政。在伊朗核

① “‘四不’承诺”即不支持“两个中国”、“一中一台”立场，不支持任何形式的关于“台湾独立”的构想，不支持台湾加入联合国及其他只能由主权国家参加的国际组织，不向台湾出售武器。

② 《中俄睦邻友好合作条约》第五条，见新华网，http：//news. xinhuanet. com/ziliao/2002－08/21/conent _ 532202. htm。

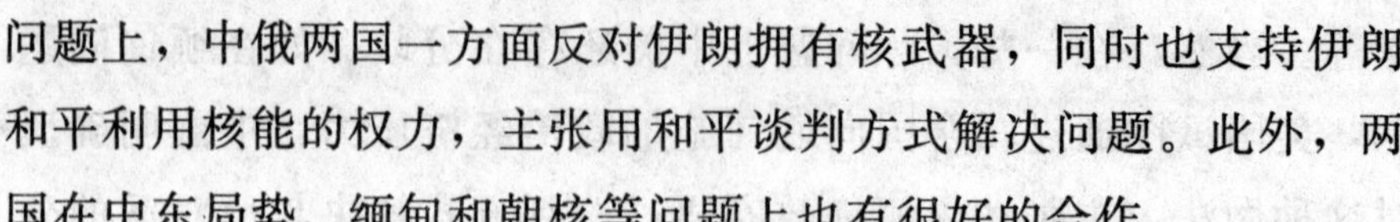

问题上，中俄两国一方面反对伊朗拥有核武器，同时也支持伊朗和平利用核能的权力，主张用和平谈判方式解决问题。此外，两国在中东局势、缅甸和朝核等问题上也有很好的合作。

（2）在安全领域，中俄两国军事互信进一步深化，军事交流与合作不断增强。1994 年，中俄两国开始各自裁减边境地区军事力量，加强军事信任。至 2004 年两国边境问题的圆满解决，两国边境成为友好的边境和合作的边境。近年来，中俄共同推动上海合作组织的成立和发展，在维护中亚地区安全，打击“三股势力”，稳定地区局势方面进行了紧密合作。2005 年，中俄在中国境内进行了代号为“和平使命—2005”的联合军事演习，2006 年，上海合作组织在乌兹别克斯坦境内举行了代号为“东方反恐—2006”的联合军事演习，2007 年举行了代号为“和平使命—2007”的联合军事演习。

（3）在经贸领域，中俄合作快速发展，为两国关系注入新的内容。在当今世界，经济因素对国际关系的影响日益增大，国家间经济上的相互依存深刻影响着国家处理双边关系的态度和方式。2001 年以来，中俄贸易额增长迅速，2007 年，两国全年贸易额首次达到 400 亿美元，中国成为当年继德国 420 亿美元之后俄罗斯的第二大贸易伙伴。值得注意的是，中俄贸易出现了可喜的变化：一是合作主体不断增多，除两国中央一级的合作外，地方政府开始加入合作的行列，参与合作的企业类别也进一步多样化。二是合作领域不断扩大，除传统合作领域外，两国在能源、宇航及农业领域的合作也取得了重大突破。这说明两国在经贸领域的合作还有巨大的发展空间，经贸关系的发展将为中俄战略协作关系添加新的内容。

在中俄关系稳定发展的同时，还应看到两国关系中的一些消极因素。一是“中国威胁论”在俄罗斯仍有一定市场。二是

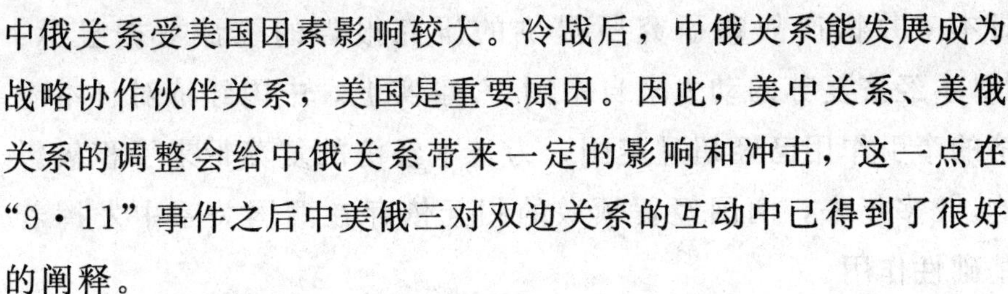

中俄关系受美国因素影响较大。冷战后，中俄关系能发展成为战略协作伙伴关系，美国是重要原因。因此，美中关系、美俄关系的调整会给中俄关系带来一定的影响和冲击，这一点在“9·11”事件之后中美俄三对双边关系的互动中已得到了很好的阐释。

（三）中日关系

日本是中国的重要邻邦。2006年小泉下台以来，中日关系下滑的势头得到了扭转，两国关系趋于稳定并出现了良好的发展势头，但中日关系中的深层次矛盾未得到根本解决，两国关系仍面临挑战。

（1）在政治领域，中日双边关系中的主要问题得到控制，两国关系趋于稳定。进入21世纪以来，日本国内右翼保守主义倾向严重，小泉纯一郎2001年上台后连续六年参拜靖国神社，给中日关系带来了巨大冲击。小泉之后的安倍晋三、福田康夫和麻生太郎三任首相重视中日关系，两国在历史问题上的突出矛盾得到缓解。2006年下半年起，中日两国领导人互访与会晤得到恢复，两国元首还利用2008年7月八国集团峰会、8月奥运会和11月亚太经济合作组织峰会等机会进行了会晤。2008年6月，中日两国就东海问题达成原则共识。2008年马英九上台以来，台湾问题也有所缓解。至此，两国在影响中日关系的三个主要问题上形成了一定共识，中日关系趋于稳定。

（2）在经贸领域，长期以来日本一直是中国最重要的贸易伙伴。到2007年，中日双边贸易总额为2360亿美元，同比增长13.8%。中国是日本最大的贸易伙伴，日本则是中国第三大贸易伙伴，日本是中国最大的进口来源国和第四大出口市场。日本国内认可中国经济快速发展给日本企业带来的巨大机遇。

日本三井物产战略研究所提供的研究报告的统计数据显示："日本经济复苏的动力来自中国。"事实上，中国经济对日本经济的牵引作用已经超过美国，为日本经济的复苏带来了积极影响。[①] 多年来，两国经贸领域的相互依存在两国关系中发挥着基础性作用。

（3）从深层次上看，中日两国结构性矛盾依然存在，影响中日关系的主要问题未得到根本解决，两国互信依然薄弱。近年来，随着中国经济快速发展，日本国内开始大肆渲染"中国威胁论"，特别是"中国军事威胁论"。虽然"（中国发展军力）已被国际上日益激烈的综合国力竞争思想证明是正当合理的"。[②] 但2005年12月，时任日本外务大臣的麻生太郎却公开发表讲话鼓吹，中国有10亿人口和原子弹，连续17年以极不透明的两位数增长率增加国防预算，她正变成日本的威胁。[③] 在具体做法上，日本通过加强日美同盟遏制中国军事崛起的倾向也越来越清晰。[④] 目前，中日关系中的历史问题、领土与海洋权益争端、台湾问题等三大问题虽得到了一定程度的控制，但并没有得到根本解决，三个问题均事关中国重大利益和民族感情，非常敏感，在目前两国互信薄弱的情况下，小的事件也有可能给中日关系带来大的

---

① 张幼文、黄仁伟著：《2007年中国国际地位报告》，北京：人民出版社，2007年版，第276页。

② ［日］高原明生："日本视角下的中国崛起和东亚秩序"，朱峰、［美］罗伯特·罗斯主编：《中国崛起：理论与政策的视角》，上海人民出版社，2008年版，第311页。

③ 麻生太郎在2005年12月22日记者招待会上的发言，参见 http：//www.mofa.go.jp/mofaj/press/kaiken/gaisho/g_0512.html＃5。

④ ［日］高原明生："日本视角下的中国崛起和东亚秩序"，朱峰、［美］罗伯特·罗斯主编：《中国崛起：理论与政策的视角》，上海人民出版社，2008年版，第312—313页。

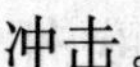

冲击。

（四）中欧关系

随着一体化进程的不断推进，欧盟已成为国际舞台上不可或缺的一支力量。近年来，中欧关系稳步发展，但分歧与矛盾逐步凸显，负面因素有所上升，中欧关系的发展仍面临诸多障碍。

（1）在政治领域，中欧存在良好的发展前景，但也存在一些重大的分歧。中欧相距甚远，不存在领土争端，相互间不构成军事上的威胁，这可以使双方在国际事务上进行广泛的合作。双方都反对美国的单边主义作法，主张世界多极化和民主化，倡导多边主义。在如何看待中国崛起的问题上，欧盟态度较为积极，认为中国的崛起对国际体系意味着巨大的机会和挑战。欧盟还认为，在其对外战略中，中国的重要性表现在她与欧盟有着共同的全球和地区安全利益，欧盟将“在各个方面从一个合作的和负责任的中国政策中获益”。[①] 中欧在一些重大问题上存在根本性的分歧，突出表现在欧盟追随美国干涉中国内政上，比如插手西藏问题，同时在台湾问题上也立场模糊。

（2）在经贸领域，中欧之间相互依存逐步深化，同时贸易矛盾与摩擦趋于复杂。目前，欧盟是中国第一大贸易伙伴，中国是欧盟第二大贸易伙伴，欧盟是中国外来直接投资的主要来源地。中欧在科技合作的层次不断提高，文化、教育交流与合作也空前活跃，经济贸易发展迅猛。近年来，欧盟对华贸易逆差不断增加，可能引发中欧贸易摩擦。欧盟凭借在环保、安全

① Communication of the Commission, “A Long Term Policy for China-Europe Relations,” http://europe. eu. int/comm. /external-relations/asia/country. htm.

和生态方面的技术优势形成贸易壁垒，阻止中国产品进入欧洲市场。同时，将人权、民主等问题混杂于经贸关系中，将经贸问题政治化。

当前，中欧关系既存在着机遇，也面临着挑战。由于文化和价值观的差异，再加上双方缺少打交道的历史和现实上的迫切需要，因此双方均没有太多的战略资源可用，中欧关系的发展不会一帆风顺。

二、中国与大国关系互动的主要特点

（一）中国和平崛起带来大国关系的新一轮互动

近年来，中国经济快速发展，综合国力大幅提升，中国崛起已成为不争的事实，各大国对中国崛起的认识和态度对其对华政策有着直接而重大的影响。

中国崛起使中国与其他大国的关系面临新的调整。近代以来，中国与各大国长期处于西强东弱的状态，西方长期凌驾于中国之上，中国一直处于被剥削被压迫的地位。新中国成立以来，特别是改革开放以来，这种状态逐步发生变化。自 1999 年起，中国国民生产总值先后超过了加拿大、意大利。2003 年超过法国，跃居世界第五位。2005 年又超过英国，居第四位。2006 年中国 GDP 超过 2.6 万亿美元，世界排名第三位的德国不足 2.9 万亿美元。由于经济快速发展，中国国际影响力不断增强，在国际事务中发挥的作用也越来越大。中国的军事力量不断提升，已成为维护地区稳定的重要力量。

各大国对中国崛起的认识和反应较为复杂。一方面认识到中国崛起是机遇，会给世界经济注入新的动力，推动新一轮经济增

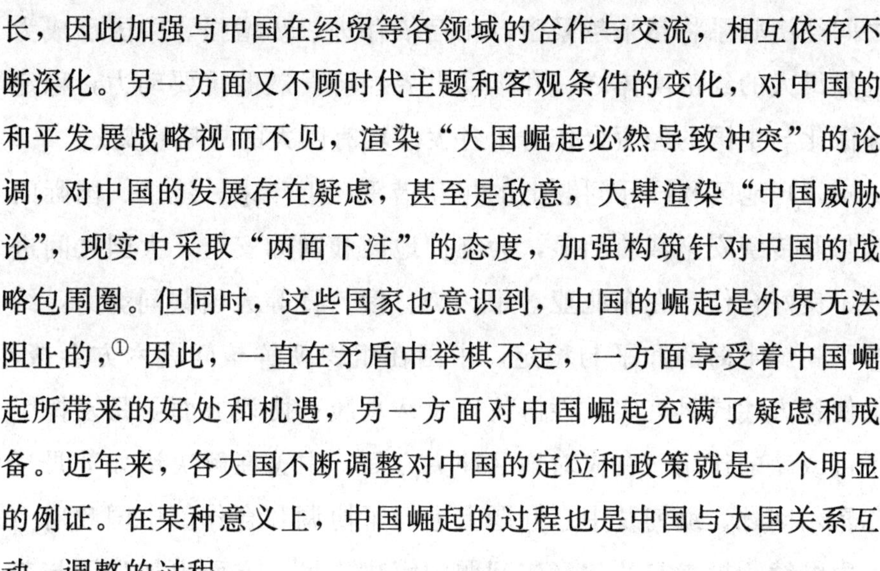

长，因此加强与中国在经贸等各领域的合作与交流，相互依存不断深化。另一方面又不顾时代主题和客观条件的变化，对中国的和平发展战略视而不见，渲染“大国崛起必然导致冲突”的论调，对中国的发展存在疑虑，甚至是敌意，大肆渲染“中国威胁论”，现实中采取“两面下注”的态度，加强构筑针对中国的战略包围圈。但同时，这些国家也意识到，中国的崛起是外界无法阻止的，[①] 因此，一直在矛盾中举棋不定，一方面享受着中国崛起所带来的好处和机遇，另一方面对中国崛起充满了疑虑和戒备。近年来，各大国不断调整对中国的定位和政策就是一个明显的例证。在某种意义上，中国崛起的过程也是中国与大国关系互动、调整的过程。

（二）中国与各大国之间相互依存进一步深化，合作的一面有所上升

（1）经贸领域内的相互依存。改革开放 30 年来，中国经济快速发展，综合国力大幅提升。2006 年，中国国内生产总值达 26452 亿美元，成为世界第四大经济体。中国占世界出口的比例已经接近 10%，同时依然以 20%的速度增长。2007 年中国外汇储备达 1.5 万亿美元，居世界之首。2003 年至 2005 年，中国经济增长对世界 GDP 增长的平均贡献率高达 13.8%，仅次于美国，居世界第二位。2002 年至 2007 年，中国经济保持着平稳快速发展，连续 5 年增长率超过 10%。[②] 随着全球化不断深入，各大国

---

① 参看罗伯特·J·阿特：“美国、东亚和中国崛起：长期的影响”，见朱峰、［美］罗伯特·罗斯主编：《中国崛起：理论与政策的视角》，上海人民出版社，2008 年版。

② 张幼文、黄仁伟著：《2008 年中国国际地位报告》，北京：人民出版社，2008 年版，第 35—37、64 页。

之间经济联系将越来越紧密，相互依存进一步增强。中国已成为世界最大的经济实体之一和推动世界经济发展的重要动力，稳定和深化与中国的经贸合作对于各大国均有巨大的战略意义。

（2）地区和国际问题上的相互借重。近年来，地区、国际问题与非传统安全威胁凸显，为维护地区和国际安全，大国之间进行了良好合作。在东北亚，中、美、俄、日等大国共同努力，维护了朝鲜半岛的和平与稳定。中国在组织朝鲜核问题六方会谈、促使各方达成具有实质性协议以及认真履行协议方面更是发挥了不可或缺的作用。在应对地区冲突方面，中美在解决诸如苏丹达尔富尔问题、缅甸及中东问题上进行了协调和合作。中国政府一方面继续积极参与达尔富尔问题的解决，另一方面也加强了与美国等国家的协调与合作，取得了良好的效果。美国总统苏丹问题特使纳齐奥斯、美国智库布鲁金斯学会中国中心主任、资深中国问题专家杰弗里·贝德和非政府团体“拯救达尔富尔联盟”发言人艾伦·布鲁克斯·拉舒尔分别对美国媒体发表讲话，一致称赞中国在达尔富尔问题上发挥的重要作用。2007 年下半年，中美代表在华盛顿开始新一轮的非洲会晤，强调中美应该深化在非洲问题上的合作。《华盛顿观察》发表文章称：“中国绝不是欧洲殖民者。后者曾要臣服这片大陆，而中国的接触政策则主要是为了本国国内经济需要，支援本国的持久发展。”[①] 2007 年，缅甸局势出现动荡，中国虽然否决了 2007 年 1 月 12 日安理会关于缅甸问题的决议，但却明确承认缅甸存在着“相当严重”的问题，并呼吁缅甸政权进行广泛基础上的对话和改革，为中美在该问题上的合作奠定了基础。中美两国还在中东问题上开展了密切合作，中国

---

① 张幼文、黄仁伟著：《2008 年中国国际地位报告》，北京：人民出版社，2008 年版，第 35—37、64、187 页。

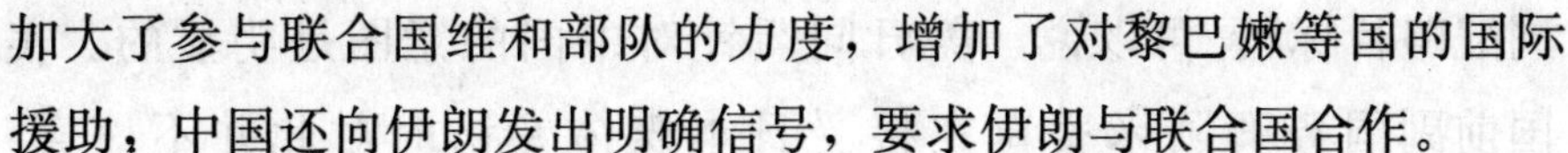

加大了参与联合国维和部队的力度，增加了对黎巴嫩等国的国际援助，中国还向伊朗发出明确信号，要求伊朗与联合国合作。

(3) 金融危机问题上的相互需求。2008 年，美国国内的次贷危机演变成国际范围的金融风暴，迫切需要各国，特别是大国之间的相互合作。中国领导人承诺在全球金融危机中做出“积极努力”，强调“中国经济保持良好发展势头本身就是对全球金融市场稳定和世界经济发展的重要贡献”。中国人民银行与世界各大央行密切协商，联手降息，并出台了规模庞大的刺激经济计划，以实际行动塑造了负责任大国的良好形象。

(三) 某些大国对中国崛起持怀疑和防范态度，大国关系中的矛盾有向中国集中的趋势

随着中国综合国力的增强，某些大国通过“有色眼镜”看待中国崛起，联合起来共同构筑针对中国的包围圈，企图遏制中国的崛起，大国关系中对抗的一面有向中国集中的趋势。

美日同盟的加强就是其中的一个主要表现。美日同盟是冷战的产物。冷战结束后，美日同盟一度面临往何处去的问题。然而，由于中国经济的稳步发展，美国开始把中国作为潜在对手，日本也对中国的崛起存有疑虑，并希望借此进一步向政治和军事大国迈进。在这种情况下，美日在加强对华战略遏制的问题上找到了新的共同利益，美日同盟迈出了新的步伐。1996 年 4 月，美日签署《日美安全保障联合宣言》，又于 1997 年出台了《日美防卫合作指针》。两国将美日同盟的功能定位为对付“不稳定和不确定因素”、处置“紧急事态”、主导亚太地区安全。美国国防部 2006 年 2 月公布的《四年防务评估报告》认为中国是“最具有与美国进行军事竞争的潜力的国家”，日本在《防卫计划大纲》中将中国“视为其国土安全的重要威胁”。2005 年 2 月，美日安全“2＋2”会议的联合声明首次公开将“台湾问题”列入美日“共

同战略目标”。可以说，美日同盟针对中国的意图是明显的。美国前副国务卿阿米蒂奇在接受日本媒体专访时对此并不讳言："由于中国如今在世界舞台上的份量巨大，并且存在着潜在的膨胀趋势，因此应对中国的共同意识已经确定了日美关系将来的走势。为了应对中国的扩张，日美两国必须紧密合作。”“美国和日本也要防备中国，防止中国出现要打破现状的动向。为此，美日必须拥有相应的抑制能力。”①

此外，美国与印度的军事关系发展也表现出这种特点。印度是一个重要的地区大国，在我国周边安全中占有相当的份量。近年来，中印关系稳步发展，但两国还存在一些现实问题，如领土争端、印度对达赖的态度等。美国利用中印之间的隔阂，极力拉拢印度加入对中国的战略包围圈。印度视中国为对手和威胁，出于牵制中国的需要，选择加强与美国的战略关系。2002 年 2 月，美印举行了联合军事演习，美恢复了对印度的军售。2005 年，印美两国国防部长签订了《印美国防合作新框架》。根据该文件，美国给予印度一系列“准盟友”待遇。② 2005 年 7 月，印度总理曼莫汗·辛格访美期间，两国宣布进入“新型全球伙伴关系”时代。值得注意的是，美国在印度拒绝签署《不扩散核武器条约》的情况下，宣布印度是“一个拥有先进核技术的负责任的国家”，应该得到“同样的利益和优势”。③ 布什还“要求美国国会修改法律及政策，并与盟友一起调整国际秩序，与印度在民用核领域进行全面的合作”，可以说是煞费苦心。同时，印日关系也得到了加强。印度总理曼莫汗·辛格 2004 年上台后先后三次访问日本，

① ［日］古森义久：“日本要向美国进言”，［日］《呼声》月刊，2006 年 9 月。

② 参见马加力：“印美关系走向”，载于《现代国际关系》，2005 年第 8 期。

③ “Indo-U. S. Joint Statement”，http：//www. hindu. com/thehindu/nic/indous-joint. htm.

并与日本首相麻生太郎共同发表了增进战略和全球伙伴关系的联合声明，并签署了安全合作联合宣言。这种关系发展明显带有针对中国的因素。

第三节 处理大国关系的战略选择

对于中国来说，健康稳定的大国关系是中国维护国家安全和重要战略机遇期的基础，也是对外战略的首要任务和中心工作。现阶段，大国关系面临新的调整，相互依存和合作有所上升，但冷战思维依然存在。中国崛起推动了世界多极化的发展，同时面临着来自大国的更大的压力和阻力。在此情况下，维护良好的大国关系，推动大国关系的良性发展对于中国的国家安全和发展具有特殊的战略意义。

一、扩大共同利益，控制矛盾分歧，以两手对两手，稳定和发展中美关系

在当前乃至未来一个相当长的时期内，中美关系对于中国安全具有特殊意义。美国作为世界唯一的超级大国，对我国国家安全构成全局性影响，很多问题可能最终都能归结到中美关系。因此，在中美关系上，中国必须立足大局，局部问题的处理必须让位于和服从于战略性问题，以两手对两手，维持中美关系稳定的大框架。

（一）加强交流与合作，扩大共同利益，巩固中美关系长期稳定的战略基础

在地区与国际问题上，注意在维护我国国家利益的同时加

强与美国的交流与合作。当前，中美关系已经超越了双边范畴，更多地涵盖了地区和全球性问题。美国作为当今世界唯一的超级大国，战略目标就是维护全球的霸主地位。随着综合国力的提升，中国在地区乃至全球的影响力将进一步增强，不断外延的利益边界也带来更多安全需求。双方在地区安全事务中存在着分歧甚至冲突，比如美国把伊朗、委内瑞拉、缅甸、苏丹等国家视为异端或对手，而中国则采取完全不同的立场。同时，两国在很多问题上又存在着共同的利益，需要进一步扩大这种利益，在分歧上加强协调和磋商，应该是中美两国在地区和国际问题上的正确做法，有利于为中美关系的长期稳定打好基础。

在经贸领域，注意加强合作，控制矛盾，深化相互依存。冷战后，经贸关系对于稳定中美关系一直发挥着基础性作用。当前，中美两国经贸关系发展良好，虽然存在一定的分歧，但两国对于发展经贸关系已形成了共识，并且有中美战略经济对话这一平台解决双方的矛盾，中美经贸关系仍将保持健康稳定发展。未来，应进一步强化中美战略经济对话机制，以维护两国在经贸领域的对话渠道，增强经贸关系的弹性。

在非传统安全威胁领域，应深化合作，形成中美关系新的利益共同点。冷战后，特别是“9·11”事件之后，非传统安全威胁引起了国际社会的普遍关注。恐怖主义、海盗、跨国犯罪、大规模杀伤性武器扩散、流行病、自然灾害等非传统安全威胁具有全球性和流动性的特点，非一国之力所能及。中美应加强在非传统安全领域内的交流与合作，建立联络机制，探讨具体的合作方式方法。在目前传统安全领域互信进展缓慢的情况下，中美可从非传统安全领域着手建立互信，探讨安全领域互信的途径。

（二）建立多领域、立体化的磋商机制，增强中美关系的可控性

中美两国存在许多共同利益，也存在许多矛盾和分歧。随着交往的日益增多，中美在共同利益不断扩大的同时，矛盾与分歧也有泛化和深化的趋势。当前，为了维护中美关系的稳定和健康发展，有必要建立多领域、立体化的磋商机制，以有效解决两国关系中的矛盾和分歧，及时应对可能的摩擦与冲突，把矛盾和分歧控制在领域之内和较低层次上，使之不至于对中美关系造成大的冲击。

近年来，中美加强了在教育、科研、能源、环保等多个领域的磋商与合作，有效化解了矛盾和分歧，增进了互信。特别值得提出的是中美战略经济对话机制。该机制自 2006 年 9 月启动以来，已经有效覆盖了宏观经济、能源节约、贸易促进、反对贸易保护主义和投资保护主义等领域，双方通过对话机制，加强沟通协调，战略互信不断加深，各领域合作不断扩大，取得了一大批互利共赢成果。能源和环境合作、产品质量和食品安全等领域合作更成为中美两国建设性合作的亮点。特别是在 2008 年应对国际金融危机过程中，双方充分利用对话机制进行及时、充分、深入的沟通，为两国加强政策协调、共同应对危机提供了重要平台。事实表明，中美战略经济对话机制的建立，是富有远见和卓有成效的。[①] 美国财政部长保尔森也认为："这一决策使我们之间确立了最为直接有效的接触，并通过这种接触来解决我们之间的

① "第五次中美战略经济对话开幕 王岐山和保尔森共同主持"，2008 年 12 月 4 日，参见：http://world.people.com.cn/GB/41214/8464286.html。

各种复杂、困难的问题。"[1] 未来，中美应固化和加强这一机制，并把这种做法推广到其他领域。

两国在安全领域磋商机制方面也存在着显著进展。目前，中美军事磋商机制主要有两个：中美防务磋商机制和中美海上军事安全磋商机制。1996 年，时任中国国防部长迟浩田上将访美时，双方决定举行副部级不定期会晤。1997 年 10 月，江泽民主席访美，两国发表的《中美联合声明》确定了两国国防部长定期举行防务磋商。1997 年，中美双方就建立海上军事安全磋商机制达成协议。1998 年 1 月，两国国防部长正式签署了《关于建立加强海上军事安全磋商机制的协定》。上述机制已成为两国防务部门增进了解、建立互信、加强交流与合作的重要渠道。中美军事热线也于 2008 年 4 月正式开通。将来，中美应将重点放在现有军事磋商机制的深化上，为军事磋商充实内容，进一步加强双边军事交流。

（三）稳定周边，打破美国的战略围堵

近年来，美国努力打造对华战略包围。发展与日、韩、澳及东南亚国家的同盟、准同盟关系，拉拢印度，利用反恐战争进驻南亚和中亚，美国一系列的举动均是这种意图的体现。中国以睦邻友好的周边外交为核心，以"伙伴关系"框架为主线，一定程度上挫败了美国的战略企图。未来，中国应加强与本地区各国的合作，扩大共同利益，逐步消除这些国家对中国崛起的疑虑，增强他们与中国之间的利益依存度，推动这些国家内部的稳定发展及地区和平，以此来缓解、抵消美国对中国的地缘战略布局。

---

① "美国财政部长保尔森在第五次战略经济对话开幕式上的发言"，2008 年 12 月 4 日，参见：http：//world. people. com. cn/GB/41214/8464286. html。

二、积极开展多边外交，发展新型大国关系

大国间关系具有鲜明的联动性特点。这一点充分体现在中、美、俄和中、美、日等三角关系的互动过程中。中美关系是中国对外关系中的重中之重，但并非唯一的重点。中国与其他大国保持健康稳定的关系同样具有举足轻重的地位，可以使中国在国际社会中有更大的主动与回旋余地，客观上对中美关系也具有促进作用。20世纪90年代中期，我国领导人根据冷战后大国关系的特点提出了以不结盟、不对抗、不针对第三方为主要特征的新型大国关系，较好发展了与俄罗斯、日本、欧盟及美国的关系。当今，中国仍要坚定不移地发展均衡和非对抗性的大国关系，通过稳定的多边关系为中国崛起构筑起有利的战略态势和安全环境。

在中俄关系上，中国要继续深化与俄罗斯的战略协作伙伴关系，增进了解和信任，加强两国在各个领域的共识，扩大共同利益。在发展中俄关系时，要特别注意两国与美国的关系。当前，中、美、俄三角关系仍然存在，美国凭借其超强实力在三角关系中占据有利地位。俄罗斯与中国加强关系在一定程度上是出于抵御美国战略压力的考虑。在处理中俄关系时，对这一点要有足够的认识，应注意进一步发掘和扩大中俄之间的共同利益，不能仅仅依赖两国在战略上的相互借重。中国在处理周边关系时要充分考虑俄罗斯的地缘政治利益，尊重其历史和民族感情，多进行协调与沟通。同时，中俄应致力于扩大经贸关系，加强经贸领域的共同利益。两国经济结构是互补的，在能源、农业、轻工业、航空航天等领域均有广泛的发展潜力，因此具有巨大的合作空间。中俄两国应当把这种巨大潜力变成现实。

在中日关系上，两国应稳定和加强经贸合作，增加中日关系

的可控性，建立有效的对话和协商机制以缩小和化解分歧，逐步建立互信。中日两国的经贸关系符合两国利益，并一直在中日关系中发挥着“稳定器”作用，但近年来“政冷”对经贸关系的负面作用已经有所显现，两国应共同采取措施稳定经贸关系。在历史问题、岛屿与海洋权益争端等主要分歧上，两国应加强共同研究和磋商，理性处理矛盾与分歧，保持经常性的沟通与磋商，把矛盾控制在领域内和较低层次上，避免发展成危机，进而冲击两国关系的大局。另外，应努力为中日关系添加新的内容，降低矛盾和分歧。中日作为东亚的两个大国，理应为东亚的和平与发展负起更大的责任，发挥更大的作用，中日可在加强地区经济合作、建立地区安全机制方面建立起合作的新领域。

在中欧关系上，中国应将重点放在发展中欧之间的经贸关系上，在政治关系上力求稳定和促进对话，在照顾欧盟整体的同时认真对待与各成员国的关系。应该看到，中欧关系在顺利发展的同时也面临一系列问题。比如，中欧贸易摩擦在大幅上升，目前欧盟已成为对华实施反倾销最多的地区。① 在政治关系方面，欧盟虽表示中国重新成为世界大国是巨大的机遇，② 支持世界多极化，但同时又与美国保持着密切关系。部分欧盟成员国不断利用西藏、台湾等问题干涉中国内政，对中国崛起持怀疑甚至敌视态度。发展中欧关系应充分考虑到这些分歧，在加强交流与沟通的同时，坚持求同存异的原则，坚持国家利益和独立自主。另外，应密切关注欧盟自身的发展，在政策上应对欧盟不同的成员国要

① 曹用：“中欧关系发展现状与对策分析”，《国际关系学报》2007 年第 2 期，第 24 页。

② “中国成为世界大国看来不可阻挡”，［德］《经济周刊》2002 年 4 月 4 日，见叶自成：《中国大战略——中国成为世界大国的主要问题及战略选择》，北京：中国社会科学出版社，2003 年版，第 269 页。

有所区别。

三、立足自身发展，加强交流与合作，实现国家的和平崛起

近年来，美、日等大国逐步调整对中国崛起的态度，由原来的“中国威胁”到现在的“中国责任”。虽然，“中国责任”并不意味着西方大国改变了敌视中国的态度，但从中我们可以看出一些积极的变化：一是“中国责任”说明西方大国开始接受中国发展壮大的现实，承认中国作为世界大国的作用和影响。二是相对于“中国威胁”，“中国责任”淡化了对抗的一面，强调了合作的一面。西方大国对中国态度的变化再次阐释了“实力才是硬道理”这句话的深刻内涵，中国的当务之急仍是发展自己，壮大自己，只有发展才是大国改变对中国态度的唯一途径。同时，中国也要加强与大国的交流与合作，更多地参与国际事务，通过融入国际体系减轻崛起过程中的压力和阻力。

（一）牢牢把握战略机遇期，进一步提升综合国力

“睦邻之道无他，首在自强。”处理大国关系更是如此。对于中国这么一个正在崛起的社会主义大国来说，发展是实现与大国良好关系的根本和唯一途径。冷战后，西方大国先是渲染中国的“经济威胁”，随着中国的发展，现在却认为中国的经济增长是“机遇”。目前，西方把“中国威胁”的矛头主要指向中国军事现代化建设，批评中国大幅增长军费和缺乏透明度。这纯属是西方大国的无端指责，发展与国家实力相称的军事力量是任何一个国家的合法权力，更何况中国面对如此之多现实的安全威胁。随着中国的发展，能源问题、海上通道安全、海外利益保护等问题不断浮出水面，变得日益现实和紧迫。中国要协调好经济建设与国

防建设的关系，以富国强军推动综合国力的提升。

（二）加强与大国的交流与合作，更多地参与国际事务，树立负责任大国的良好形象

首先，要继续利用各种场合宣传中国和平崛起的理念，强调中国崛起是体系内的崛起，不会冲击现有的国际秩序。中国领导人近年来在这方面的努力已收到了回报，和平崛起论已经引起世界范围的广泛关注，正被越来越多的国家所接受。其次，与其他大国实现合作双赢，变“中国威胁”为“中国机遇”。目前，各大国已从中国的发展中得到了好处。日本企业界和政治界认为，中国已不再是“祸害”的源头，越来越像是一个“拯救者”，帮助日本10年来第一次实现持续的经济复苏。“中国经济对日本的贡献要大于美国的贡献。”[①] 美国《新闻周刊》2005年刊文认为，中国的经济增长给美国带来了显而易见的巨大好处。[②] 再次，积极参与国际事务，树立负责任大国的良好形象。进入21世纪以来，国际事务中越来越多地出现了中国的身影。中国要充分利用自身的地位和影响，为世界的和平与发展做出自己的贡献，在可能的范围内承担更多的国际义务，树立负责任大国的形象。

---

① 宿景祥、刘琳主编：《国外著名学者、政要论中国崛起》，北京：中共中央党校出版社，2007年版，第157页。

② 宿景祥、刘琳主编：《国外著名学者、政要论中国崛起》，北京：中共中央党校出版社，2007年版，第319页。

第七章

周边环境与中国国家安全

第一节 中国周边战略环境的基本特征与趋势

在国家安全中，地理环境是一项重要因素。地缘政治就是“从地理的观点上来考虑一国的安全问题，使由此得出的结论可为负责制订外交政策的政治家们直接和及时采用”。① 因此，中国国家安全战略筹划的一个基本前提，就是要把握中国周边战略环境的基本特征与变化趋势。

一、错综复杂的地缘战略特征

从地缘政治视角来看，中国是个海陆兼具的大国，中国的西

① [美] 尼古拉斯·斯皮克曼著：《和平地理学》(刘愈之译)，北京：商务印书馆，1965年版，第13页。

北部接近正如英国的地缘政治学家哈尔福德·麦金德所说的“心脏地带”，是通往“心脏地带”的战略通道。这一地缘条件“是它获取国际政治权力和资源的主要来源，是它能对地缘政治全局产生持续不断影响的基本条件”。[①] 中国的东部地区是美国学者斯皮克曼所称的“边缘地带”，这些地区经济发达，与外部世界联系紧密，是地缘政治的关键部位。所以，中国既是“心脏地带”之枢纽大国，又是“边缘地带”之关键力量。这一基本的地缘战略条件既为中国的和平发展提供了有利机遇，也为国家安全谋划提出了很高的要求。

具体而言，中国的周边地缘战略环境具有以下三个方面突出特征。

首先，中国的周边国家具有多样性特征。中国是世界上邻国最多的国家之一，周边国家多达28个，其中直接接壤的就有14个。麦金德认为：“在国际竞争中，邻国越多，特别是接壤的邻国越多越不利。”[②] 而中国恰恰就面临着这样复杂的地缘战略环境。在这些周边国家中，既有军事大国，又有经济大国；既有发达国家，又有发展中国家，还有新兴工业化国家；既有资本主义国家，又有社会主义国家和前社会主义国家；既有单一民族国家，又有多民族国家；既有传统上的友好国家，又有存在利益冲突及争端的国家。这种复杂的周边形势一方面为形成地区认同和利益协调带来难度，另一方面又为彼此间进行互利、互补合作提供了便利，对中国挑战和机遇兼而有之。

其次，中国的周边地区还是大国利益的交汇之地。冷战时

---

① 李义虎著：《地缘政治学：二分论及其超越》，北京大学出版社，2007年版，第253页。

② 朱听昌主编：《中国周边安全环境与安全战略》，北京：时事出版社，2002年版，第1页。

期，该地区就是美苏竞争的主要阵地之一。冷战结束后，中国周边的不少国家和地区都实现了经济的快速发展，战略地位进一步提升。美国、日本、俄罗斯、印度等主要战略力量在该地区都有着重要的经济利益和战略利益。日本、俄罗斯均是中国的近邻，亚洲的安全和繁荣与他们有着切身利害关系；美国作为唯一的超级大国，其利益触角无处不在，同中国的许多邻国都保持着密切交往；印度近年来综合国力迅速提升，其影响力正在日益超越南亚次大陆，成为亚太地区又一支重要战略力量。各大国利益相互交织进一步增加了中国周边形势的复杂性。

第三，中国的周边环境存在着传统安全威胁和非传统安全威胁的交织影响。中国周边热点地区较多、大国之间的战略竞争激烈。朝核问题、印巴克什米尔问题、台海问题、中日东海问题、南海争端问题对中国国家安全都构成了不同程度的挑战。进入21世纪以来，恐怖主义等非传统安全威胁成为中国周边日益突出的新问题。“9·11”事件之后，美国以反恐为由将军事力量投放到中亚，引发了地区矛盾的进一步升级，使巴基斯坦等国深受困扰，不仅使他们的国内局势出现动荡，也构成了对中国国家安全的新挑战。而以“东突”为代表的民族分裂主义、宗教极端主义、国际恐怖主义“三股势力”，更是对中国民族地区的安定团结和国家安全构成现实威胁。

在中国的总体外交战略构成中，大国外交、周边外交、发展中国家外交三位一体、不可分割。一国的发展不可避免地要对别国，特别是对周边国家产生影响。中国要实现发展，必然要以所在区域为依托，积极开展同周边国家的友好合作。因此，发展与周边国家的友好关系不仅是国内发展战略的需要，也是中国开创新的外交局面的需要，同时也是处理好与大国之间关系的需要。以“睦邻、安邻、富邻”为主要目标的周边外交是中国独立自主和平外交的重要组成部分，是和平外交在周边中的应用与具体表现，是中国包容兼蓄的传统文化精华在现代外交理念中的反映，是中国和平发展与和平崛起的战略基点。

政治上，中国要解决边界和领土主权问题，最终实现国家的统一，离不开与周边国家的磋商、合作；安全上，周边安全形势与中国国内社会的稳定和外部安全状况直接有关，而为国内现代化建设提供一个长期和平、稳定的周边环境则始终是中国外交的首要目标；经济上，中国在与周边国家的互利合作中获得了巨大的利益，与周边国家的贸易额占中国外贸总额的60％以上，从周边国家和地区获得的投资占吸引外资总额的70％以上。①

冷战结束后，中国共产党第三代领导集体总结建国以来周边外交的经验和教训，提出“稳定周边，立足亚太，放眼世界”的外交战略，并在周边外交中奉行睦邻友好政策。进入21世纪以来，中国新一届领导集体进一步将睦邻友好政策具体化，把“与邻为善，以邻为伴”作为周边外交的基本方针，以“睦邻、安邻、富邻”作为基本方针的具体化，这是中国外交政策史上的重大突破，意味着中国第一次拥有了明确而具体的周边外交政策。中国经略周边的外交战略已经取得明显成效，较之冷战时期和冷战后初期，中国的周边安全环境已经有了重大改善。

另一方面，由于中国周边战略环境高度复杂，来自周边地区的安全压力始终存在，在一定条件下，这种安全压力有可能转化为直接的安全威胁，构成对中国和平发展与和平崛起的制约因素。对此，我们应当有充分的估计。从周边战略环境的发展趋势来看，诸大国在中国周边展开的战略竞争以及由发展而

① 王毅：“与邻为善，以邻为伴”，《求是》，2003年第4期，第19页。

带来的安全压力，是未来中国周边战略环境中两个潜在的不利因素。

二、日益加剧的周边战略竞争态势

冷战结束以后，特别是“9·11”事件以来，各大国在中国周边地区进行战略竞争的态势明显加强，对中国的国家安全构成了严峻挑战。这些战略竞争背后的驱动因素各有不同，有些是直接出于防范和遏制中国崛起的考虑，有些是由周边地区的热点问题或非传统安全问题引发，有些则是其他大国相互之间的战略竞争。然而，无论这些战略竞争的目标是否直接针对中国，但由于发生在中国的周边地区，客观上都形成了对中国国家安全的战略压力。

（一）美国是当今世界的唯一超级大国，是中国周边最重要的战略力量

进入21世纪以来，美国对亚太地区的关注与投入明显增强，在中国周边地区不断投棋布子。具体表现在：

首先，调整全球军事部署，加强亚太地区的军事存在。美新一轮全球军事调整重点是加强在亚太地区的军力，完善作战指挥体制，加强军事基地建设，提高对该地区安全事务的反应能力和干预能力。（1）改组、整合和完善太平洋美军作战指挥体制，裁撤驻日、驻韩美军指挥部，建立“东北亚司令部”，统一指挥协调美军在东北亚的行动，辖区包括朝鲜半岛、日本及台湾海峡，以提升其协同和跨区作战能力。（2）加强以关岛为核心的战略基地建设，强化在西太平洋的海空军力量。准备将关岛建成美在西太平洋地区最大的海空军保障基地、最大的弹药储存基地，并先

后与新加坡、马来西亚、印尼、文莱、泰国、菲律宾等国签署了有关军事基地的使用协定。(3)借反恐之名谋求在阿富汗和中亚建立永久性军事基地，强化与中亚各国在军事、政治和经济上的联系。(4)制定在亚太地区部署导弹防御系统的中长期规划，构建美、日、澳导弹防御系统网，并企图将印度、台湾地区纳入其中。

其次，强化与传统盟国的军事安全合作，并竭力扩大盟友队伍。(1)强化与日、澳、韩等传统盟友的合作。将美日同盟作为美在亚太战略的基石，强调美日同盟的核心作用，竭力推动日本成为其全球伙伴，强化军事同盟，建立深层次、全方位、宽领域的合作机制。2005年3月，美日外交部长和国防部长在华盛顿召开安全磋商委员会例会并发表联合声明，拓展和充实美日同盟的领域、内涵和层次，第一次把安全合作范围扩大到中国台湾、南海直至印度洋，明确列出两国在地区乃至全球的共同战略目标，强调将在同盟框架内加强在国际事务、地区安全等领域的协调与合作，将朝鲜半岛、大规模武器扩散、中国军事动向、海上战略通道等作为共同战略目标，大力拓展和提升美日同盟关系。将澳大利亚纳入导弹防御计划，在澳建立两国联合军事训练中心，以强化美澳同盟。借朝核问题加强与韩国的军事合作。(2)竭力扩大盟友队伍。加强与菲律宾、泰国、新加坡的军事关系，并与之频繁举行联合军演，甚至在2003年10月和2004年3月先后宣布菲律宾、巴基斯坦为其非北约盟国。不断加强与蒙古国的军事合作，建立准军事同盟关系。日益加强与印度的军事交流与合作，加大对印军售力度。

(二)日本是美国在亚洲最重要的盟国

进入21世纪以来，日本在继续倚重日美同盟的基础上，开始更加积极地进行战略调整。这种调整最突出的表现就是，日本在“普通国家”的幌子下向“军事大国”迈进，加速“普通国家化”成为日本各派政治力量的战略共识。而这背后的驱动力，除了日本国内社会思潮在冷战后整体趋于保守化、其经济实力上升产生的推动力之外，应对中国的崛起也是一个不可忽视的深层原因。诚如有些舆论指出的那样，“要切实了解美日战略伙伴关系，还必须将这个至关重要的因素放在更大的地缘战略区来考虑，并要看到中国崛起所造成的力量均势的变化”。[①] 冷战结束后，“随着中国变得更加强大、更加自信，日本有许多人感到愈来愈不安全”。[②] 日本推行对美国“一边倒”的外交政策，企图联美制华。

1995年11月日本内阁通过了新《防卫计划大纲》，在这份阐述冷战结束后日本防卫基本方针的文件中，日美同盟的作用被定位为地区安全与国际合作。随着《日美安全保障联合宣言》、《新日美防卫合作指针》、《周边事态法》等的相继通过与公布，遏制和干预“周边事态”成为冷战结束后日美军事同盟的一项新使命，参与国际军事事务被确定为冷战结束后自卫队的主要任务之一，日本实现了防卫战略由内向型“本土防卫”向外向型“联合干预”的转变。“9·11”事件发生之后，美国把国家战略重心转向了反恐战争，日本则趁机结合与其防卫政策调整，试图直接突破战后和平宪法的制约，向真正意义上的军事大国过渡。

---

① ［美］费德里科·博尔多纳罗：“金钱遭遇导弹”，香港：《亚洲时报在线》2006年3月28日。

② ［美］托马斯·J·克里斯滕森：“台湾积极加入TMD高层系统的政治影响大于军事影响”，载于陈舟著：《美国的安全战略与东亚——美国著名国际战略专家访谈录》，北京：世界知识出版社，2002年版，第137页。

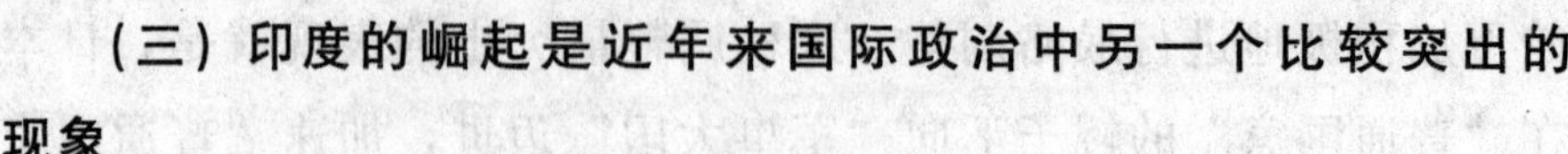

（三）印度的崛起是近年来国际政治中另一个比较突出的现象

对印度来说，同中国进行战略竞争是其崛起的重要动力之一。印度政治家对此并不讳言，他说："我们必须记住，最大的现实是中印之间的不对称。相对于印度来说，中国更大的经济实力和军事实力使印度警觉到，中印关系完全不是基于相互尊重。（对华关系的）目的应是营造一种稳定的氛围，以改变上述不平衡，以及减轻中国政策中的这部分内容，这就是印度政策和战略的关注点。"[①] 毋庸讳言，中印两国还缺少互信，其原因主要有以下三个方面：（1）历史上两国曾发生过战争，中印两国短暂的敌对冲突产生了长期的消极影响，给双方都留下了心理上的阴影，特别是印方难以走出"战败受辱"的阴影。（2）中印两国相邻，在地缘政治上难免有利益关注的交叉点和冲突点。（3）在较长时期里，印度追求大国地位的战略目标并要与中国平起平坐的思想，使其视中国为战略竞争对手，中国力量的增长和强大被视为对印度最大的潜在威胁。这种缺乏互信而导致的战略竞争的一个突出例证就是印度在1998年进行了核试验。尽管印度核试验的直接目标是争取世界大国地位，进一步赢得与邻国巴基斯坦的优势，但其同样重要的借口就是中国已经是一个核大国，为了维护自身的安全，印度也必须拥有核武器。在印度看来，核试验改变了其与中国之间的力量不对称，恢复了亚太地区的力量平衡，特别是因为苏联从亚洲抽身而导致有利于中国在亚洲力量对比的局面。

此外，印度正逐渐将目光超越南亚次大陆，谋求与其他大国

---

① J. N. Dixit, *India's Foreign Policy and Its Neighbors*, New Delhi: Gyan Publishing House, 2001, p. 248.

建立战略关系，其中不乏防范中国的考虑。印度在冷战结束伊始就提出“东向”政策，在其初始阶段的目标主要是恢复与东南亚国家的传统关系，将经济合作视为其政策的重点，该政策已取得了一定成果，但显然没有停留在这一点上。有印度学者指出，“东向”政策使“印度得以摆脱了次大陆和东南亚之间人为设置的政治壁垒，现已进入了该政策的第二阶段，为印度自独立以来的外交战略开启了一扇大门，即跳出严重限制印度战略选择的次大陆政治局限”。[①] 印度的这种看法已引起美日等亚太大国的注意，与日本首相安倍上台伊始就着力提出的建设所谓“价值观相同”的“美日印澳”同盟的主张不谋而合。印度与美日等国战略上的接近，是中国周边安全环境中一个不可忽视的长期问题。

（四）普京执政下的俄罗斯经济持续增长，社会保持基本稳定

今天的俄罗斯已经在相当程度上摆脱了苏联解体后的贫弱状态，GDP的年增长率为7%，从1999年2000亿美元增至2006年的9200亿美元，已经成为世界上经济发展最快的国家之一。

近几年来，俄美之间的紧张关系加剧，俄罗斯综合国力的恢复与提升是俄罗斯敢于同西方针锋相对的重要支撑因素。虽然两国战略竞争的重点主要集中在东欧、高加索、中东等地区，但由于俄美双方都是中国周边有重要影响力的大国，在中国周边也都有重大利益关切，其战略竞争的态势仍会不可避免地波及到中国周边地区。

自2003年以来，俄美两国在双边关系及国际政治领域的一些关键问题上出现了非常严重的对立。诸如从俄罗斯内部民主化、北约东扩、联合国安理会有关科索沃的决议草案、爱沙尼亚

---

① Raja Mohan, “Look East Policy: Phase Two,” *The Hindu*, October 9, 2003.

苏军二战纪念像风波到伊朗的核计划、俄向叙利亚和委内瑞拉出售军事装备等，双方立场观点南辕北辙。2007 年年初，美国在波兰和捷克部署导弹防御系统的举动犹如一根导火索，引发俄美各种分歧全面爆发。美国不仅把俄罗斯从"民主"国家名单中剔除，而且还把他列入"独裁"国家名单。为此，俄罗斯愤然退出《欧洲常规武装力量条约》。2008 年 8 月的俄（罗斯）格（鲁吉亚）武装冲突，更使俄罗斯与以美国为首的西方世界的对立达到冷战结束以来的顶点。

值得注意的是，美俄两国的战略竞争也扩展到了中国周边地区，地处反恐前线、能源丰富的中亚地区成为美俄较量的一个重要舞台。美国为防范俄罗斯对其全球霸权形成挑战，一直希望在素有俄罗斯"软腹部"之称的中亚地区占据战略优势，以巩固其东西两翼的战略连接点。"9·11"事件后藉反恐旗号，美国军事力量进驻中亚核心区域。同时，美国等西方国家还积极在中亚策动掀起"颜色革命"风潮，2005 年 3 月的吉尔吉斯斯坦"郁金香革命"以及同年 5 月乌兹别克斯坦的"安集延事件"，造成了中亚形势的动荡。俄罗斯初则利用其在独联体集体安全条约组织和上海合作组织的有利地位，提出了美军军事力量撤出中亚地区的要求。继则于 2005 年 9 月 18 日，俄罗斯突然单方面叫停"萨哈林—2"油气项目，使得西方三家公司遭受严重损失。同年 11 月，俄罗斯又先后同乌兹别克斯坦、哈萨克斯坦和土库曼斯坦等中亚国家以条约形式加强了能源合作，从而使美国设计的从波罗的海到中亚的"弧形橙色地带"的一端落空。

此外，俄美在军事安全领域的竞争也进一步加剧。为了应对美国在东欧部署导弹防御体系而带来的挑战和威胁，俄罗斯方面也积极研究破解之法，一方面大力研发"能穿透任何导弹防御系统"的远程导弹和"高精度杀伤性武器"，不断加强和完善防空系统。另一方面由于美国退出“反导条约”，昔日维持全球战略平衡和稳定的基石已不复存在，美俄两国事实上不仅失去了双边核裁军的基础和兴趣，而且在整个军控领域也失去了进行合作的动力，美俄之间的主要军控条约，在今后不长的时间内将陆续失效。《削减和限制进攻性战略武器条约》有效期将于2009年12月5日到期。现在没有任何迹象表明，美俄愿意或有可能就新的裁军条约作出安排。他们面临的将是40年来首次出现没有限制和削减进攻性与防御性武器条约的局面。尽管美俄军事安全关系的恶化并非由中国周边地区的问题而引起的，但是由于美俄两国在军事安全领域都是具有世界影响的大国，因此美俄战略竞争的态势仍将给中国周边安全环境带来长期潜在的不利影响。

三、由发展带来的安全压力

和平与发展是当今时代的主题。发展是世界各国普遍关注的问题和共同追求的目标。从一般意义上来说，和平与发展互为条件，互相促进。发展是维护和平、保障国家安全最切实可靠的手段。中国改革开放30年来的历程就充分说明了这个道理。中国周边安全环境的总体改善，也得益于中国的长期发展。未来中国周边安全环境的进一步改善，仍然要靠发展特别是中国和周边国家的共同发展来解决，这也是中国“睦邻、安邻、富邻”周边外交政策所希望的。事实上，随着中国与周边国家经济关系日益加强，地区国家普遍从中国经济快速发展中受益，主动寻求与中国保持稳定友好的关系。

然而，问题还有另外一个方面：在特定的时空范围内，发展、尤其是不平衡的发展，也会在一定程度上带来新的矛盾。国家安全战略筹划诚然要着眼全局、着眼长远，但是对局部时空范围内的问题如果重视不足、把握不好的话，也会对我产生不利影响。因此，当前应特别要关注由于发展而带来的安全压力问题，总结经验，设法防范和化解这类问题。

对于中国来说，由发展而带来的安全压力主要表现在以下三个方面：

第一，由发展不平衡而带来的安全压力。这里的“不平衡”主要是指中国的发展速度大大高于周边乃至世界其他国家的一般水平，由此而导致其他国家的不适应乃至疑虑、恐惧心理，更有甚者，把中国的快速发展视为对现有国际体系和不公正、不合理的国际秩序的威胁。在国际关系领域，这一问题突出表现为中国崛起面临的安全困境。

布热津斯基和米尔斯海姆等认为：“作为现存国际体系主导者，美国的国家利益又是与美国在国际体系中的霸权地位紧紧联系在一起，在这种情形下，美国对中国的担心就难以避免，甚至认为，中国崛起必将威胁美国，崛起的中国与仍然还处于霸权地位但正在走向衰落的美国必然爆发冲突。这是守成霸权国家与新兴霸权国家之间无法避免的最后摊牌。也就是说，两个‘巨人’之间必然要爆发冲突。”[①] 中国近年来迅速崛起而导致美国猜疑和防范中国的心理不断加强，是“中美关系好也好不到哪里去”的一个重要背景。

美国防部于 2006 年 1 月向国会提交《四年防务评估报告》，重申美军“同时进行两场战争”的能力，维护对东北亚、东亚、中东等全球重点地区的控制力。美国的对外战略重点正

---

① Zbignew Brezinsiki and John J. Mearsheimer, “Clash of the Titans,” *Foreign Affairs*, Vol. 146, January/February, 2005, pp. 46—50.

在发生重大转变，由过去的反恐优先战略逐渐转向反恐反扩散与防范大国崛起两者并重的战略。同盟体系的重点则从美欧大西洋伙伴关系转变为大力加强美日同盟和美印战略关系。“美国及其盟友必须防范主要的以及正在崛起的国家在未来选择敌对道路的可能性。”[①] 因此而出现要对一个崛起中的中国进行遏制的趋势，并且这将有可能成为美国和亚洲国家战略的一个重要的组成部分。

近年来，中日关系恶化的主要背景是两国经济实力对比发生了变化。这一客观背景不会因日本首相更迭而发生根本性改变。战后，日本经济持续、高速增长，创造了一个又一个世界经济奇迹，是战后西方经济中不可多得的“优等生”。但到了20世纪90年代以后，日本经济泡沫破灭，进入长达十几年的低迷期，使其在国际经济中的地位和影响力有所下降。与此同时，中国经济经过近30年的高增长，实力明显上升，与国际经济的融入度也不断加深，在世界经济和国际贸易领域的影响力日益增强。舆论普遍认为，中国经济大有赶超日本经济之势。这一实力对比的剧烈变化，让自1867年“明治维新”以来始终处于亚洲领先地位的日本缺乏思想准备，日本决策层和普通公众很难接受。日本某些政治家既看重中国广阔的市场前景，希望从中国的迅速发展中获得实惠，又对中国的发展心存疑惧，担心中国的崛起将威胁到他在亚洲乃至世界的既有地位和利益。这种复杂心态导致日本的对华政策表现出空前的矛盾性。

第二，由发展模式而带来的安全压力。就当前中国而言，这主要是指中国的快速发展日益依赖海外的能源，而这种能源依赖型发展模式既使发展过程本身变得日益脆弱、不稳定，同时也带

---

① Quadrennial Defense Review Report，2006，p. 128.

来了高度的外部安全风险。

随着中国能源短缺，对外进口石油依赖度的加强，关系到中国经济可持续发展和中国国家安全的能源安全问题已是至关重要。中国目前每天大约进口 350 万桶石油，几乎占了其日消耗量的一半。中国在世界石油市场上的需求份额大约是 9%，在 2000—2005 年间，中国几乎占了世界能源消耗增长的一半。[①] 按照国际能源署《世界能源展望 2007——中国和印度透析》的看法，"中国的人口数是美国的四倍，2010 年以后将很快超过美国而成为世界最大的能源消费国。"[②] 中国的能源安全还取决于能源进口来源地的政治经济状况和海上通道的安全，但是这两方面的现状却让中国石油安全问题受到严重的威胁。目前，中国的石油能源主要来自于波斯湾、非洲及南美地区。而这些能源是否能够成功安全地运送到中国，关键是要突破所谓的"马六甲困局"。在每天通过马六甲海峡的近 140 艘船只中，近 60%是中国船只，中国所需 80%左右的石油靠这条航道运输。马六甲海峡已经与中国经济安全息息相关。这个由新加坡、马来西亚和印度尼西亚三国共管的海峡，直接扼住东亚国家的能源咽喉。目前，美、日、印度和东南亚一些国家的海军都在此布防。一方面是为了打击海盗，另一方面更重要的是为了扩大在这一地区的政治和军事影响。中国对马六甲海峡除了政治与外交影响以外，几乎没有任何军事影响能力。在目前中国 80%以上的能源运输通道掌握在别国

---

① Erica S. Downs, "China Energy Security Series," *The Brookings Foreign Policy Studies*, Washington D.C.: The Brookings Institution, December 2006, http://www.brookings.edu/reports/2006/12china.aspx.

② International Energy Agency, World Energy Outlook 2007-China and India Insights, Paris: International Energy Agency, 2007, p. 144. http://www.worldenergyoutlook.org/2007.asp.

军事力量控制之中的状态下，对这条通道的过度依赖，给中国的能源安全带来了重大的潜在威胁。

中国在东海、南海的海洋能源开发问题上，与日本及东盟部分国家存在严重争议。这些争端已经成为中国周边安全的重大隐患。中国在中亚的能源探索取得了一定的成绩，但值得注意的是，中国在中亚的一切政治、经济活动的展开都无法忽视俄美的影响。俄美在中亚经营多年，特别是美国在中亚的军事和经济存在，对中国的能源安全有很大影响。美俄两国都可能利用其对中亚政局、经济和安全上的影响力，对某些涉华能源项目设置障碍。

第三，由发展利益而带来的安全压力。一个国家的发展利益是动态延展的，一个国家发展得越快，其利益延伸与拓展范围也就越广。而这种不断延伸拓展的发展利益往往会与其他国家的发展利益产生碰撞冲突，从而带来安全压力。当然，发展并不是零和游戏，各国间的发展利益也并不总是相互冲突的，处理得当的话，各国的发展利益交织在一起，有可能成为地区安全的切实保障。然而，在特定时空内，发展利益仍有可能造成相关国家的安全两难困境。在这方面，中国面临的最突出困境就是由发展而带来的海洋权益问题，以及由海洋权益冲突而带来的安全压力。

地缘政治学创始人拉采尔曾说过："只有海洋才能造就真正的世界强国。跨过海洋这一步在任何民族的历史上都是一个重大事件。"[①] 我国的周边国家大都高度重视海洋权益的维护和争取。美国 2000 年通过《海洋法令》，2004 年出台《21 世纪海洋蓝

---

① ［英］杰弗里·帕克著：《二十世纪的西方地理政治思想》（李亦鸣等译），北京：解放军出版社，1992 年版，第 63 页。

图》，并在《美国海洋行动计划》中对落实海洋蓝图提出具体措施。俄罗斯2001年制定《俄罗斯联邦至2020年间的海洋政策》，首次公布国家级海洋政策。日本2004年发布第一部海洋白皮书，提出对海洋实施综合管理，并对如何有效地在国际海洋秩序形成过程中维护和扩大本国权益、如何解决海盗、恐怖袭击等非传统安全问题、如何在岛屿主权和海域争端中占据优势等问题表现出极大关注。同时，日本还积极扩充海上自卫队力量，由“近海专守防御”转变为“远洋积极防御”战略。韩国出台《韩国21世纪海洋》国家战略，旨在通过开发和利用海洋使韩国成为超级海洋强国。印度海洋战略强调印度海军不但要保卫漫长的海岸线、岛屿领土及专属经济区，还要控制邻国并对邻国进行有效干预，阻止外部大国的渗透，战时则实施歼敌于海上或进行有效的海上封锁。印度还要求具备控制苏伊士运河、霍尔木兹海峡、马六甲海峡等印度洋战略要地的能力，其最终目标是将印度洋变成“印度的内湖”。印度尼西亚、菲律宾、马来西亚、越南也都制定了本国的海洋战略。

相比之下，中国的海洋意识和海洋权益保护仍然处在低层次水平，还未提升到战略国策的高度。目前我国存在着资源被掠夺、岛屿被侵占、划界有争议、海洋国土被分割以及多元化威胁的局面。我国有三个海区与邻国在权益上有争议。在南海地区，中国有40多个岛礁被其他国家侵占，在所谓的“争议区”搭建有近千座外国石油钻井平台，每年开采油气5000万吨以上，而中国至今没有一口钻井。而且，美国等大国利用南海问题鼓吹“中国威胁论”，企图将南海问题国际化。在东海地区，中日之间在划界问题上的争端更是影响近年来中日关系发展的一个重要瓶颈。

第二节　经略周边的战略思考

战略筹划必须居安思危，虽然当前中国周边安全环境处于总体良好的态势，但是经略周边仍需着眼于消除安全环境中存在的不安定因素和各种隐患。未来中国周边安全战略的谋划，应当重点关注以下互相联系的四个层次的问题：一是化解与邻国领土边界争端；二是积极参与周边热点问题的解决；三是通过参与构建多边机制营造睦邻和谐的周边安全圈；四是构建与周边主要战略力量的建设性关系架构。事实上，自冷战结束以来，中国周边安全战略已经在这四个层次上取得了相当丰富的成果，积累了大量宝贵经验。今后努力的方向，应当是在已有成果基础上，全面深化这四个层次的努力。

一、有效化解与邻国的争端

领土边界问题是国家与国家之间争端与冲突的一个重要根源。中国是一个海陆邻国众多的国家，历史上与邻国存在大量领土边界争议。新中国成立以后，特别是冷战结束后中国在解决与邻国领土边界问题上取得了巨大进展，解决了除中印边界之外的其他陆地边界问题。

当前，中国与周边邻国存在的主要边界争议有三个方向：一是中印边界问题；二是中日东海争端问题；三是中国与部分东盟国家的南海争端。

中印关系中有边界争端、“西藏问题”、中巴友好等症结，但根源还是边界领土争端。中印之间存在争议的领土分为东、中、西三段，总面积约为 12.5 万平方公里。冷战结束后，中印双方在致力于解决领土边界问题而建立互信机制的努力取得积极进展。从 1993 年开始，两国签署了《关于在中印边境实际控制线地区保持和平与安宁的协定》（1993）、《中印两国政府关于在中印边境实际控制线地区军事领域建立信任措施的协定》（1996）、《中华人民共和国和印度共和国关系原则和全面合作的宣言》（2003）等一系列重要文件。2005 年温家宝总理访印期间两国又签署了《解决中印边界问题政治指导原则的协定》，这一协定是中印边界谈判取得突破性进展的重要标志。然而也应看到，自该协定签署以来，尽管中印双方又进行了多轮次谈判，关于有争议地区的领土归属问题仍未能达成任何具体成果，这预示着中印边界问题的彻底解决仍有很长的路要走。

这里的关键问题在于，中印双方如何既尊重历史又照顾现实，在互谅互让基础上从更高的政治层面上达成一致观点与认识。印度是中印边界领土争端的“既得利益者”。尽管印度政府一再重申要公正、公平、合理地解决中印边界争端，但印度国内舆论提出了对中国西部边界领土的要求，质疑中国为何能在解决与缅甸、俄罗斯、越南和中亚国家领土争端时表现出谦让，而对印度却不行；认为中国提出的互谅互让地解决中印边界的原则，不是印度所应遵循的；认为麦克马洪线是中印铁定的边界线，中国没有理由作任何改动，主张要捍卫印度的“每一寸领土”。这些印国内社会舆论因素影响着印度中央政府的决断。此外值得注意的是，印度是世界四大文明古国之一，印度各民族对此有着很强的自豪感。但是，近两百年的英国殖民统治，在印度民族心中留下极其沉重的耻辱的同时，也激起了印度极强的自尊心和大国情结。印度开国元勋尼赫鲁曾坦言：“印度以它所处的地位，是不能在世界上扮演二等角色的，要么就做一个有声有色的大国，要么就销声匿迹。中间地位不能打动我。”[①] 然而，1962 年中印边界冲突的军事失败，极大地挫伤了印度民族的“自尊和体面”，成为不利于中印边界问题最终解决的无形因素。

对中国而言，中国领导人 1996 年阐述中国南亚政策的一段话，对于解决当前中印关系的现实问题是有意义的：“中国和南亚国家毗邻而居，有许多共同点，共同利益是主要的，邻国之间也难免会出现一些分歧或争议。我们主张求大同，存小异，对分歧和争议要着眼长远，从大局出发，通过协商谈判，求得公正、合理的解决。”[②] 其实，边界争端只是长期以来影响中印人民友好的一个直接因素，并不是最大的障碍，双方最大的障碍仍是心理和认知上的障碍。这一障碍的成因包括战争冲突因素，也有历史上英殖民主义统治埋下的祸根，更有双方政府、媒体、学术界、民间交流沟通的不足。中印边界问题的解决，最终需要两国站在 21 世纪的高度，发挥中印两个古老文明的政治智慧，在不断加深交往的进程中逐步化解。

中日东海海域划界问题近一段时期以来是困扰中日关系的最为重要、最为复杂的问题之一。从概念上说，中日东海海域划界问题是指近年来中日两国围绕东海海域划界问题所产生的争端以及与之相关的一系列问题，最早可以上溯至 20 世纪 70 年代。但是，这一争端正式成为两国关系的症结之一还是在 20 世纪 90 年代之后，特别是在 2004 年日方单方面对此大肆炒作之后。日本有舆论甚至声称中日东海海域划界问题是最有可能在中日之间引发军事对抗的问题，说什么“在东海专属经济区划界等问题上，日中之间也存在争端，如果日本未按中国能够接受的方式解决争

---

① ［印］尼赫鲁：《印度的发现》（齐文译），北京：世界知识出版社，1956 年版，第 57 页。

② “世代睦邻友好，共创美好未来”，《人民日报》1996 年 12 月 3 日。

端，中国很可能会采用‘非法步骤’对日本动用武力”。[1]

中日两国在东海划界以及资源开发问题上存在明显的战略误差。日本的做法是采取步骤实际控制有主权争议的钓鱼岛，并将其纳入大陆架调查战略，然后依据国际法的有关规定获得大陆架以及专属经济区的主权权利，在此基础上，再与中方协商划界以及资源开发等问题。中方的做法是强调《联合国海洋法公约》中的大陆架延伸原则，在东海问题上，主张先开发油气资源，然后再与有关国家协商划界。于是，在东海海域，中国的资源开发与日本的海洋权益主张就发生了直接的战略利益碰撞。

中日两国作为联合国的重要成员国、《联合国海洋法公约》的缔约国和东亚地区的大国，有责任和义务维护本地区的安全与稳定。为此，中日东海争端应在和平解决的大前提下，通过外交途径协商解决。第一，中日双方应从两国关系乃至维持东亚地区稳定的大局出发，搁置钓鱼岛主权争议，共同开发东海资源。第二，在东海划界原则上，双方应本着公平互谅精神，以“海岸线长度与海域成比例”原则进行协商划界。成比例原则是近年来在海洋划界中广泛使用的原则，具体指一国大陆架面积与其海岸线长度保持一定的比例关系，以体现大陆架划界的公平，它实质上也体现了国际法院所认可的“陆地主宰海洋”原则。第三，中日东海争端若经过长期的外交努力仍然无法得到圆满解决的话，可选择通过国际法庭（全庭或特别分庭）、海洋法法庭等途径来解决。特别是在钓鱼岛已被日本非法控制的情况下，中国如不采取积极有效的法律程序，不仅会

---

① “日本散布战争威胁编造中国军事攻击”，《环球时报》2004年11月10日。

被日本曲解为间接放弃对钓鱼岛的主权权利，而且在国际法上也将处于被动。2008 年 6 月，中日双方关于东海问题的磋商取得了重要进展，但同中印边界问题类似，中日东海问题的最终解决，将是一个长期的过程。

南海海域东濒菲律宾、西接越南，南达印尼、文莱，并沿西南方向伸入暹罗湾，总面积约 360 万平方公里，域内包括海上通道、岛屿、海峡水域。长期以来，南海地区一直是东亚三大安全热点之一，南海岛屿主权争议和海洋权益争端涉及众多国家，摩擦与冲突时有发生。对此，中国奉行“搁置争议、共同开发”的南海政策，对一些周边国家制造的相关事态保持了相当的克制，并积极推进与有关南海争端方的双边协商。中国同时也高度重视东盟对南海问题的影响，通过加强与东盟在南海安全问题上的合作，为未来南海问题的解决创造条件，从而使南海问题在一定程度上保持可控状态。2002 年，中国与东盟签署了《南海各方行为宣言》，南海局势趋于稳定。

南海问题所涉及的东南亚五国（越南、菲律宾、马来西亚、印尼、文莱）占了东盟成员国的一半，中国与上述国家在南海问题上的摩擦和矛盾构成了影响中国与东盟国家关系的一个重要因素。中国应在捍卫国家主权和海洋权益的同时，妥善处理中国与东盟国家的海洋权益争端，继续将“搁置争议，共同开发”作为解决南海问题的基本原则；与东南亚南海争端方国家进行双边友好协商，同时避免南海问题的国际化，尤其反对本地区以外的大国介入，不同意建立以东盟为一方，中国为另一方的磋商南沙问题的专门机构，[①] 保持与东盟在南海问题上的沟通，确保东盟不

---

① 陈峰君主编：《冷战后亚太国际关系》，北京：新华出版社，1999 年版，第 392 页。

致形成在南海问题上对中国不利的一致立场；此外，中国还应力争在南海区域安全机制的构建和海洋安全维护方面发挥更大的作用。

二、积极参与周边热点问题的解决

热点地区和热点问题众多是中国周边安全环境的一个重要特点。中国是有些热点问题（如南海问题）的直接当事方，而另一些热点问题，中国虽不是直接当事方，但中国与之仍然具有重大利益关切。当前，后一类热点问题主要有朝核问题、缅甸问题以及印巴战略竞争问题。值得注意的是，中国周边大致有三条主要地缘战略线：从朝鲜到东盟的东线、南亚次大陆方向的西南线、俄罗斯和中亚国家方向的北线，中国周边的热点地区和热点问题基本上都集中在这三条战略线的交叉点上。这一方面凸显了这些热点地区自身地缘枢纽的战略地位，另一方面也显示了这些热点问题对于中国整体地缘战略环境的重要影响——一旦这些热点问题能够消除，中国周边的三条地缘战略线就能紧密地联系在一起，从而形成一个和谐稳定的周边安全圈。积极参与这些周边热点问题的解决，不仅有助于切实维护中国的安全利益、改善周边安全环境，而且有助于树立中国负责任大国的形象，发挥中国的国际影响力。

二战后，东北亚成为国际政治关注的重心地带，它所处的特殊地缘政治地位使其具有更大的传播辐射力，成为各种政治力量和中心角逐的焦点，是国际战略格局中重要的地缘政治枢纽。布热津斯基在其地缘政治学著作《大棋局——美国的首要地位及其地缘战略》中指出，地缘政治支轴国家的重要性不是来自他们的力量和动机，而是来自他们所处的敏感地理位置以及他们潜在的脆弱状态对地缘战略棋手行为造成的影响。[①] 朝鲜半岛处于东北亚的核心地带，朝鲜和韩国正是这样的地缘政治支轴国家。

冷战结束后，朝鲜半岛“北三角”（朝、苏、中）与“南三角”（韩、美、日）对峙的均势结构不复存在，半岛局势呈现多样性和不确定性。可是，朝鲜半岛赖以维持稳定状态的法律依据是1953年签订的《停战协定》，而各当事国在半个多世纪后仍没达成和平协定，这是半岛局势不稳定的结构性根源。布什政府2002年初将朝鲜与伊朗、伊拉克等国称为“邪恶轴心”，还将朝列为核打击对象国之一。而朝鲜则选择以“超强硬对强硬”，不仅维持庞大的常规军事力量，而且还发展导弹，研发核武器。2002年10月美助理国务卿凯利访朝后，称朝承认其拥有浓缩铀计划，美方因而以朝鲜破坏1994年《框架协议》为由停止重油供应。“朝核危机”就此爆发。

朝核问题不仅是美朝的问题，同时也是东北亚地区安全问题、核扩散问题。对中国来说，朝鲜核武器有可能引起日本、韩国甚至中国台湾地区有核化的多米诺效应，这将深刻地影响东北亚安全环境，促使美国加速部署导弹防御系统；朝鲜半岛如果发生战争，将会在战略、经济、环境和人道主义方面产生难以估量的负面影响。从上述考虑出发，中国不断加大对朝核危机的外交调解力度，努力劝说各方回到谈判桌上来，最终促成了由美、朝、中、韩、日、俄参加的北京“六方会谈”的召开。从2003年8月至今，六方会谈共进行了六轮，中国为保证会谈的顺利举行做了非常巨大的外交努力，为有关当事国，特别是美朝两国通过谈判解决问题创造了有利条件。借助六方会谈，各国对其他各

---

① ［美］兹比格纽·布热津斯基：《大棋局——美国的首要地位及其地缘战略》，中国国际问题研究所译，上海人民出版社，1998年版，第55页。

方的立场和底线有了更为明确的了解，从而有助于各方调整政策以达成最终的妥协与和解。

应当看到，六方会谈机制的发展符合东北亚地区的政治现实，也符合六国和其他东北亚国家和地区的长远利益。朝核问题的解决最终需要在不断深化的东北亚安全机制中得到解决。在此过程中，中国应继续积极发挥对朝鲜的影响力，避免朝鲜被进一步边缘化，推动朝核问题与朝鲜半岛的安全保障问题共同解决。

缅甸是沟通东南亚、印度与中国的重要通道，也是沟通中国与印度洋的最佳中介。自 1988 年缅甸军政府上台以来，美国、欧盟从他们的“民主”和“人权”标准出发，一直对缅甸持“批评”态度，中止与军政府的往来，并且对其实行“制裁”。1993 年缅甸军政府监禁反对党领袖昂山素季，更加引发了西方世界的广泛“批评”。对“缅甸问题”，美国的态度尤为强硬。2005 年 1 月，美国国务卿赖斯将缅甸、朝鲜、古巴等国一起列入“暴政前哨”国家黑名单。同年 11 月，布什总统指责缅甸政府“是一个孤立、残暴、正在走回头路的最糟糕的政权”。美国等西方国家对缅甸的“批评抨击”除价值观的不同外，更主要的还是出于地缘战略的目的，其中不乏以缅甸问题牵制中国的用意。

缅甸政局稳定对中国社会稳定、经济发展至关重要。一个政局稳定、实现国内和解的缅甸符合中国的利益，有利于保证中国与其接壤省份的稳定，也有利于中国与缅甸发展正常的经贸关系。缅甸国内局势确实面临难民、儿童、艾滋病、人权、毒品等一系列严峻挑战，中方应敦促缅甸积极回应国际社会关切，在上述问题上显示更多的建设性和灵活性。但从本质上讲，缅甸问题仍属一个国家的内政问题。缅甸问题的解决，只能通过扩大政治对话、经贸交流等途径，而不能靠制裁的方式。今后中国应在深化中缅经贸交流的基础上，加强与缅方政治对话的力度，推动缅

甸平稳解决国内问题。

巴基斯坦是我国西出印度洋的关键所在。巴基斯坦位于中东、中亚、南亚乃至东亚地区交汇点。位于巴基斯坦南部的瓜达尔港临近波斯湾，距伊朗边境只有72公里，距世界石油运输要道霍尔木兹海峡（全球40%的石油都要途经此地运往世界各地）约400公里。因此，其紧扼从非洲、欧洲经红海、霍尔木兹海峡、波斯湾通往东亚、太平洋地区数条海上重要航线的咽喉。成为该地区转载、仓储、运输的海上中转港，是巴基斯坦战略价值的集中所在。巴基斯坦既是中国传统的友好国家，又是中国打击“三股势力”、维护西部边陲安全的重要屏障。

进入21世纪以来，随着印度经济的迅速崛起和大国影响力的不断增强，巴基斯坦在印巴战略竞争中处于愈来愈不利的态势。尤其是美国攻打阿富汗以来，巴基斯坦国内对政府的压力不断加大，恐怖袭击事件时有发生，国内矛盾有所激化。巴基斯坦正在成为中国周边的另一个热点。在这种情况下，中国应继续坚持和发扬中巴传统友谊，采取积极措施，帮助巴基斯坦渡过难关，将中巴关系推向新阶段。中方未来推进中巴关系可考虑以下两方面的内容：一是扩大对巴方的直接投资，全面参与巴方的经济建设，同时对巴基斯坦开放市场，提升中巴进出口贸易。二是推动中巴、中印关系协调发展，一方面，坚决不以巴基斯坦为代价来换取中印关系的改善，另一方面积极推动印巴两国的战略和解，使巴基斯坦认识到，其未来的战略出路不在于与印度争夺南亚大陆的主导权，而在于发展国民经济，发挥自身在中国、印度、穆斯林世界、西方世界之间的桥梁作用。

三、营造睦邻和谐的周边安全圈

在周边安全的战略筹划中，中国不仅应着眼于边界争端、地区热点问题的解决，而且应积极参与构建多边安全机制，通过多边机制使周边安全环境向更加可控、稳定的方向发展，以一系列多边机制为基础，营造睦邻和谐的周边安全圈。

上海合作组织（简称上合组织）是在传统安全合作的基础上建立起来的。最初的“上海五国”机制源于中国、俄罗斯、哈萨克斯坦、吉尔吉斯斯坦、塔吉克斯坦五国边界安全谈判。这五个国家通过建立一系列信任措施，彻底结束了中国北方边境持续30多年的军事对峙状态，基本理顺了各成员国之间的安全关系，推动各国之间的安全合作向更深层次发展。在“上海五国”的基础上，2001年6月乌兹别克斯坦加入，上海合作组织宣告成立。上合组织发展至今实现了两大历史性转变：一是“上海五国”机制转变为上海合作组织，完成组织体系的全面转型和深化。相对于“上海五国”机制，上合组织在组织结构、机制安排等方面更加完善，属于完整意义上的国际组织。通过多年实践，上合组织始终贯彻了以互信、互利、平等、协商、尊重多样文明、促进共同发展为基本内容的“上海精神”，为世界创建了一种新型国家关系、新型安全观、发展观和新型区域合作模式。二是由消除传统安全威胁转变为消除非传统安全威胁，旗帜鲜明地将打击恐怖主义、民族分裂主义、宗教极端主义作为中心任务。2002年以来，上海合作组织举行了数次双边和多边联合反恐军事演习，为反恐进行了必要的军事斗争准备和演练。2007年，该组织举行了“和平使命—2007”多边联合军事演习，这是上合组织成立以来规模最大的一次联合军事演习，震慑了“三股势力”，维护了地区安全与稳定。

上合组织的成立，标志着中国对国际事务的参与从此进入了一个新的历史阶段，是中国国家安全战略的重要转折。尽管中国与周边国家已经有许多较为重要的国际多边体制，如亚太经济合作组织、东南亚国家联盟、“10＋3”机制、欧亚首脑会议等，但上海合作组织是中国作为主要创立国的第一个地区多边组织，而且是第一个以反对和打击“三股势力”为主要任务的国际组织。正因如此，上海合作组织对于中国周边环境的改善和国家安全的维护具有特别重要的意义。

在东部方向，中国与东盟的“10＋1”伙伴关系，以及中日韩与东盟的“10＋3”机制已经成为中国的重要战略依托。中国与东盟的关系经历了一个从不信任到信任的转变过程。冷战时期，东盟及东南亚其他国家对中国怀有不同程度的疑虑甚至敌意。冷战结束后，中国与该地区国家的关系逐步改善。1997 年，中国与东盟宣布建立面向 21 世纪的睦邻互信伙伴关系，双方的互信关系迅速提升。中国和东盟 10 国分别签署双边关系框架文件或合作计划，推动中国和东盟各国的互信关系发展。在安全领域，2002 年双方签署了《中国与东盟关于非传统安全领域合作联合宣言》和《南海各方行为宣言》。2003 年 10 月，中国正式成为第一个加入《东南亚友好合作条约》的对话伙伴国，东盟则成为与中国建立战略伙伴关系的第一个地区组织。2004 年在中国召开了东盟地区论坛（ARF）框架下中国与东盟国家国防部副部长级会议，中国还与一些东盟国家开展了“海上联合双边演习”。此外，双方于 2002 年签署了《非传统安全领域合作联合声明》，于 2004 年签署了《非传统安全领域合作谅解备忘录》，制定了中长期合作规划，在反恐、非法移民、禁毒、执法、刑侦等领域开展了更加有效的合作。

中国与东盟的关系能如此快速、健康、全面地发展，主要原因是双方始终坚持“平等互信、合作共赢”的方针。这八个字是双方关系成功发展的经验总结，也是指导双方关系长远发展的指针。中国和东盟这种新型的战略伙伴关系，在国际社会中树立了大国与其周边中小国家和平共处、相互合作、实现共赢的典范。

就更大范围内的东亚区域合作而言，东盟与中、日、韩的“10＋3”机制是一个重要平台，1997年，亚洲金融危机的爆发促进了东亚地区合作的迅速发展，其重要标志是同年12月东盟发起召开的首届东亚国家首脑吉隆坡非正式会议，形成了“10＋3”和“10＋1”的合作形式。“10＋3”和“10＋1”合作是当代东亚地区最早的两种合作形式。其目标是以“10＋3”为主体，以“10＋1”为支撑，实现东亚区域合作，并在深化和拓宽地区合作的基础上建立东亚共同体。2003年10月，中国、日本和韩国三国领导人在印度尼西亚巴厘岛举行会议，发表了《中日韩推进三方合作联合宣言》（简称《联合宣言》）。在这一《联合宣言》中，三国领导人同意推进经贸、文化、人员交流、政治与安全等14个领域的合作，成立了由三国外长牵头的三方委员会，研究、规划、协调、监督三国和东亚地区合作事宜。2004年11月中日韩三方委员会于老挝万象通过了《中日韩合作进展报告》。关于东亚区域合作，该报告明确规定：“三国一致认为东亚共同体是未来目标，应以‘10＋3’为核心框架，尊重东盟的主导地位，以透明和开放的方式推动建立东亚共同体。”①

当前，“10＋3”机制面临的主要问题有两个：一是与东亚峰会等其他机制孰为东亚区域合作主导的问题；二是“10＋3”中的“3”之间加深合作机制建设的问题。温家宝总理在第十次东盟与中日韩领导人会议上的讲话中明确肯定：“‘10＋3’合作保持了良好的发展势头和旺盛的活力，确立了在东亚合作中的主渠道地位。”② 同时，中国还一再表示，绝不会在东亚地区谋求支配

---

① http://busan.china-consulate.org/chn/zhgx/t175831.htm.

② “共建和平、繁荣的和谐东亚——温家宝总理在第十次东盟与中日韩领导人会议上的讲话”，《人民日报》2007年1月15日。

性地位，支持东盟在东亚合作进程中发挥主导作用。此外，中日韩之间的合作机制相对滞后，事实上已经成为制约东亚区域合作进一步深化的瓶颈，中方今后应继续努力推动中日韩之间的区域合作，在建立三国自由贸易区等问题上寻求突破。

在东北亚区域安全机制的构建上，朝核问题六方会谈取得重大进展并逐渐成为东北亚安全对话的一个重要基础平台。东北亚地区国家在过去的历史中相互提防、缺乏信任，没有安全合作与对话机制。诚如有些学者所说："通常构成一个'区域'所需要的关键因素在东北亚地区极度缺乏。"① 朝核问题的出现，给东北亚国家一个面对面磋商和解决问题的机会。只有以六方会谈为基础，同时又要超越它，把六方会谈置于东北亚这个更加广阔的舞台，才可能使东北亚安全合作机制最终成型。

未来中国推进从六方会谈机制过渡到东北亚安全合作机制可以采取以下两个方面措施：一是将六方会谈模式长期化，将它扩展成为未来东北亚安全对话机制，它可以讨论东北亚地区常规武器和导弹问题，还可以探讨朝鲜半岛和平机制问题。这个机制构建的时间会很长，但它将会成为今后东北亚安全合作的主要基础和发展形式。二是建立类似于东盟地区论坛的东北亚安全论坛。安全论坛是一种形式更加开放、决策过程更加灵活的沟通形式，可以为建立地区安全机制创造良好氛围。其成员除本地区国家外，可以邀请美国、东盟甚至澳大利亚等其他相关方或邻近国家参与。它建立在六方会谈的基础上，主要目标是就地区安全问题与形势进行定期讨论，开展预防性外交，增加彼此的军事透明度，建立长期的安全信任关系。东北亚安全论坛与正式东北亚安

---

① Lowell Dittmer, "The Emerging Northeast Asian Regional Order," in Samuel S. Kim eds, *The International Relations of Northeast Asia*, MD: Rowman & Littlefield, 2003, p. 304.

全对话机制并行，安全论坛仍作为一种外围组织而存在，特别是作为地区内国家与地区外国家进行安全沟通的渠道而存在。同时，东北亚多边机制与双边机制并行，即美日、美韩同盟长期内与东北亚安全机制共存，这对协调与美国的安全利益、动员所有各方来共同维护地区安全与稳定将起到积极作用。

除上述三个方面外，由于中国周边汇聚了美、日、俄、印等主要大国，这些大国的战略走向对中国周边安全环境具有举足轻重的影响，处理好与这些大国的双边关系，也是理顺周边安全环境的重要组成部分。

第八章

国际安全机制与中国国家安全

国际安全机制是影响中国国家安全的一个重要因素。特别是冷战结束以后，随着国际安全机制在国际安全事务中的作用迅速增加，它越来越成为中国应对安全威胁、维护安全利益过程中一个不可回避的环节。在这种情况下，准确评估国际安全机制在中国国家安全中的影响并作出正确的战略选择就成为中国国家安全战略的一个重要内容。

第一节 中国国家安全战略视角中的国际安全机制

国际安全机制是一个比较宽泛的概念。哈拉尔德·缪勒就将国际安全机制定义为："安全机制是约束国家间安全关系的某些方面的原则、标准、规则和程序的体系。”[①] 而罗伯特·杰维斯则定义为：“容许国家相信其他国家将予以回报，而在它的行为上保持克制的那些原则、规则和标准。这一概念不仅指便于合作的标准和期望，而且指一种超出短期自我利益追逐的一种合作形式。”[②] 由此可见，在国际政治与安全领域，国际安全机制这一概念所指的范围跨度很大，既包括有明确条约或协定加以规范的、高度正式的安全机制，也包括一些不见诸条文而仅以惯例与默契维系的非正式安排。从机制的作用范围来看，国际安全机制则包括全球性安全机制、地区多边安全机制和双边安全机制等。[③]

因此，评估国际安全机制与中国的互动必须将视野放宽，不仅要关注联合国、核不扩散机制等正式机制，而且还需将一些相对松散的、非正式安全机制考虑在内。按这样的界定，国际安全机制与中国互动的时间和空间范围就更大，更能体现出国际安全机制在中国国家安全战略中的真实角色。

一、国际安全机制在中国国家安全中的地位和作用

国际安全机制作为国际安全领域的一种制度性安排，对每一个国际行为体都发挥着作用。中国正处于国力迅速上升、全面融入国际体系的关键阶段，一方面与国际安全机制的互动频繁，深

---

① Harald Müller, “The Internalization of Principles, Norms, and Rules by Governments: The Case of Security Regimes,” in Volker Rittberger (ed.), *Regime Theory and International Relations*, Clarendon Press, Oxford, 1993, p. 361.

② Robert Jervis, “Security Regimes,” in Stephen Krasner (ed.), *International Regimes*, Ithaca: Cornell University Press, 1983, p. 173.

③ 唐永胜、徐弃郁著：《寻求复杂的平衡——国际安全机制与主权国家的参与》，北京：世界知识出版社，2004年版，第9页。

入参与安全机制已成为一种趋势，另一方面中国自身也在成为国际安全机制发展的重要推动力量。在这种情况下，国际安全机制在中国国家安全中的地位与作用也相对独特，主要体现在以下四个方面：

首先，国际安全机制是国际体系的重要组成部分，是中国融入国际体系的必然环节。国际体系包括“结构”和“制度”两个方面，所谓“结构”就是该体系内部各行为主体的实力和权力分配状况；“制度”则是指由各种国际规则和制度性安排的总和。[①]在国际制度部分，国际安全机制占有相当重要的地位。从历史上看，国际机制最初就从安全领域发展起来，比如像近代史上英国、沙俄、普鲁士、奥匈帝国等欧洲大国在19世纪上半叶形成的“欧洲协调”。另外，现代意义上的全球性国际机制建立的初衷也是针对国际安全的，比如一战以后的国际联盟和二战以后的联合国。目前，国际安全机制构成了整个国际制度体系的重要组成部分，是其正常运行的几大“支轴”之一。对于中国来说，融入国际体系不仅是实现自身发展利益的需要，也是维护国家安全利益的需要，其主要含义就是进一步对外开放，与国际体系现有的规则与制度相适应。在这种情况下，国际安全机制作为这种制度体系的重要组成部分，自然就成为中国融入国际体系、维护自身安全的必然环节。

其次，国际安全机制在深度与广度上均发展迅速，已经成为中国外部安全环境不可分割的部分。冷战结束以后，两极对峙的格局不复存在，国际安全机制得到了长足发展。在深度上，表现为不少国际安全机制的正式化、规范化程度进一步提高，在一些安

① 杨毅主编：《全球战略稳定论》，北京：国防大学出版社，2005年版，第7页。

全领域内的约束力和权威性均有所上升。在广度上，这种发展表现为联合国等一些原有的国际安全机制在功能上进一步扩展，覆盖更多安全领域。另外，随着国际关系的调整和国际安全形势的变化，新的国际安全机制也不断出现。当前，各种类型的国际安全机制交织发展，已经形成了某种覆盖面极广的“制度性网络”，几乎没有哪个安全领域或是哪项安全事务可以独立于这种网络之外。对于中国来说，除了联合国、核不扩散机制等全球性的安全机制外，周边地区还存在上海合作组织、朝核问题六方会谈机制、日美安保体系、美韩军事联盟、东盟地区论坛、南亚区域合作联盟、北大西洋公约组织等一系列不同层次、不同性质的国际安全机制。这些机制所涉及的事务非常广泛，在全球和地区的安全事务中均扮演着越来越重要的角色，已经成为中国外部安全环境不可分割的组成部分。在这种情况下，中国要处理安全事务、构建有利的安全环境，这些国际安全机制就是一个无法回避的环节。

第三，国际安全机制有助于协调中国与其他国家的安全行为，是避免崛起大国“安全困境”的重要途径。“安全困境”是国际安全领域的一种现象，指的是由于国际体系的无政府状态驱使国家追求更多的权力以保证自己的安全，但这种行为反过来又会增加对方的不安全感，导致对方同样增加实力以防不测，从而加剧了原有的安全担忧，形成一种紧张和敌意循环升级的过程。[①] 简单地说，就是“一个国家用以增加自己安全的途径降低了其他国家的安全”。[②] 历史证明，大国在崛起过程中遭遇这种“安全困境”的可能性远远高于一般国家，一些国家就是因为没能处理好

---

① John H. Herz, “Idealist Internationalism and the Security Dilemma,” *World Politics*, vol. 2, no. 2 (Jan. 1950) p. 157.

② Robert Jervis, “Cooperation under the Security Dilemma,” *World Politics*, vol. 30, no. 2 (Jan. 1978), p. 178.

这种两难处境而遭受重大挫折，甚至在安全上付出惨重代价。对于中国来说，自身实力的增长已经引起了有些国家的敏感、紧张和戒备，各种形式的“中国威胁论”层出不穷，崛起道路上的“安全困境”已经初露端倪。在这种情况下，控制和消除“安全困境”、避免重蹈历史上一些大国的覆辙就成为中国安全战略中一项重要任务。为此，中国在追求安全、维护利益的过程中既要立足于增加自身实力，同时又要加强与其他国家的安全协调。而国际安全机制通过在某些安全领域建立起一系列原则、标准、规则和程序，使各成员国之间的信息传递与交流得到加强，提高了各方行为的可预见性，降低因误解、误判而导致紧张甚至冲突的可能性。这种核心功能使国际安全机制成为中国加强与其他国家安全协调、避免“安全困境”的有效途径。

第四，国际安全机制是国际政治与安全中的一种重要权力来源，是中国增强实力、运用实力的战略平台。国际安全机制通过其自身的原则、规范、规则和决策程序，实际上对相关的安全领域建立起了一种管理能力。有关国家参与得越多，组织和规程越完善，机制也就越能对相关安全事务的处理和解决产生影响，并对其成员国的行为具有一定约束作用。因此，国际安全机制事实上就是一种权力主体，对于主权国家来说，就是一种重要的权力来源，特别是制定规则、改变规则的“结构性权力”的来源。[①]

① 英国学者苏珊·斯特兰奇曾经将国际关系中的权力分为联系性权力和结构性权力两种。联系性权力就是甲靠权力迫使乙去做他本来不愿意做的事，就像美国用经济和军事实力迫使巴拿马同意美支配巴拿马运河的航行条件一样。而结构性权力是决定办事方法的权力，是形成和决定各种政治经济和安全结构的权力，各行为体不得不在这样的框架下活动。决定游戏规则的权力实际上就是这种结构性权力。参见［英］苏珊·斯特兰奇：《国际政治经济学导论——国家与市场》（杨宇光等译），北京：经济科学出版社，1990年版，第29—30页。

对于中国来说，要维护安全利益，实现国家的发展，一方面需要进一步增强经济、军事、科技等“硬力量”，更重要的是弥补自身在制度建设、文化、规则等“软力量”方面的不足，特别是结构性权力的欠缺。在当前西方国家占有国际体系主导地位的情况下，中国要获得并增强这种结构性权力，只能通过参与包括国际安全机制在内的各种国际机制才能实现。通过积极地参与，中国才有机会对安全机制的组织形式和规则、程序的确立施加影响，并在机制的运行中逐步体现自己的意志，使其转化为自身的力量源泉。通过这种参与，中国实际上也获得了一个向别国施加影响、贯彻自己主张的重要场所，进一步拓宽了运用实力的途径。而且，由于国际安全机制具有多边或双边协调的特点，通过其进行的实力运用既有助于实现战略目标，又能够最大限度地避免一般意义上的实力运用带来的消极影响，有助于维护并改善国际形象。对于中国这样一个处于上升时期的大国来说，这类平台的战略意义尤其突出。

二、中国参与国际安全机制的历程

中国与国际安全机制之间的互动起步较晚。新中国成立以后，由于特殊的国际背景和国内背景，中国对国际安全机制的认识、与国际安全机制的关系都经历了一个曲折的发展演变过程。总体上看，该过程大致可以分为四个阶段：从建国到20世纪70年代初期为第一阶段，从70年代初到80年代初为第二阶段，从80年代初到冷战结束为第三阶段，从冷战结束至今为第四阶段。

第一阶段：从国际环境来看，从新中国成立到20世纪70年代初大致上也是冷战从发端到高峰的时期。由于两大阵营的尖锐对立以及以美国为首的西方国家对新中国的封锁，中国在外交上采取了“另起炉灶”、“打扫干净屋子再请客”和“一边倒”的方针，与苏联等社会主义国家阵营的关系成为当时新中国外交的基石。在这一时期，新中国虽然与社会主义国家和不少发展中国家建立了外交关系，但当时与中国建交的国家数量仍然有限，在这种情况下，中国与国际安全机制之间的关系不可能有大的发展。而且，多数有西方国家参与的国际安全机制在处理国际事务过程中明显受到美国等大国的操纵，更引起了中国的反感。以联合国为例，在20世纪50年代、60年代，美国频繁通过联合国干涉中国内政，使中国对联合国当时的作用很不满。1965年，中国还提出要“彻底改组”联合国，主张“另立一个革命的联合国，与那个被美帝国主义操纵的因而只可能做坏事不可能做好事的所谓联合国唱对台戏”。[①] 在这种情况下，中国与世界主要国际安全机制基本上处于不来往的状态，与国际安全机制的互动关系也很有限，形式也较为单一。

当时中国与国际安全机制之间的互动主要表现为中国与少数社会主义国家的结盟关系。比如，1950年中国与苏联签署了《中苏友好同盟互助条约》，中苏之间的同盟就是国际安全机制的一种类型。另外，中国与其他社会主义国家形成的国际安全机制也存在过较为密切的关系，诸如以观察员身份参与“华约”组织的一些活动，等等。然而从20世纪50年代末、60年代初开始，随着中苏关系的恶化，中国与苏联之间的同盟关系事实上已经结束，到60年代末两国更是爆发了武装冲突。与此同时，华沙条约组织也以中国代表级别不够格为借口切断了

① 周恩来在欢迎印度尼西亚副总统苏班德里约的宴会上的讲话，见1965年1月25日《人民日报》。

与中国的正式关系。[1] 这样，中国与国际安全机制的联系进一步减少，基本上处于完全断绝的状态。

第二阶段：这一阶段以中国恢复在联合国的合法席位为标志，是中国初步认同并参与国际安全机制的时期。

从20世纪60年代末开始，美苏之间的战略态势出现变化，美国的实力相对削弱，无力应对苏联咄咄逼人的攻势。面对这种情况，中美两国领导人适时调整政策，于20世纪70年代初实现了中美关系的重大突破。在这一时期，中国与其他国家的外交关系也得到迅速发展。1970年与中国建交的国家为五个，1971年为15个，1972年为18个，整个20世纪70年代与中国建交的国家总数达71个，成为中国对外关系史上的“第三次建交高潮”。[2] 其中，中国与西方发达国家的关系发展成果突出，这一时期中国与西方主要国家都建立了外交关系。在这样的大背景下，中国对国际安全机制的认识发生了较大变化，迈出了参与国际安全机制的关键一步，并为今后的发展作出了战略上的铺垫。

1971年10月，第26届联合国大会以压倒多数通过了阿尔巴尼亚、阿尔及利亚等23国的提案，恢复中华人民共和国在联合国的合法席位，并将国民党代表驱逐出联合国。这是中国参与国际安全机制具有战略意义的一步，标志着中国与国际安全机制的互动关系进入了一个全新的历史阶段。中国在恢复联合国合法席位以后，立即发挥了重要作用，体现了鲜明的反霸立场。然而，由于受当时的历史局限，中国对联合国等国际安全机制的认同还是不全面的。比如，中国当时认为联合国只是一个“论坛”，对

① 谢益显主编：《中国外交史》（中华人民共和国时期1949—1979），河南人民出版社，1988年版，第310页。

② 曲星：《中国外交50年》，南京：江苏人民出版社，2000年版，第315页。

于其在国际安全中的实际作用则并无多少期望。对于在联合国框架下的国际裁军工作，中国更是持怀疑态度。例如，鉴于当时苏联的所作所为，对苏联主张召开“世界裁军会议”的主张，中国的反应就是“召开这种会议只能起到欺骗和麻痹世界人民的作用，开了还不如不开”。[①] 在这一阶段，中国对联合国等国际安全机制的参与停留在较为初级的阶段，主要是将其作为一个宣传我国外交主张的国际平台，在当时的历史条件下，对于其中一些更深层面的、更具有实质性的工作，如联合国框架下的裁军军控、国际维和行动等都不予参加。

第三阶段：1978 年 12 月十一届三中全会以后，中国改变了以阶级斗争为纲的错误方针，把工作重心转移到社会主义现代化建设上来。与此同时，美苏争霸的态势也开始从“苏攻美守”变为两霸僵持、美国在局部进行反击的局面。这些内外形势的变化促使中国在外交政策的宏观指导思想上作出两点重要调整：一是对世界战争与和平问题有了新认识。中国改变了过去世界战争迫在眉睫的看法，转而认为“世界和平力量的增长超过战争力量的增长”，[②] 争取一个相当长的和平环境是完全可能的。二是放弃“一条线”战略，强调不与任何大国结盟。

在这种宏观背景下，中国对国际安全机制的评估发生了较大变化，两者之间的互动关系也进一步发展。其中，中国对联合国的参与程度在深度和广度上都有了实质性的进展。在安全领域，这首先体现在中国对联合国框架下裁军活动的态度。改革开放以后，中国开始积极参与并推动联合国框架下的国际裁军与军控活动。1980 年 2 月，中国参加联合国裁军工作会议并于 1983 年首

① 转引曲星：《中国外交 50 年》，南京：江苏人民出版社，2000 年版，第 321 页。

② 《邓小平文选》，第 3 卷，北京：人民出版社，1993 年版，第 127 页。

次派出专职裁军事务大使。1986 年，中国在第 41 届联合国大会上又首次单独提出两项有关核裁军和常规裁军的重要议案。1988 年中国在联合国第三届特别裁军大会上提出中国政府在裁军问题上的八点立场，并且提交了全面反映中国裁军立场的工作文件，标志着中国已经开始深入、全面地参与国际裁军活动。在整个 20 世纪 80 年代，中国先后签署了一系列重要条约和协定，在核领域包括《南太平洋无核区条约》第二、三附加议定书、《中华人民共和国和国际原子能机构关于在中国实施保障的协定》、《核材料实物保护公约》等，在常规领域包括《禁止或限制使用某些可被认为具有过分伤害力或滥杀滥伤作用的常规武器公约》等，充分体现中国加强参与相关国际安全机制、推动国际裁军军控的决心。另外，从 20 世纪 80 年代初开始，中国对联合国的维和行动也持积极态度，并进行了相应的政策调整。1981 年，中国政府表示原则上支持符合联合国宪章精神的维和行动，并从 1982 年开始承担对维和行动的摊款。[①] 1986 年，中国应联合国邀请，首次派人考察了中东“停战监督组织”，同年又将联合国维和摊款全部缴齐。1988 年，中国成为联合国维和行动特别委员会成员，开始参加联合国对维和行动的审议工作。

在这一阶段，中国对国际安全机制的认同和参与实践都有了实质性的进展。在部分关键性的领域，中国的参与已经达到了相当的深度。然而也应看到，由于当时冷战局面尚未结束，中国对国家安全、国际安全的很多看法仍然在不同程度上要考虑到两极格局。在大的战略环境没有发生根本变化的情况下，中国参与国际安全机制、推动一些问题的机制化安排的条件是有限的，一些历史的惯性仍在左右一些国际问题的进程，同时也影响了中国在

---

① 梁西著：《国际组织法》，武汉大学出版社，1993 年版，第 199 页。

国际安全机制问题上进一步发挥更大的作用。

第四阶段：冷战的结束使国际体系经历了二战以来最为剧烈的变化，两极格局瓦解，美国的一超地位突出，一些深层次的矛盾和问题开始进一步显露，国际格局进入了一个调整时期。同时，世界经济全球化的迅猛发展也在深刻地改变着国家之间、社会之间甚至个人之间的互动方式和程度。这种国际范围内的重大变化不仅导致中国安全环境的深层次变化，也促使中国进一步完善自身新的安全理念。一方面，中国提出了以合作安全为核心的新安全观；另一方面，中国也更加明确地认识到融入国际体系对自身安全与发展的必要性，认识到在经济全球化浪潮下，传统的、绝对的主权观念需要进行适当调整，以适应国家间相互依存不断增加的现实。1997 年提出的要做“国际社会中负责任的大国”就是一个重要信号，标志着中国将维护自身主权和国家利益的传统观念与接受国际社会调节的新观念结合起来，开始以一种新的、更具建设性的自我定位来处理国际事务。在这种情况下，中国参与国际安全机制的步伐迅速加快，进入了一个全面发展、全方位参与的新阶段。

这一时期初始阶段，中国对联合国机制的参与更加积极深入。1989 年 11 月，联合国正式接受中国向联合国停战组织（UNTSO）派遣军事观察员的申请，中国对联合国维和行动的参与进入了实践阶段，此后参与规模迅速扩大，程度不断加深。1992 年中国首次向柬埔寨派出工程兵部队，2000 年向“联合国东帝汶过渡行政当局”首次派遣民事警察，2004 年中国向海地派遣的防暴警察则是中国首次参加在西半球、也是非建交国的维和行动。

在裁军、军控和防扩散方面，中国的参与力度也明显加大。1992 年 3 月，中国正式签署了《不扩散核武器条约》，开始全面参与核不扩散机制。1996年，中国成为《全面禁止核试验条约》的首批签约国，1998年又签署了关于加强“国际原子能机构”保障监督的附加议定书，并于2002年初正式完成该附加议定书生效的国内法律程序，成为世界上第一个完成上述程序的核国家。在生物、化学武器方面，中国也先后签署了《禁止化学武器公约》和《禁止生物武器公约》，体现出了鲜明的态度和立场。此外，中国还十分重视发展与多国出口控制机制的关系，进一步加强防扩散的力度。1997年10月，中国加入“桑戈委员会”，2004年加入“核供应国集团”，同年又正式申请加入“导弹及技术控制机制”，基本上实现了对防扩散领域中国际安全机制的全方位参与。

在地区安全问题上，冷战的结束也使中国彻底摆脱了两极格局的制约，开始积极地参与并运用地区性安全机制来解决具体问题，成为推动亚太地区国际安全机制发展的重要力量。1993年中国与印度在双方边境实际控制线地区开始建立信任措施，1994年起中国又先后与俄罗斯、哈萨克斯坦、吉尔吉斯斯坦、塔吉克斯坦等国建立了类似双边和多边机制，在此基础上形成“上海五国”机制并最终发展为“上海合作组织”。此外，中国还积极支持和参加东盟地区论坛（ARF）、亚洲相互协作与信任措施会议（CICA）、亚太安全合作理事会（CSCAP）、东北亚合作对话会（NEACD）等多边安全对话与合作进程，为深化地区安全合作发挥了积极作用。

第二节　中国参与国际安全机制的主要问题

从20世纪80年代初开始，中国与国际安全机制的互动有了实质性的发展。随着中国不断深入地参与到国际安全机制中去，国际安全机制也开始成为中国追求战略目标、维护安全利益过程中不可缺少的环节。然而，中国作为一个后起的发展中大国，在发展过程中必然受到国际政治内在逻辑的制约，在西方发达国家占国际体系主导地位的情况下，参与国际安全机制对于中国来说往往意味着付出更多的成本，这就构成了中国在参与过程中的一个主要不利因素。另外，中国仍然属于发展中国家，在实力、经验等方面还有很多欠缺，而面对国际安全形势的快速变化，中国与大多数国家一样，存在着理念与现实之间的不适应问题。这些都制约了中国参与国际安全机制的深度与广度。

一、参与国际安全机制本身带来的负面影响

与整体上融入国际体系一样，中国参与国际安全机制过程也是一个长期的、曲折的过程。虽然，中国在这一过程中可以获得更多的机会和平台，可以更好地实现国家利益，但同时也不得不付出一系列代价和成本。

实际上，对于任何一个国家来说，参与国际安全机制都面临着收益与成本的问题。一方面，国际安全机制作为一个双边或多边的制度性安排，有助于加强国家间的信息交流、协调国家间的安全行为、增加彼此间的透明度和可预见性；另一方面，国际安全机制的这种功能在很大程度上是建立在对成员国行为、甚至是主权的约束上的，任何参与机制的国家都必须承担这种成本。然而，这种成本并不是对每一个参与国都是平等的。相对弱势的国家对于安全机制中所包含的原则与规则的制定和修改过程并无太多发言权，多数国际安全机制体现的主要是强国的意愿，而且强

国更能运用机制的各项规则来实现其自身的利益，同时将成本更多地转嫁于弱国。当出现安全机制削弱强国地位的情况时，强国还是有其优势，那就是他可以承受不遵守机制规则的代价，或是退出安全机制，或是绕开。一句话，在参与国际安全机制的问题上，强国毫无疑问地拥有主动权。

中国同样面临上述参与国际安全机制的成本问题，而且，由于相对特殊的国家定位，中国参与安全机制的成本比其他国家更为复杂。

首先，中国参与国际安全机制意味着让渡出部分权益，甚至在一些涉及主权的问题上作出自我限制。参与国际安全机制意味着接受某些共同的原则、规则和程序，这往往也是对自身的安全行为与安全利益进行限制的过程。比如，参加了一系列与裁军军控有关的国际机制以后，中国就必须接受这些规则的制约，不能在发展军事力量方面享有“行动自由”。在防扩散等领域，中国一方面需要在自愿的基础上接受有关国际组织的监督。比如，将部分民用核设施置于国际原子能机构的保障监督之下；另一方面还必须实现国际机制的“内化”过程，即建立一整套与这类国际安全机制相对应的国内机构和法律制度体系，以完成中国所承担的义务。对于某些国际安全机制，中国的参与甚至意味着在主权和领土问题上做出自我克制。比如中国与东盟各国签订的《南海各方行为宣言》就形成了某种安全机制，按其规则，中国必须限制在南海维护主权的行为，包括坚持和平方式、不在无人居住的岛礁上实施有效控制，等等。需要指出的是，上述“成本”在一些情况下还可能增加国家安全的风险。因为参与机制的国家在安全上所作的自我限制应该是对应的，相互间能够形成平衡，但如果少数国家不遵守有关机制或是有意利用机制的漏洞的话，那么这种平衡就会被打破，中国在安全上的自我限制就可能被其所利用，给国家安全造成损害。仍以南海问题为例，《南海各方行为宣言》的签订为协商解决南海问题创造了一个良好的条件，但个别国家则利用中国的自我约束，还在一些争议海区采取诸如“旅游观光”等灰色行为，从而阻碍了问题的正常解决，也损害了中国的主权和利益。

其次，作为一个后起的发展中大国，参与国际安全机制意味着将受到更多的限制和约束，甚至可能使自身的弱势地位更难改变。国际安全机制与所有国际政治与安全事务一样，都离不开“权力”因素。就其内在本质来说，国际安全机制就包含着一种权力的分配结构，或者说是将某些安全领域内的权力结构用一系列的原则、准则、规则和程序固定下来。造成的结果往往是“强者恒强”，处于相对弱势的国家很可能发现，在参与国际安全机制后更难改变自身的弱势地位，因为一些规则的设置及机制运转所造成的“惯例”在很多时候对后起力量的限制往往更大，美国与其欧洲盟国之间的安全关系就表明了这一点。冷战中北约的成立确认了美国与西欧国家在安全上的相互依赖，但这种依赖是严重不对等的，实际上北约这一国际安全机制也使美国在跨大西洋安全关系中的主导地位实现了“机制化”。冷战结束以后，欧洲国家尽管在追求防务与安全自主方面付出了很大努力，但都未能超越北约的框架，因而也不可能改变自身在安全上的相对从属地位。对于中国这样一个后起的发展中大国来说，这种制约更加现实，一些国际安全机制规则和程序的设置可以说“天然”地不利于“后来者”，有时甚至可以说就是某些国际安全领域中的既得利益者，或者说是在某些方面已经占有先机的国家对后起的国家提出种种要求，限制其获得类似的进展。如果在条件尚不成熟的时候就贸然参加这类机制、全盘接受这些规则，中国的实力发展、特别是相对实力的发展就会更加困难，对国家安全也会带来更多的隐患。

第三，有些国际安全机制可能会成为部分国家用来遏制中国的工具。由于国际安全机制对后起国家有着约束和限制作用，现实中一些国家往往有意运用国际安全机制的这一特点来遏制其竞争对手、压缩其战略空间。面对中国的快速发展，一些国家的戒备心理在不断上升。除了加强军事存在和军事联盟等“硬力量”方面的措施外，将中国纳入一些国际安全机制，利用规则、程序等预先捆住中国的手脚，也成为部分国家防范中国、遏制中国崛起的战略选择。比较典型的是，在涉及中国的地区安全或国际安全问题上，某些国家热衷于照搬一些冷战时期就已经比较成型的多边机制，比如欧安会/欧安组织的做法。从字面上看，这些机制的公正性和积极意义似乎都是无懈可击的，但在现实运用中往往会体现出偏向性，并可能对中国的安全态势造成损害。由于这种机制主要成型于冷战时期，着眼于规范和缓和美苏之间的对抗，因而具有某种象征意义和误导作用，可能会对中国当前的国际角色产生负面影响。另外，如果运用不当，这些机制也会加大某一地区的战略失衡，事实上挤压某些国家的战略空间。欧安组织框架下的不断发展与俄罗斯在地缘上的一再后退就不仅仅是一种巧合，这些不能不引起中国的警觉。

二、能力与经验方面的不足

参与国际安全机制是一个复杂的过程，涉及部分权利的让渡、国内相关制度的设置等一系列问题。在很多情况下，参与国际安全机制也意味着要作出更多的承诺、投入更多的资源，因此一个国家自身所拥有的相关能力和经验往往决定了其参与的程度。近年来，中国的国民经济经历了长足发展，但在产业结构和整体经济技术水平等方面仍然存在很多不足，面临的一些问题也明显带有发展中国家经济发展的共性。

在这种情况下，中国一方面可以在国际安全合作、参与国际安全机制方面投入更多的资源；另一方面也要看到，和发达国家相比，中国可动用的人力、物力资源仍然是有限的，有关的能力和经验都有待提高。

以参加联合国维和行动为例，从1990年正式派出军事观察员到2008年为止，中国在短短的18年时间里取得了巨大的成绩。2008年4月，中国国家主席胡锦涛宣布，中国已经参加了22项联合国维和行动，累计派出维和人员上万人次。[①] 但是，中国在这方面仍存在不足，比如在维和人员构成上，中国的维和人员基本限于军事观察员、民事警察和工程、医疗、运输等后勤保障分队等领域，这一方面是由于中国在政策立场上保持谨慎，另一方面也因为中国在人员组织、人员素质、经验等方面仍然有所欠缺，在具体的操作中存在困难。在摊款问题上，中国在较长时间里对维和费用的摊款占总额的比例不足1%，从2001年起开始按联合国新的分摊比例缴付摊款，占总额的1.91%。[②] 但是，这样的摊款比例仍然不高，在联合国安理会五个常任理事国中属于最低的之一。由于近年来中国国内生产总值增长迅速，一些国家（包括部分发展中国家在内）对中国承担维和摊款的期望值也随之升高，因而对中国当前承担的比例仍有微词。事实上，中国的缴款比例基本上还是坚持了量力而行的原则，反映出中国作为一个发展中国家的实际国情，而且中国的缴款一贯准时，显示出推动维和行动的诚意和决心，与部分国家拖欠摊款的做法形成了鲜

---

① 人民网：http：//military.people.com.cn/GB/1076/52983/7112369.html。

② 唐永胜、徐弃郁著：《寻求复杂的平衡——国际安全机制与主权国家的参与》，北京：世界知识出版社，2004年版，第303页。

明的对比。

中国在能力与经验方面的相对不足也体现在一些更深层次的国际安全合作方面，如联合军事演习。应该说，中国近年来在这方面做出了相当程度的努力，并取得了不少成果。2002 年 10 月，中国与吉尔吉斯斯坦进行的联合军演是中国与其他国家举行的第一次联合实兵演习。此后，中国在“上海合作组织”的框架下又进行了一系列联合军演。2003 年 8 月，中国人民解放军与哈萨克斯坦、吉尔吉斯斯坦、俄罗斯、塔吉克斯坦四个国家的武装力量举行“联合—2003”反恐演习，参演兵力达 1000 人，这是该国际安全机制框架下的首次多边反恐联合军演。2005 年 8 月，中俄举行“和平使命—2005”演习，演习规模有了很大提高，双方参演兵力近 2 万人。2007 年 8 月，中俄又举行“和平使命—2007”演习。在海上，中国海军也分别与巴基斯坦、印度、法国、英国、美国等国举行了一系列联合演习。除了这些以双边为主的海上联合军演外，中国还积极参加多边框架下的海上演习，例如，2007 年 5 月 11 日，中国海军“襄阳”号导弹护卫舰参加在新加坡附近海域举行的“第二届西太平洋海军论坛多边海上演习”，参演部队包括中国、美国、法国、日本、澳大利亚、新西兰、印度、巴基斯坦、韩国、新加坡等 12 个国家的 15 艘军舰。这是中国首次派军舰参加“西太平洋海军论坛”框架下的多边演习，这次多边演习促进了中国与其他国家海军之间的合作与交流，提高了各国海军应对威胁和联合行动能力。然而，与一些大国相比，中国在参加联合演习的类型、科目、强度、参演部队的投送距离等多个方面均存在不同程度的差距，从而制约了中国进一步深入参与国际安全合作。

除能力方面的问题外，中国在处理某些安全事务上也相对缺乏经验，这同样在较大程度上限制了中国参与国际安全机制的深度。与美、俄、英、法等国相比，中国全面参与国际安全事务的时间较晚，对于像防扩散、国际维和等领域的发展情况、运行规则的熟悉程度相对较低。在处理安全事务的途径方面，中国在建国以后相当长一段时间内习惯于通过双边渠道解决问题，因而对于以多边渠道解决地区冲突和其他地区安全问题方面，中国自身可以借鉴的经验也不多。在这种情况下，中国就很难熟练自如地运用现有的规则、现有的安全机制来实现自己的目标、维护自身的利益。

另外，近年来由于中国的迅速发展，利益涉及范围也不断扩大，客观上使中国更有可能卷入一些不熟悉的地区、不熟悉的领域。在有些情况下，中国甚至还会被人为地推向矛盾的焦点，从而使得中国经验相对缺乏的情况更加突出。例如在苏丹达尔富尔问题上，中国一直保持了高度关注，支持国际社会采取有效措施处理危机，并给予了大量人道主义援助。从2006年开始，中国还派遣维和部队进入苏丹参加联合国维和行动。应该说，中国政府在达尔富尔问题上的立场一直是积极的、正面的，并切实采取了大量行动，然而整个事情的发展过程却显示出中国在处理类似问题上仍缺乏经验，特别是不注重利用地区多边安全机制这一有效的平台来宣传自己的立场和行动，从而给一些西方国家的歪曲报道和敌意宣传钻了空子、有了市场，对中国的形象和利益造成了一定损害。应该说，这类情况对中国参与和运用国际安全机制的努力和效果都有负面影响，需要经过一段时间才能解决。

三、理念的冲突与碰撞

国际安全机制和其他国际机制一样，是作为一种国际政治与安全的上层建筑存在的，因而必然反映某种共同的理念和道义基础，或者说是某种共同理念或道德准则的具体化。在主权国家参与国际安全机制的过程中，理念上的一致程度往往与国家的参与程度有着直接的关系。从中国自身的经历来看，逐步深入地参与国际安全机制的过程实际上也是中国在理念上、认识上不断与时俱进的过程。在安全和主权等重大问题上，中国在坚持原则的同时，也在不断作出适度的灵活性调整，使之适应变化了的现实。比如，对“不干涉内政”原则的运用，中国一方面反对“人权高于主权”的新干涉主义，坚决维护国家的主权；另一方面，也考虑到一个国家内部的武装冲突已经成为国际冲突的最主要样式，中国也在重新考虑“不干涉”原则，主张国际社会的干预行动应在得到联合国授权的情况下慎重进行，以便在尊重主权的同时，更加有效地维护国际安全与稳定。又如，在东帝汶问题上，当1999年10月联合国安理会通过第1272号决议以后，中国很快就向联合国东帝汶过渡行政当局（UNTAET）派出维和人员。

然而，有些理念上的分歧与冲突就不是那么容易解决的，也不是中国单方面作出适应性调整的问题。近年来国际安全形势变化十分迅速，非传统安全威胁与传统安全威胁相交织，国际安全环境的复杂性和不确定性较冷战结束时有了进一步发展。各种国际安全机制在职能定位、运用范围等方面进行了一系列调整，不少传统的限制被突破。比如，在联合国维和行动中，中立原则、自愿原则被淡化，“人道主义干预”已经成为对一些地区采取维和行动的重要依据。这种理念层面的迅速变化不可避免地影响了对安全机制的认知过程，增加了中国在参与维和行动中的难度。实际上，面对层出不穷的新的安全概念和理念，国际社会的意见也并不一致，西方国家和多数发展中国家之间往往会存在很大的分歧，中国在一些理念问题上持谨慎态度、持保留意见是十分正常的。

在有些情况下，中国则明确持有不同的理念。在一些领域，国际安全机制受制于少数大国的情况仍比较突出，其理念包含了很多不合理、不公正的成分，特别是权利与义务的严重不平衡，就很难令中国接受。以防扩散机制为例，当前在美国的推动下，这一类机制得到强化，其重心也从“防”向“反”发展，对大多数国家不断提出更多、更高的要求，然而没有采取有效措施来解决多数国家的安全关切，没有触动防扩散问题中的深层因素。按照这种理念，防扩散进程可能在一段时间内会有所进展，但缺乏“后劲”，出现较大逆转的危险一直存在。中国在该问题上则一直坚持自己的理念，即通过建设一个合作、互信的全球安全环境，谋求国际关系的普遍改善，实现各国的普遍安全，从而从根本上消除扩散威胁。中国主张，防扩散应有利于维护和促进国际安全，应通过对话而不是对抗，应通过合作而不是施压寻求问题的妥善解决；应充分发挥联合国等国际组织的核心作用，在现行国际法框架内加强和完善现有防扩散机制；应平衡处理防扩散与和平利用之间的关系；应保障各国和平利用的正当权利，也要杜绝任何国家以和平利用为借口从事扩散活动。类似的这种理念上的冲突和碰撞也发生在其他安全领域，而且短期内不太可能得到根本解决，这必然阻碍了中国更加深入地参与一些国际安全机制。

第三节　中国参与国际安全机制的战略选择

尽管有着种种不利因素，但对于中国来说，参与国际安全机制仍然是在日益复杂的国际安全背景下维护国家利益的一种重要途径，是大势所趋。随着国力的不断增强，中国参与和运用国际安全机制的关键在于将经济等方面的物质力量更好地转化为“软力量”，克服现实与潜在的各种障碍，在一个更广阔的范围中实现自身的安全利益与发展利益。

一、在参与过程中确立“积极稳妥”的基本姿态

在主权国家与国际安全机制的互动过程中，中国属于一种比较特殊的类型。一方面，中国是一个处在快速发展阶段的发展中大国，在国际安全事务中的影响力不断上升；另一方面，相对于在国际体系中占有主导地位的西方某些大国及西方国家群体，中国又处于弱势地位，在现有国际安全机制的规则设置过程中并没有太多发言权，同时又由于参与安全机制的经验欠缺，还不善于运用规则、程序等制度性因素来维护自身的利益、应对参加机制所带来的各种挑战，以便为世界的和平、发展作出更多的贡献。

与此同时，一些国家，特别是以美国为首的某些西方国家急于将中国纳入其战略轨道，在中国参与国际安全机制的问题上表现得比较急迫。例如，在中国参与联合国维和行动问题上，这些国家一再催促中国应进一步加大力度，应派遣包括作战部队在内的多种部队参加维和等等。在地区安全、军控裁军等其他安全领域，要求中国加大参与力度的声音也一直不断。这种主张大体有两个内容：一是要求中国更多、更全面地参与现有的国际安全机制；二是要求中国在已经参与的国际安全机制中承担更多义务。国际上一些学者认为，中国尽管主张联合国应在国际安全问题上发挥主导作用，但在实际工作中也有通过朝鲜半岛核问题六方会谈等形式来磋商、解决一些具体安全事务。因此，推动中国加大参与国际安全机制的深度、更多承担义务是完全可能的。例如，美国战略与研究中心的中国问题专家季北慈（Bates Gill）就曾提出，东盟地区论坛、东亚峰会等机制都可以成为中国参与地区安全事务的平台，中国甚至可以在这

些机制的框架下派出维和部队。[①] 另外，美国等西方国家在推动亚太地区多边安全机制更具“约束力”和“实质内容”方面也十分积极，他们对东盟地区论坛一再表示不满，认为它只是一个“清谈馆”，对地区安全缺乏实际作用。他们主张在亚太地区引入类似“欧安会”和“欧安组织”的模式，通过一系列建立信任与安全措施（CSBMs）等途径来塑造亚太地区的整体安全环境。当然，这些举措并非完全针对中国，但不可否认的是，中国是西方国家这一系列主张背后的主要考虑，其效果和作用同样和中国参与国际安全机制的进程相关。

面对这种情况，中国必然会考虑自己的利益所在，既不能盲目跟进，又不能却步不前，而是要在加强对国家安全与发展全局的度的把握基础上，逐步形成并完善自身的参与战略。总体上看，中国在这一问题上的政策趋势是清晰的，参与国际安全机制作为中国融入国际体系进程的一部分，必然会不断深入。所以，中国将以一种更积极的姿态，继续在改革开放中求发展、求合作，在拓展国际联系的过程中谋求安全。当前，国际安全机制进一步向多层次、多领域方向发展，在复杂性进一步增加的同时，也为中国提供了一个更加广阔的空间。在很多情况下，中国在某些机制中受到的制约可以通过参与其他机制而“抵销”，只要保持政策的务实与灵活性，善于借重和平衡多方力量，中国在参与国际安全机制问题上完全能够实现国家利益的最大化，并给构建和谐世界注入新的元素同时将参与带来的负面影响保持在可控范围内。

在积极参与的前提下，中国还将继续贯彻“稳妥”的原则。中国学者苏浩曾提出，在国际安全中采取“自主合作”的形式，即在坚持以合作求安全的同时，要求必须把握好独立自主与参与国际合

① 中国网：http：//www. china. com. cn/military/txt/2008 — 06/16/content — 15814118. htm。

作的平衡度，处理好国际规则与国内体制之间、融入国际制度与改进国际制度之间这两大关系。[①] 反映在参与国际安全机制的过程中，这也可以看成是“稳妥”原则的一种体现。具体地说，“稳妥”就是要坚持从国家利益出发，仔细分析各种外部压力，以应对挑战并及时抓住机遇。随着中国国力的不断增强，要求中国进一步参与国际安全机制的呼声也在加大，其中有的希望中国为国际安全和地区安全作更多贡献，有的则力图将中国纳入某种框架加以限制。例如，在地区安全领域，有西方学者就声称：“东亚安全最大的一个问题是，如何将中国引入地区安排中。应在强调中国在地区国际关系中的积极因素的同时，减少其威胁因素，从而使其融入地区国际社会”。[②] 在这种情况下，中国必须坚持原则，从国家利益出发，综合考虑长远利益和现实利益，在参与的步骤、时机、程度等方面做到以我为主、把握进程。同时，中国应充分考虑自己的能力和需求，对参与国际安全机制进程中的各种情况和问题及时作出评估，做到实事求是、量力而行。

确立“积极稳妥”的基本姿态也要求中国在将要参与的问题上做好选择。一方面，中国在现有的发展水平下不会也不可能像一些发达国家那样广泛而深入地参与国际安全机制，有所选择是现实的要求。另一方面，当前各种安全机制在规则、原则和涉及领域方面千差万别，中国在是否参与、参与程度等方面有很大的选择空间。像有些机制的实际行为严重偏离了国际关系的基本原则，甚至成为强权干涉的工具，中国自然难以有效参与，而对于那些符合国际关系准则，又有利于和平、发展、合作，同时也有条件在其中发挥积

① 苏浩著：《从哑铃到橄榄——亚太合作安全研究》，北京：世界知识出版社，2003 年版，第 80 页。

② 苏浩著：《从哑铃到橄榄——亚太合作安全研究》，北京：世界知识出版社，2003 年版，第 439 页。

极作用的安全机制，中国则可深入参与。另外，当前国际安全机制向多层次、多领域方向发展，中国在参与机制问题上的选择本身就是一种政策取向，是一种实现战略目的、维护国家利益的有效途径。例如，在地区多边安全对话方面，亚太地区就存在数个类似的机制，其中由伦敦国际战略研究所（IISS）主办的“香格里拉会议”和东盟地区论坛（ARF）的安全政策会议在很多方面十分接近，中国完全可以选择不同的参与程度，利用其中的区别和联系来发挥作用并对地区安全结构的发展施加影响。

二、在机制变革进程中改善战略态势

现有国际安全机制基本上都属于第二次世界大战以后建立起来的整个国际制度体系，其中多数机制都成立较早。诸如一些主要的裁军与军控机制基本都诞生于冷战时期，而联合国集体安全机制更是已有 60 多年历史。这些国际安全机制在以往都发挥了其自身独特的作用，为国际社会的安全、战略力量的平衡都不同程度地作出了贡献。然而面对新的国际政治安全形势，这些机制或多或少都显示出一些不适应，其有效性也遭到质疑。联合国的情况就具有代表性。冷战结束以后，联合国的权威受到一系列冲击，体制上的弱点也日益暴露。联合国的主体机构设置和运作程序都是二战结束不久时确立的，现已不能适应当前形势发展的要求。此外，机构重叠、效率低下的问题也十分严重。例如，联大的议程过于宽泛，一些重大问题难以得到应有的关注；安理会的代表性，尤其是占会员国 2/3 以上的发展中国家在其中的代表性严重不足；托管理事会的使命已经完成，但机构仍然未能及时撤销，等等。因此，从 20 世纪 90 年代开始，联合国的改革就拉开了序幕，在安南任联合国秘书长时期，改革更是超越了单纯机构改革的范畴，触及到一些实质性、深层次的领域。

另外，一些具有关键意义的军控裁军机制也面临同样境遇。2001 年底，美国布什政府宣布退出《反导条约》就严重冲击了冷战时期构建起来的维系整个战略稳定的军控裁军机制。2007 年、2008 年，美国四位前政要舒尔茨、佩里、基辛格和纳恩提出的“无核世界”虽然不属于美国的政府行为，但对国际核军控和核裁军仍然产生了较大的影响，甚至可能是整个军控与裁军机制发生重大变革的某种前奏。[①] 从地区安全机制来看，随着安全威胁的多元化，一些地区安全机制也在纷纷做出调整和转型，以便适应新的国际和地区安全形势。总体上看，二战以后建立起来的整个国际制度体系，特别是其中的主要国际安全机制正进入一个调整和变革时期，机制改革已经成为当前的一种普遍趋势。

对于国际社会来说，国际安全机制改革的后果是双重的：一方面，机制的改革往往着眼于应对新的安全威胁，使其规则、机构设置能够适应变化了的安全形势，从而在客观上增强了机制的有效性和生命力；另一方面，国际安全机制的改革在不少情况下是国家之间、特别是大国之间“重新洗牌”的过程，即改变原有的规则和程序，使其包含的权力安排能够与现实的实力—权力结构相符合。这种变化是国际政治现实逻辑的一种反映，至少在短期内蕴含着潜在的摩擦和冲突，为安全格局带来一定的不确定性。

中国作为国际社会的一个重要成员，同样承担着国际安全机制改革带来的双重后果。从国家安全战略的角度来看，这也意味着挑战与机遇并存。中国的发展需要一个稳定的外部环境，其中

① George P. Shultz, William J. Perry, Henry A. Kissinger and Sam Nunn, “Toward A Nuclear-Free World,” *The Wall Street Journal*, Jan. 15, 2008.

就包含以联合国为核心的整个国际安全制度体系的稳定。冷战以后，面对国际形势的迅速变化，中国一直主张发挥联合国的权威作用、坚持国际法和其他国际关系准则，就从一个侧面反映了这种需求。国际安全机制的改革则会在一定程度上冲击现有制度体系并增加发生摩擦的可能性，甚至可能给中国和其他国家的关系造成负面影响。从机遇的角度来看，中国作为一个后起的发展中大国，在现有国际制度体系中并无太多发言权，而机制的变革则使原先的规则和结构发生变化，客观上为中国增加发言权、推动国际政治新秩序的形成提供了机会。这一过程同时也是中国进一步与现有的国际制度体系相磨合、相适应的过程，有利于中国自身“软力量”的增长。因此，只要中国在战略、策略上应用得当，遏制机制变革带来的负面影响、发挥其有利面是完全可能的，甚至还可使机制变革成为中国参与国际安全机制过程中的战略性契机。要真正做到这一点，中国需要从以下三个方面做好工作：

第一，坚持以合作求安全的新安全观。国际安全机制的变革也是国家间利益的再分配过程，中国和所有相关国家一样面临着多方面的利益得失。在这种情况下，中国作为一个处于上升阶段的发展中大国，着眼于未来，将以合作求安全、寻求平等共赢的新安全观充分运用到处理国际安全机制变革的问题上。正如2002年中国在东盟地区论坛会议上提交的《中国关于新安全观的立场文件》所提出的：“新安全观实质是超越单方面安全范畴，以互利合作寻求共同安全。新安全观建立在共同利益基础之上，符合人类社会进步的要求。”[①] 只有坚持推动广泛的国际合作来维

① 《中国关于新安全观的立场文件》，http：//www.fmprc.gov.cn/chn/33056.html。

护国际安全与稳定，中国的发展利益和安全利益才能在更大范围内得到实现，才能在国际安全机制的变革过程中发挥出积极的影响。

第二，坚持体现并维护发展中国家的利益。在国际安全机制的改革问题上，中国和广大发展中国家在根本的利益和需求上是一致的，希望安全机制的变革能够有助于推动整个国际秩序向更合理的方向发展。中国在机制变革过程中坚持体现并维护发展中国家的利益需求，不仅可以最大限度地团结各种力量、改善自身的地位和战略态势，同时也顺应了国际体系发展的内在要求。当然也要看到，发展中国家作为一个群体，其内部的差异和分化也在不断增大。在根本利益一致的情况下，中国与部分发展中国家在机制改革的一些具体问题上可能存在不同意见和分歧，联合国改革，特别是联合国安理会改革就显示了这一点。这就要求着眼全局，在坚持体现并维护发展中国家根本利益的同时，也要充分研究分析，并妥善处理与发展中国家间的各类矛盾与分歧。

第三，妥善处理与西方发达国家的关系。在国际安全机制的变革过程中，西方发达国家必然会竭力保持他自己在规则制定、程序安排等方面的主导地位，也必然会将西方的文化价值观注入各种国际安全机制，使这些机制朝着自己的意图方向发展演变，从而进一步增强西方世界在国际安全领域的话语权。这种意图与中国在国际安全机制改革进程中的立场有着较大区别，一定程度的斗争和摩擦是不可避免的。然而，中国的战略目标不会也不可能通过与西方对抗的途径来实现，而且发达国家在国际安全机制方面的主张中确实有一些反映普遍规律的东西，中国与多数西方发达国家都希望维护和发展一个稳定、有效的国际制度体系，双方的共同利益在不断增加。因此，中国在国际安全机制变革过程中也需要妥善处理好与西方发达国家的关系，既“斗争”又“合作”，在按国际规则办事的前提下逐步改进国际规则和国际机制。

三、着眼重点战略方向

中国是一个有着复杂地缘环境的大国，必须根据各战略方向的轻重缓急综合配置、运用自己的力量。在参与国际安全机制的战略选择上，中国同样应结合自身的地缘战略考虑，突出重点。

对于中国来说，亚太地区始终是战略上最为重要的地区，特别是在当前“亚太”概念已经扩展为包括部分中亚、南亚在内的“大亚太”时，其战略地位更加突出。从“大亚太”的视野出发，中国的主要战略方向有两个：一个是面向太平洋，另一个是面向亚洲内陆腹地。东盟地区论坛和上海合作组织分别是这两个战略方向上最主要的多边国际安全机制，同时也是中国参与国际安全机制过程中的工作重点。

东盟地区论坛（ARF）于 1994 年正式成立，包括文莱、印度尼西亚、马来西亚、菲律宾、新加坡、泰国、越南、老挝、柬埔寨、缅甸、巴布亚新几内亚、中国、日本、韩国、美国、俄罗斯、蒙古、朝鲜、印度、东帝汶、巴基斯坦、孟加拉国、斯里兰卡、加拿大、澳大利亚、新西兰及欧盟共 27 个成员，基本涵盖了整个亚太地区，是该地区最具代表性的多边安全机制。1995 年，东盟地区论坛第二届外长会议提出论坛的发展将分为三步走，即建立信任措施、开展预防性外交和探讨解决冲突的途径。目前论坛已经发展到第一阶段和第二阶段的交叉承启时期，有效地推动了地区各国在信任措施、核不扩散、维和、交换非机密军事信息、海上安全、预防性外交和反恐等非传统安全领域的合作与交流。可以说，推动这一机制的健康发展对于协调亚太地区的大国关系、维护地区安全稳定具有十分重要的作用。然而，目前论坛的发展面临一些困难，特别是下一步的发展方向和发展模式问题。处于论坛主导地位的东盟国家希望继续原先的“协商一致”、照顾各方“舒适度”的原则，但西方国家则不断批评论坛是个“清谈馆”，急于在其中贯彻西方的理念，推动论坛向机制化程度更高、约束力更强的方向发展。与此同时，美国等西方国家也在试图“另起炉灶”，美军太平洋总部1995年在夏威夷成立的“亚太安全研究中心”，伦敦国际战略研究所主办的“香格里拉会议”都可以看成是这方面的例子。

在这种情况下，中国对东盟地区论坛的积极参与就不仅事关自身的安全利益，也涉及整个地区多边安全合作的发展前景。事实上，中国是论坛最早的18个成员国之一，在推动东盟地区论坛发展的问题上一直起着积极的作用。2000年，中国提出的建立ARF海洋信息资料中心（网站）的建议获得各方支持并得以顺利实施。2002年，中国又在东盟地区论坛会议上提交了《中国关于新安全观的立场文件》，全面系统地阐述了中方在新形势下的新安全观和政策主张，推动了论坛框架内新安全观的发展与实践。2003年6月，中国又首次提出召开“东盟地区论坛安全政策会议”的倡议并得到其他成员国的支持，之后，于2004年在北京召开了首届“安全政策会议”。此举扩大了军人和国防官员对论坛的参与，从而在东盟地区论坛的框架内增加了一个直接交流军事安全议题的平台，为推动亚太地区进一步建立互信、深化安全合作发挥了重要作用。总体上看，中国对东盟地区论坛的参与是积极而富有成效的，未来应进一步加大参与力度，使其成为中国在亚太地区协调大国关系、维护安全利益、增加地区影响力的主要多边平台。

上海合作组织（简称“上合组织”）是由中国、俄罗斯、哈萨克斯坦、吉尔吉斯斯坦、塔吉克斯坦在20世纪90年代末形成的“上海五国”机制基础上发展而来。2001 年 6 月，“上海五国”的成员国元首和乌兹别克斯坦总统在上海举行会晤并发表了《上海合作组织成立宣言》，宣告上海合作组织正式成立。2002 年，六国元首又在俄国圣彼得堡签署了《上海合作组织成员国元首宣言》、《上海合作组织宪章》（以下简称“宪章”）和《关于地区反恐怖机构的协定》。其中“宪章”的签署使得上海合作组织具备了完整的法律基础，在国际法意义上成为一个真正的国际组织。2004 年 1 月，上海合作组织秘书处在北京成立，地区反恐怖机构在乌兹别克斯坦首都塔什干正式启动，这两大机构的运行标志着上合组织进入全面发展阶段。在完善机构设置、组织程序和法律制度的同时，上海合作组织框架内的多边安全合作也在向着深入、务实方向发展。首先，在打击“三股势力”方面，上海合作组织在《打击恐怖主义、分裂主义和极端主义上海公约》、《上海合作组织成员国关于地区反恐怖机构的协定》的基础上，又签署了《上海合作组织成员国打击恐怖主义、分裂主义和极端主义 2007 至 2009 年合作纲要》、《关于在上海合作组织成员国境内组织和举行联合反恐行动的程序协定》、《关于查明和切断在上海合作组织成员国境内参与恐怖主义、分裂主义和极端主义活动人员渗透渠道的协定》等一系列重要文件，使多边安全合作更加深入和具体。在打击非法武器交易、毒品走私和其他跨国犯罪方面，成员国之间也建立起了有效的司法协调和信息交换机制。此外，为加强共同打击恐怖主义的能力，上合组织成员国之间还举行了一系列反恐军事演习。2007 年 6 月，上合组织还签署了《上海合作组织成员国关于举行联合军事演习的协定》，从而使上合组织框架内的联合军演向着更加机制化的方向迈进。

对于中国来说，上海合作组织是加强国际合作以打击“三股势力”、维护中国西部战略方向安全与稳定的重要平台。更重要的是，上合组织通过不断充实和完善以“互信、互利、平等、协商，尊重多样文明，谋求共同发展”为基本内容的“上海精神”，充分体现了新安全观的生命力，同时坚持“奉行不结盟、不针对其他国家和地区及对外开放的原则，愿与其他国家及有关国际和地区组织开展各种形式的对话、交流与合作”，推动形成了“结伴而不结盟”的新型国际关系。[1] 这种影响对于中国安全环境的改善和国际地位的提高意义更加深远。未来，继续加大对上合组织的参与力度、推动其进一步向务实深入的方向发展，这既符合中国的利益，也符合成员国利益，使之进一步成为中国对周边安全、促进地区稳定的一个重要政策。在工作重点上，应着眼于进一步扩大成员国之间的共同利益，加大在能源安全等领域的合作，使上合组织框架内的国际合作进一步向着全方位、多层次方向发展。

① “‘上海合作组织’成立宣言”，《人民日报》2001年6月16日。

第九章

台湾问题与国家安全

台湾问题关系到国家的主权、领土是否完整，也关系到国家最终能否实现统一，遏制“台独”、实现两岸和平统一属于国家核心安全利益的范畴。20世纪90年代以前，基于中国当时面临的安全环境和台湾当局明确坚持一个中国原则，解决台湾问题的紧迫性并不那么突出。到20世纪90年代以后，由于台湾当局领导人李登辉、陈水扁相继抛弃一个中国原则，推行以台湾“独立”为目标的分裂政策，岛内“台独”势力膨胀，“台独意识”蔓延，国家统一面临前所未有的重大威胁，台湾问题的性质发生了明显变化，并演变为关乎国家安全的重大而突出的问题。

第一节　台湾问题在中国国家安全中的定位

准确界定台湾问题在国家安全中的定位，是中国制定涉台政策的基本出发点，需要从问题的性质、涉台国家利益及其对中国

发展进程的影响等多个方面进行具体研究和分析。

一、台湾问题在中国国家安全中的性质定位

台湾问题事关中国国家主权和领土完整，事关中国的国家统一。因此，中国处理台湾问题的核心，就是要维护国家主权领土完整，反对分裂，推动并最终实现国家的统一，这也就是台湾问题在中国国家安全中的性质定位。实践中，在不同历史时期，中国在处理台湾问题上都很好地把握了这一条主线，形成了中国政府在台湾问题上的“一个中国”原则，并促使世界绝大多数国家在处理涉台问题上，相应形成了“一个中国”的政策框架。

新中国成立初期，毛泽东成功打破了美国策动国际社会搞“双重承认”以制造“两个中国”的企图，并明确承认中华人民共和国政府是代表全中国的唯一合法政府、与台湾当局断绝或不建立外交关系，是新中国与外国建交的原则。邓小平在处理台湾问题上同样紧紧抓住国家统一问题，明确提出了“和平统一、一国两制”的基本方针，反复强调“问题的核心是祖国统一”。[①] 冷战结束后，针对台湾岛内“台独”活动扩大及美国对台政策调整的趋向，特别是美国允许李登辉访美事件，中国通过在东南沿海举行了重大军事演习等一系列斗争，表明了不惜使用武力维护国家统一的决心，促使部分“台独”势力放弃了某些极端的分裂主张，美国政府则明确做出了“三不”承诺，即不支持“台湾独立”、不支持“两个中国”或“一中一台”、不支持台湾加入任何必须由主权国家参加的国际组织。进入 21 世纪以来，台湾民进党当局竭力推动台湾“法理独立”和“加入联合国”活动，国家

① 《邓小平文选》，第 3 卷，北京：人民出版社，1993 年版，第 30—31 页。

统一作为台湾问题的本质，在形式上转变为反分裂斗争，中国一方面明确提出绝不允许“台独”分裂势力以任何名义、任何方式把台湾从祖国分割出去，并通过制定《反分裂国家法》，宣示了中国政府制止分裂、捍卫国家主权统一的坚强意志与决心；另一方面加强与岛内反对“台独”政党的联系，邀请国民党、亲民党和新党的领导人访问大陆，构建了“两岸同属一个中国”的共识。

台湾问题在本质上体现着国内安全问题属性。这是因为，中国国家统一问题的产生在根本上源于20世纪40年代后半期蒋介石政权发动的内战。尽管几十年来没有发生重大军事冲突，但至今两岸的敌对状态并未正式结束。台湾问题的这一国内安全属性具有十分重要意义。

首先，这一属性表明，如何处理台湾问题完全是中国的内政和行使自己的主权，在法理上能够为世界多数国家所理解。因此，《反分裂国家法》第三条明确提出：“台湾问题是中国内战的遗留问题。解决台湾问题，实现祖国统一，是中国的内部事务，不受任何外国势力的干涉。”

其次，这一属性还表明，世界各国不能与台湾当局发展任何官方关系，特别是发展政治与安全关系，否则就将侵犯中国的主权，违反《联合国宪章》关于国际关系的基本原则。1955年8月至1970年2月，中美两国举行的大使级会谈和后来的中美建交谈判，中国在台湾问题上都坚持美国必须与台湾当局断交、废除《共同防御条约》以及从台湾撤军的要求，一个根本的目的就是将台湾问题还原为中国内政问题的本来面目。长期以来，中国政府反对有关国家试图发展同台湾的官方或半官方的政治和安全关系，这也是坚持台湾问题属国内安全问题的正当要求。

最后，坚持台湾问题的国内安全属性，有助于中美双方避免直接军事冲突。一方面，中国不能也不愿因为美国对台湾问题的介入和阻挠，将两岸敌对状态转变为中美的敌对状态，引发同美国的战争。另一方面，美国同样不能也不愿因为台湾分裂势力的私利而忘记美国的利益，将自己绑上两岸内战的战车。在炮击金门作战中，毛泽东指示“只打蒋舰，不打美舰”与美国护航舰队一炮未发就逃至公海的事实，[①] 生动地表明了上述道理。无论是当年蒋介石集团还是后来的“台独”势力，都曾企图将美国拖入两岸军事冲突，但都无法得逞，根本的原因就在于此。

正是台湾问题的国内安全属性所具有的重要意义，导致一些国际势力和岛内分裂势力企图将台湾问题重新定位为国际安全问题，进而改变台湾问题的本质。有的企图将台湾问题比作“两个德国”或“两个朝鲜”问题，企图迈出分裂中国主权的第一步。但这个企图早在20世纪50年代末就被毛泽东清楚地点破。他指出：“德国是用国际条约，即用波茨坦条约分开的。朝鲜三八线是在波茨坦会议上划定的，后来经过朝鲜战争，由金日成同志和我们志愿军同美国人谈判又重新划定了这条线。南越和北越是由日内瓦会议决定的。而台湾和中国大陆的分裂，并无任何国际协定来规定。”[②] 后来，陈水扁也曾企图将台湾问题转化为地区安全问题。他对美国人讲：我们不喜欢“台湾问题”这个提法，我们不是问题，客观的叫法应该是“台海问题”。从表面看起来似乎是比较客观，也的确迷惑了一些人，但实质上是陈水扁站在“台独”的立场，试图将台湾问题这个本质上属于中国国家统一的国内安全问题，转换成两岸安全甚至是西太平洋地区安全的“台海

---

① 苏格著：《美国对华政策与台湾问题》，北京：世界知识出版社，1998年版，第303—304页。

② 《毛泽东外交文选》，北京：中央文献出版社、世界知识出版社，1994年版，第380页。

问题”。从这里可以看出，准确把握台湾问题在中国国家安全中的性质定位，是涉台国家安全斗争的一个根本问题。

正确认识台湾问题的本质属性，有助于甄别一些错误的观点。比如，所谓的“大陆的民主化是中国再统一的关键”、“两岸问题的真正本质是制度竞赛”等。实际上，在“和平统一、一国两制”基本方针出台后，特别是香港、澳门成功实践“一国两制”后，上述说法实际上已经不攻自破，继续提出这样的说法，明显是一种拖延和抗拒国家统一的借口。所以，只要紧紧抓住台湾问题的这一本质，对一切具体问题就有了判定是非利害的准绳。

二、台湾问题在中国国家安全中的利益定位

台湾问题属于中国国家安全核心利益的范畴，主要体现在以下四个方面：

第一，台湾问题事关中国国家主权统一与领土完整。主权、领土、人口、政府是现代国际法意义上的国家的四个基本构成因素。主权是指政府的对内最高管辖权和对外最高自主权，具有自主性、完整性和排他性三个基本特征。主权与领土对一个国家来说是最核心的利益。在 20 世纪 90 年代之前，台湾当局坚持一个中国原则，两岸对于中国主权的完整性不存在异议，双方争议的问题仅仅是谁拥有中国的主权代表权。20 世纪 90 年代之后，李登辉逐渐背弃一个中国原则，抛出“台湾已经是个主权独立的国家”、“特殊国与国关系”的言论，并力图通过政权体制改革，谋求将台湾改造成一个“独立政治实体”。国家的主权完整和领土统一受到严峻挑战。陈水扁继任台湾当局领导人后，明确主张“台湾是一个主权独立的国家”，公开声

称“台湾跟对岸中国一边一国”，而且“主权对等”。李登辉、陈水扁的“两岸主权分裂”和“台湾主权独立”论调，在岛内和国际社会产生了恶劣的影响，使不少人产生了模糊的错误认识，即使在马英九接任后的短期内也难以真正消除。在当前和未来相当一段时期，“台独”分裂势力的分裂行为会对中国主权与领土安全构成重大威胁。

第二，台湾问题事关国家生存环境。美国长期以来将台湾视为其对华地缘战略围堵的重要一环。早在1948年11月，美国国防部参谋长联席会议就应国家安全委员会的要求，开始“对台湾一旦为中共夺取可能产生的战略性影响”进行评估，认为台湾“失陷”，共产党将“控制从日本到马来西亚地区的航线”，甚至“扩大到琉球和菲律宾”，而日本对美国的价值就会下降，成为美国的负担。[①] 1950年6月，时任远东美军总司令麦克阿瑟向美国白宫再次提交了一份关于台湾战略意义的备忘录，将台湾对美国全球战略价值提高到一个前所未有的高度：称台湾无论是从地理上还是从战略上讲，都是美国从阿留申群岛至菲律宾的远东防线中极其重要的一部分；从黄海到马六甲海峡的整个地区，没有一处军事基地可与台湾岛相比；台湾就像是一艘不沉的航空母舰和潜艇的供给舰，它所处的位置在日本、冲绳和菲律宾地区的正中心，美国控制台湾，就可以封锁中国运输。[②] 麦克阿瑟关于台湾的地缘战略价值论述，后来长期影响美国在台湾问题上的安全与军事决策。邓小平就曾多次批评道：在台湾问题上，美国的政策

---

① 苏格著：《美国对华政策与台湾问题》，北京：世界知识出版社，1998年版，第88页。

② 陶文钊主编：《美国对华政策文件集》，第二卷，北京：世界知识出版社，2004年版，第39—40页。

就是把住不放，把台湾当作一艘“永不沉没的航空母舰”。[①]

冷战结束后，为防止中国发展成为新兴的超级大国、挑战美国的霸权地位，美国加大了“以台制华”的战略力度，不断强化与台湾当局的实质性官方关系，大幅提高对台军售，并通过帮助台湾军队建立导弹防御系统和建设数据链，将台湾纳入其军事防御体系。美国在小布什任期内，利用全球战略调整之机，加强了同日本的安全同盟关系，明确将台湾纳入“共同战略目标”，并以关岛为重心重构西太平洋军事防御体系。美国的这种战略调整，不仅对中国构成潜在的军事安全威胁，更间接地支持了“台独”势力，为台湾的分裂活动创造了有利的外部条件。美国的这种两岸政策，对中国的统一与生存安全构成了严重威胁。而且，一旦发生重大“台独”事件，分裂势力与国际反华势力必将加大策动“疆独”、“藏独”问题的力度，企图制造多米诺骨牌效应，这对中国的生存将构成严重威胁。

第三，台湾问题事关中国的重大发展利益。中国将21世纪初20年左右时间视为发展的重要战略机遇期。抓住机遇加快发展同样是中国的核心国家利益。但是，台海出现重大危机则可能破坏甚至中断中国发展的机遇。在2000年以来因“台独”活动升级而造成的几次台海紧张局势中，中国政府就表明了中国不惜一切代价维护国家主权统一的决心。例如，针对2000年台湾地区领导人选举中陈水扁坚持“台独”理念，在九届全国人大三次会议闭幕后的记者招待会上，国务院总理朱镕基就坚定地表示：“中国人民要以鲜血和生命捍卫统一”；针对2004年台湾当局加快推进“法理台独”，为此，国家主席胡锦涛明确指出“台独”

① 《邓小平文选》，第3卷，北京：人民出版社，1993年版，第87、96—97页；邓小平：“会见美国国防部长温伯格时的谈话”，《毛泽东邓小平江泽民关于军队建设论述选编》，北京：解放军出版社，1997年版，第47页。

将断送台海和平；[1] 2008年在台湾地区领导人选举中“台独”活动进一步猖狂，胡锦涛提出警告，指出搞任何形式的“台独”分裂活动都是绝对不能得逞的。中国领导人的坚定立场表明，为了国家统一，中国政府将不得不做临时放弃经济发展这个工作中心，优先解决维护国家主权问题。

实际上，“台独”势力自20世纪90年代以来对两岸关系不断进行挑衅，也牵扯了中国对国家发展的资源与精力的投入。如果“台独”挑起重大事变，必将严重影响甚至破坏中国的可持续发展。而一旦台海发生严重冲突，中美、中日关系极有可能紧张甚至恶化，西太平洋上的海上贸易航线可能受到干扰，中国诸如石油及矿石等相当一部分战略资源的运输通道可能被截断，海外市场也会受到极大影响，从而严重影响中国经济的发展。

第四，台湾问题事关国家政治稳定。邓小平曾就收回香港问题与英国前首相撒切尔夫人有过一段重要谈话。他强调，如果中国在1997年还不把香港收回，任何一个中国领导人和政府都不能向中国人民交代，“如果不收回，就意味着中国政府是晚清政府，中国领导人是李鸿章！我们等待了三十三年，再加上十五年，就是四十八年，我们是在人民充分信赖的基础上才能如此长期等待的。如果十五年后还不收回，人民就没有理由信任我们，任何中国政府都应该下野，自动退出政治舞台，没有别的选择”。[2] 如果台湾发生重大“台独”事变，如果两岸长期难以实现统一，中国政府与中国领导人将在台湾问题上面临着不能收回香港同样的窘境。在难以取得人民信任的情况下，政权就会产生严

---

① “胡锦涛主席会见美国总统布什时指出中美双方应共同遏制‘台独’的分裂活动”，《人民日报》2004年11月21日。

② 《邓小平军事文集》，北京：军事科学出版社、中央文献出版社，2004年版，第222页。

重动摇，中华民族崇尚统一、维护统一的核心价值观念也将受到强烈冲击，中华民族作为一个统一、团结的民族的思想基础将遭到破坏，并将使中国陷入不稳定乃至长期动荡的局面。这是全体中国人民所不能允许的。

“解决台湾问题，实现中国完全统一，是中华民族的根本利益。”也就是说，无论过去、现在和未来，解决台湾问题对于中国的生存和发展，都有着至关重要的意义。所以中国不可能容忍台湾“独立”，中国必须统一。对于这个问题，就连一些西方政治家或学者也看明白了。德国前总理施密特在 2008 年 6 月 12 日于柏林发表的题为《中国—崛起中的世界大国》的演讲中就指出，西方在政治上不应阻挠中国大陆与台湾实现统一，从长远角度看，中国大陆和台湾实现统一是不可避免的。

三、台湾问题在中国国家安全中的历史定位

完成国家统一大业，振兴中华民族，是自近代以来多少代中国人长期为之奋斗的崇高理想和目标。台湾问题能否顺利解决，关系到包括台湾同胞在内的整个中华民族的前途命运。可以说，解决好台湾问题，是中华民族实现伟大历史复兴的一个重要前提。

正是因为台湾问题对于中国安全与发展的这一重大意义，新中国的几代领导人都特别重视推动台湾问题的尽早解决。1949 年 6 月，毛泽东在祖国大陆尚未完全解放的情况下，就致电中共华东局，要求准备解放台湾。在 20 世纪 50 年代，他指示军队做了大量解放台湾的准备工作。邓小平第三次出来工作后，提出要尽早解决台湾问题。1979 年元旦，他明确提出把台湾回归祖国、完成统一大业提到具体的日程上来。后来，他又将这项任务确定

为20世纪80年代要做的三件事之一，并讲要力争80年代达到这个目标。[1] 江泽民为加快两岸统一步伐，提出了发展两岸关系、推进祖国和平统一进程的八项主张，具体向台湾当局提出了举行两岸和平统一谈判、发展两岸经济交流与合作的建议。在“台独”势力主导台湾政局的情况下，胡锦涛总书记则邀请国民党、亲民党和新党领导人先后访问大陆，使两岸关系有了重大突破。在国民党重新上台执政后，两岸交流合作的局面也迅速全面开展。从这里可以看出，在新中国成立以来，台湾问题始终是中国领导人寄希望优先解决的国家安全的重大问题。

中国领导人与中国人民迫切希望解决台湾问题，实际上还有着更为深层的历史原因。实际上，中华民族自近代以来因受列强欺凌而造成的历史悲剧，始终存在。中国政府在1993年《台湾问题与中国的统一》白皮书前言中就鲜明地表达了这一情结：“台湾问题的产生与发展，都与这段历史有着紧密的联系。由于种种原因，台湾迄今尚处于与大陆分离的状态。这种状态一天不结束，中华民族所蒙受的创伤就一天不能愈合，中国人民为维护国家统一和领土完整的斗争也一天不会结束。”这种民族心态，必然要对国家安全产生重要的潜在影响。尤其是在香港、澳门回归后，台湾问题已经成为结束中华民族百年屈辱的最后标志。

台湾问题的复杂化趋势与解决进程的推延，在一再遭到困难和挫折的同时，也增强了全体民众对国家统一的使命感和凝聚力。实际上，大陆的这种历史悲情与台湾历史悲情都是中华民族同一段不幸历史所造成的，两者都是中华民族近代以来历史大悲情的组成部分。李登辉、陈水扁却通过政治操弄，用台湾民众的历史悲情来刺激大陆民众的历史悲情，妄图引发这对难兄难弟的

① 《邓小平文选》，第2卷，北京：人民出版社，1994年版，第239页。

对抗，其用意和手段是极其卑劣的。因此，两岸人民需要进一步加强相互沟通与理解，建立对历史更深刻全面的认识，给予台湾问题以更准确的历史定位。

第二节　影响台湾问题解决的主要因素

影响台湾问题解决的因素纷繁而复杂。在过去近60年的时间里，这些因素交互作用，共同决定着台湾问题的走向。根据斗争各方内部变化及其相互关系，可从以下三个方面分析影响台湾问题解决的各种因素。

一、台湾因素

台湾岛内政治、经济与社会的巨大变化，导致“台独”意识的泛滥和“台独”势力的膨胀，这是过去近20年来台湾问题凸显的主要原因。同时，由于“台独”活动造成了岛内族群分裂、政治恶斗、贪污腐败和两岸关系紧张等一系列恶果，也使台湾民众对“台独”活动有更多的谨慎甚至厌恶，“台独”势力的发展开始受到一定遏制。未来台湾政治、经济、社会也包括军事实力的发展能够为“台独”发展提供多大的空间，是观察台湾内部因素的主要方面。

（一）“台独意识”社会基础的变化

“台独”势力的发展有其深刻的社会历史原因。在中国近代史上，台湾曾先后被西班牙、荷兰、日本侵占，台湾人民为此较大陆人民更早饱受了深深的苦难。1945年回归祖国后，台湾人民在腐败的国民党政府统治下，再次被视为“二等公民”，当家作主的期望由此转为失望。台湾人民随后发动了“二·二八”起义，要求在“台湾省政府”框架下对台湾的政治、经济和社会进行改革，[①]但遭到国民党当局的血腥镇压。为了维护在台湾的统治，从内战战场上败下来的国民党随后实行了长达38年之久的戒严体制，进一步引起了社会的不满，岛内要求政治民主的呼声不断高涨。在这种情况下，“台独”势力趁机利用台湾人民期望当家作主的良好愿望，将实现“台独”作为人民当家作主途径加以宣扬，并极力丑化祖国大陆形象，把大陆要对“台独”动武、不给“台独”以“国际生存空间”转化为大陆对台湾人民的打压。

以李登辉、陈水扁为首的“台独”分子，利用其掌握的权势，有计划、有目的地采取了一系列的“台独”步骤，不断刺激两岸关系，一方面将外国侵略者和国民党当局在台湾制造的历史悲情转嫁到大陆身上，另一方面也企图使台湾人民相信其迂回“台独”[②]或“法理台独”可以平安实现，不会爆发两岸战争，以蛊惑、蒙蔽民心，扩大“台独”的民意基础。

随着两岸交流的不断扩大，特别是随着2005年国民党荣誉主席连战等人对大陆的访问，开启了两岸党对党的政治对话，使台湾民众进一步了解了大陆的两岸政策和善意。马英九、萧万长当选台湾地区领导后，两岸交流也呈加速之势，互信渐渐增多。这打中了“台独”势力的要害，他们以台湾安全为由竭力反对两岸扩大交流与合作，其实质仍在于截断和限制两岸相互信赖关系

① 陈映真：“二·二八事变的指导思想：‘体制内政策’”，台湾《海峡评论》，1991年6月号，第108页。

② 阎学通：“台湾的主张是‘台独’的宣言”，载《美国霸权与中国安全》，天津人民出版社，2000年版，第151—184页。

的发展，以继续保留和利用“台独”的社会基础。但两岸交流与对话的历史趋势是不可改变的。在这一趋势之下，“台独”的社会基础将不可避免地逐步受到削弱。

（二）台湾政党发展与其对台湾利益的认知

2008年的台湾地区领导人的选举结果，表明了极端“台独”思想已经走到极限。“台独”势力在两岸之间制造对抗、拒绝对话、蒙蔽岛内民众等一系列政策措施，也随着国民党的重新执政、两岸相互开放正在走向终结。在这种情况下，台湾的任何一个政党都要根据形势的发展进行适应性调整。偏向“台独”的政党，特别是民进党面临着生存和转型的压力。民进党上台执政时无法实现“台独”，在野后就更难以推动“台独”。加上陈水扁政权的贪污腐败行为及利用“台独”夺权的本质，也玷污了民进党一贯宣扬的“台独”价值观的“神圣”。多数台湾民众已经很难再为“台独”的说教所迷惑，宣扬极端意识形态的手段，已经不可能巩固民进党原有的社会基础。

着眼台湾自身利益和人民的真正福祉，将是台湾政党扩展自身民众基础的必由之路。如果台湾的政党能够由此出发去发展自身的理念，则台湾的政党政治则有可能趋向于成熟。李登辉、陈水扁在台“执政”期间，曾几次将两岸关系带入危机和战争边缘，这也使更多的台湾政治人士和民众清醒地认识到“台独”是台湾发展的一颗“毒瘤”，坚持“九二共识”，反对“台独”，谋求台海和平稳定，促进两岸同胞的交流与往来，推动两岸关系和平发展，符合包括台湾同胞在内的两岸人民的根本利益。[①] 民进党作为一个从立党之初就主张“台独”的政党，要迈出承认“九

① 2005年胡锦涛总书记与连战主席发表的《两岸和平发展共同愿景》。

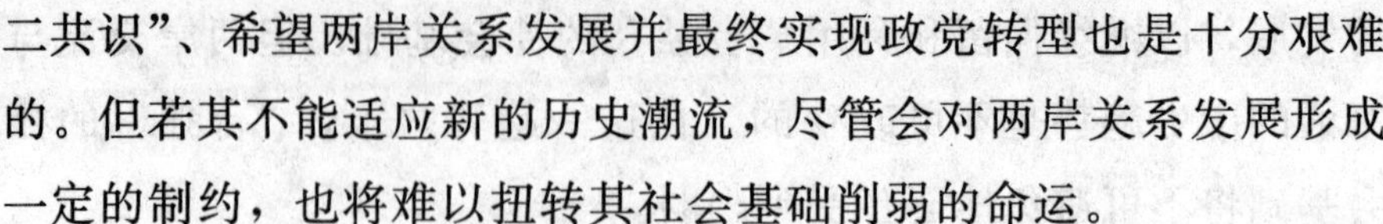

二共识”、希望两岸关系发展并最终实现政党转型也是十分艰难的。但若其不能适应新的历史潮流，尽管会对两岸关系发展形成一定的制约，也将难以扭转其社会基础削弱的命运。

（三）台湾当局对两岸政策的调整变化

台湾当局的两岸政策对台湾问题的发展走向具有直接影响。蒋经国时期，台湾当局基于历史偏见和对中美建交的惊恐心理，怀疑祖国大陆提出的“一国两制”诚意，不但拒绝和平统一，而且明确提出了“不接触、不谈判、不妥协”的“三不”政策，以各种宣传方式丑化中国共产党和大陆人民，在台湾民众中制造了严重的“恐共”心理；后来受到了岛内民众的压力，实现了以有限开放大陆探亲的政策，但仍坚持“三不”政策立场。20世纪80年代中后期，随着两岸民间交流和事务性商谈逐步扩大，台湾当局的“三不”政策已经失效，为此，它又提出了“不逃避、不退让、不畏缩”的“新三不”政策。

20世纪90年代以后，台湾当局对“三不”政策进行了重大调整，提出了祖国大陆不能接受的三个先决条件，即承认台湾为“对等政治实体”、“放弃使用武力”和允许台湾“开拓国际生存空间”。[①] 及至李登辉访美、发表“两国论”和帮助陈水扁上台执政，台湾当局的两岸政策已经完全步入极端化，走上了分裂祖国的“台独”路线。

2008年国民党重新执政后，其两岸政策开始朝着有利于促进两岸合作、互信、共赢的方向发展，但在“台独”势力的掣肘下受到一定的制约。台湾当局未来如何制定有效的政策与策略，仍

① 张春英主编：《海峡两岸关系史》，第四卷，福州：福建人民出版社，2004年版，第1040页。

将对两岸关系的发展和台湾问题的解决产生重要的影响。

二、大陆因素

大陆因素是解决台湾问题的主导性因素。这是因为，同台湾内部因素和涉台国际因素相比，大陆因素是我们能够相对容易把握的，而其关键则在于大陆对台湾长期优势的积累和发挥。正如周恩来所讲，两岸统一，“求其在我”。邓小平同志也指出：“祖国统一的实现，归根到底还是要我们把自己的事情搞好。”因此，祖国大陆自身持续、稳定、全面的发展至关重要。具体分析，祖国大陆政治稳定和政治文明发展、经济与军事实力的持续增长和合理有效的台湾政策与策略，应该是影响台湾问题解决的大陆因素中的重要方面。

（一）祖国大陆的政治稳定和政治文明发展

政治稳定、民族团结是国家经济社会发展的基础，也是实现两岸统一的基础。从长远来看，中国的政治稳定是有保证的。1949 年中国新民主主义革命的胜利和社会主义基本制度的建立使中华民族获得国家主权的真正自主与独立，为当代中国的发展与进步奠定了根本政治前提和制度基础，人民能够自己当家作主人；中国共产党在领导革命和改革开放的伟大进程中所建立的历史功勋，不仅巩固了执政地位，同时还使中国各族人民有了一个团结和可以信赖的领导核心；十年“文革”政治动荡及苏联解体、东欧社会主义国家剧变的教训，为中国保持国内的政治稳定提供了宝贵的历史借鉴。

当然，影响中国政治稳定的因素也是严重存在的，比如，城乡发展不平衡、地区发展不平衡、经济社会发展不平衡的矛盾随着经济社会的发展乃至国际金融危机的蔓延和扩散而凸显，致使社会利益关系更趋复杂，特别是受经济文化发展水平等多方面的限制，统筹兼顾各方面利益的难度加大；体制创新进入攻坚阶段，深化改革触及深层次矛盾和问题，经济政治改革的风险增大，等等，都有可能影响到国内政治稳定，当前党中央和国务院已下大力气把它解决好。同时，建设良好的社会主义政治文明和精神文明，也是增强对台湾人民吸引力的重要方面。在这方面，应深入学习和贯彻科学发展观，进一步深化政治体制改革和建设，以人为本，以进一步增强党和国家执政能力和活力、调动人民群众的积极性为目标，继续发展社会主义民主，建设社会主义法治国家，发展社会主义政治文明，促进政党关系、民族关系、宗教关系、阶层关系、海内外同胞关系的和谐，增进中华民族的凝聚力。最终能够在发展中国特色社会主义的历史进程中，发挥出具有强大生命力、规范有序、公平公正的社会主义民主政治。

（二）祖国大陆力量的持续稳定增长

从祖国大陆自身的发展寻找原因，20 世纪 50 年代新中国同美国之间的巨大实力差距，是美国得以能够阻断大陆解放台湾的主要原因；至 20 世纪 70 年代和 80 年代，中央政府以极大的诚意提出和平统一的构想，却难以得到台湾当局的积极回应，原因之一也是祖国大陆实力不济所致。当时在美国和台湾还有很多人认为，20 世纪 90 年代台湾采购的武器数量多，并且比大陆武器还要先进，“实际上用新式的军舰、导弹、作战飞机和坦克几乎对全部陆、海、空军进行了重新装备”。[①] 甚至妄论“中国现存武

① ［美］詹姆斯·诺特著：“中台军事力量对比”，《外刊论台海军事冲突》，北京：军事科学出版社，2001 年版，第 68 页。

器大多已经过时、中国的军费和军事采购水平低、中国的两栖作战和空运能力有限”。[①] 更有人认为，这些部队主要是为了对付内部安全威胁，而不是为中国提供一支能够越过台湾海峡“大型的对外干涉力量”。[②]

正是在对中国实力如此理解的基础上，国力达到巅峰的超级大国美国有恃无恐，在20世纪90年代一度掀起了干涉中国内政的高潮，中美关系恶化到几乎失控，[③] 而李登辉也借机跑到美国发表其“台独”宣言，并抛出其臭名昭著的“两国论”；陈水扁则又提出“一边一国”，并向大陆叫嚣“决战境外”，都说明其对大陆实力的蔑视。随着祖国大陆国力的持续、快速的增长和在国际影响的不断上升，美国、日本等一些势力又开始在国际上制造“中国威胁论”，当时的民进党当局更是随声附和。

毋庸讳言，祖国大陆国力的强大，正是遏制岛内“台独”势力和国际上“台独”支持者的主要物质保证。因此，紧紧抓住发展不放松，埋头苦干，协调好经济建设与国防建设的关系，不断增强祖国大陆的综合国力，是推动和平解决台湾问题的关键所在。

（三）中国政府对解决台湾问题的方针政策调整

在20世纪50年代，新中国解决台湾问题的基本方针就是武力解放。但同时，也提出在可能的条件下，争取用和平的方式解

---

① ［美］詹姆斯·诺特著：“中台军事力量对比”，《外刊论台海军事冲突》，北京：军事科学出版社，2001年版，第73页。

② ［美］詹姆斯·诺特著：“中台军事力量对比”，《外刊论台海军事冲突》，北京：军事科学出版社，2001年版，第70页。

③ 苏格著：《美国对华政策与台湾问题》，北京：世界知识出版社，1998年6月第1版，第674—680页。

决问题。[1] 自20世纪70年代后期，国际国内形势发生了两个重要变化：一是中美建立外交关系，实现了关系正常化；二是中国实行了改革开放政策，党和国家的工作中心转移到现代化经济建设上来。在这样的历史条件下，邓小平指出："我们不再用'解放台湾'这个提法了。只要回归祖国，我们将尊重那里的现实和现行制度"。由此，中国政府出于对整个国家民族利益与前途的考虑，提出了"和平统一、一国两制"的方针。这一方针的实施，有力地促进了两岸关系的缓和及民间交流的开展。1995年1月，江泽民就推进祖国和平统一提出了八项主张，其中，明确建议吸收两岸各党派、团体有代表性的人士参加和平统一谈判，作为第一步，双方可先就"在一个中国的原则下，正式结束两岸敌对状态"进行谈判，并达成协议。这些主张是对"和平统一、一国两制"方针的具体落实和推进。但此时，台湾当局在李登辉的主导下，已经在分裂的路上越走越远，不愿做出正面回应。但江泽民提出的八项主张，仍极大地推动了两岸人员往来和经济文化交流与合作，使两岸谈判出现了由事务性商谈向政治性商谈发展的前景。[2]

20世纪90年代后期至21世纪初，台湾岛内的"台独"分裂主义活动不断升级，"一个中国"原则受到严重挑战。在"台独"威胁面前，以胡锦涛为总书记的党中央在坚持"和平统一、一国两制"基本方针的同时，又把不承诺放弃使用武力原则上升为国家法律意志，制定了《反分裂国家法》，为必要时以"非和平手段"制止分裂提供了坚强的法律依据，从而完善了推进祖国和平

① 《台湾问题与中国的统一》白皮书第三部分，《人民日报》1993年9月1日。

② 张春英主编：《海峡两岸关系史》，第四卷，福州：福建人民出版社，2004年版，第1031—1033页。

统一和防止国家分裂两个方面的方针政策。在国民党重新上台执政后，台湾问题的和平解决面临着新的机遇，为开创两岸关系和平发展新局面，胡锦涛总书记尊重台湾方面的意见，在坚持“九二共识”和反对“台独”的前提下，提出了“建立互信、搁置争议、求同存异、共创双赢”的发展两岸关系的指导方针。

历史地看，中国政府一方面能够从中华民族前途命运出发，本着尊重历史、尊重现实、实事求是、照顾各方利益的原则，灵活处理台湾问题，促进祖国的和平统一大业；另一方面，中国政府能够坚持“一个中国”的原则，牢牢地把台湾问题控制在“一个中国”框架之内。这就为台湾问题的最终解决提供了最有力的政治保证。

三、国际因素

影响台湾问颢解决的主要国际因素是美国。从台湾问题产生的内因来看，如前所述是内战；而若从外因来看，则是美国对台湾问题的直接军事干预，否则中国早在20世纪50年代就实现了统一。20世纪70年代，随着国际战略格局特别是中美苏大三角关系的变化，中美关系实现了正常化，但美国始终不放手台湾问题，在一个中国原则问题上维持其战略模糊，并在随后通过的《与台湾关系法》中声称，“美国将向台湾提供使其能保持足够自卫能力所需要数量的防御性装备和服务”，并强调“凡当美国法律提及或涉及外国和其他民族、国家、政府或类似实体时，上述各词含意中应包括台湾、此类法律也应适用于台湾”，① 其实质上

① “与台湾关系法”，载于《美台关系重要资料选编》，北京：时事出版社，1997年版，第168—169页。

是继续把台湾作为一个独立的政治实体来对待。目的在维持与台湾的实质性官方关系，继续牵制两岸关系发展。

随着两国关系的发展，中美于1982年8月17日再次发表联合公报，明确将逐步减少美对台出售武器并最终彻底解决这个问题。在中美经贸关系和战略安全关系进一步升级的情况下，邓小平曾让访华的撒切尔夫人转告里根，说："希望他在总统的第二个任期内，帮助我们解决台湾问题，他是可以有所作为的"。[1] 但是，即使在当时这种中美关系的情况下，美国对中国这一建设性建议也没有做出积极的回应，始终坚持"不介入，不调停，不提方案"政策，对两岸货物和人员的交往仅仅停留在口头欢迎上，"没有在促进海峡两岸交往问题上再前进一步"。[2] 虽然表面上，里根政府这样做主要是出于美国政治的原因，但实质上是美国认定，"在美国尽量少承担义务的前提下，长期保持台湾与中国大陆分离的局面，最符合美国的利益"，美国由此可以"以台湾问题长期牵制中国"。[3] 这也就是所谓的美国"以台制华"战略。

苏联解体、东欧剧变随之两极格局瓦解之后，美国作为唯一的超级大国，认为中国对美来说战略意义下降，而台湾对美的战略意义却在上升。在这一背景下，中国国内在1989年春夏之交发生的政治风波，则直接引发了中美关系的历史性倒退。此时的台湾问题再次成为美国制华的有力工具：美国老布什政府违背《八·一七公报》中所作的承诺，大规模向台湾出售武器；克林

---

① 邓小平："会见新加坡总理李光耀时的谈话"，载于《毛泽东邓小平江泽民关于军队建设论述选编》，北京：解放军出版社，1997年版，第54页。

② 苏格著：《美国对华政策与台湾问题》，北京：世界知识出版社，1998年版，第558—564页。

③ 张春英主编：《海峡两岸关系史》，第四卷，福州：福建人民出版社，2004年版，第1062页。

顿政府则出台了对台政策新框架，宣布了一系列提高美台关系的措施，[①] 并“自食其言”最终允许李登辉访美；小布什政府则在上台伊始就宣布再次大规模售台武器，并声称将依照《与台湾关系法》，履行协防台湾的义务。这实际上正是20世纪90年代以来岛内“台独”势力快速上升的主要国际原因。由于中国的坚决斗争，美国政府才认识到反对“台独”、维护地区稳定是其与中国的共同利益，不得不做出坚持一个中国、不支持“台独”的立场。但是历史告诉我们，美国以台制华的战略不会轻易改变，其不支持“台独”的政策应该是相对的，即仅仅在于不破坏地区稳定这个限度之内。

纵观历史，美国处理台湾问题，是将其作为美国国际战略的一张牌来摆布的。至于这张牌怎样打，则取决于美国对其自身战略利益的考虑，取决于美国对其全球战略的考虑，取决于美国对华政策的考虑。因此，在反“台独”问题上，我们可以促其表态和有所行动，但在促进两岸统一问题上，不对美国抱有幻想。

在影响台湾问题解决的国际因素中，近年来日本因素的作用也在不断上升。应该说，日本作为一个主要依靠海外资源与国际市场的国家而言，其重视台海地区的稳定与安全是可以理解的。但是，日本一些势力深深介入台湾政治，建立与“台独”势力的密切联系，表明了他对台湾问题的干预。在2005年2月发表的美日加强同盟关系的声明中，两国明确将台湾问题的和平解决列为同盟在亚太地区的“共同战略目标”，美国有访华人士明确承认，这一目标是由日本提出来的。这表明，日本在对台湾问题的介入上，并不比美国更浅，需要引起人们更多的警惕。

---

① 苏格著：《美国对华政策与台湾问题》，北京：世界知识出版社，1998年版，第729—730页。

历史的发展是多种因素交织作用的结果。台湾问题的最终解决，根本还在于中国大陆自身实力的增长与政策选择的正确，在于两岸人民对中华民族的民族认同和崇尚统一核心价值观。未来一个时期，随着海峡两岸历史性政治和解进程的开启，“三通”的逐步实现，政治与军事互信的增进，两岸关系有望进入一个和平发展的新时期。当然，在当前和未来相当一段时期，“台独”势力的分裂活动仍将是国家安全现实和直接的威胁，两岸关系发展将不可避免地受到“台独”分裂势力和国际反华势力的破坏与干扰，但中国的统一进程正在加快，这是任何力量也阻挡不住的。

第三节　在民族复兴进程中筹划解决台湾问题

祖国大陆反“台独”斗争在很大程度上就是一个积累主动权的过程，而一旦在总体上获得了主动权，离台湾问题的解决也就不远了。强调把握解决台湾问题的过程，还需要不断积累并充分发挥大陆所具有的总体和长期的战略优势，逐步抵销和化解“台独”的短期优势。因为“台独”势力所倚仗的一些条件，诸如特定的政治生态、岛内民众心理和认识中存在的一些情感偏差等，是相对容易改变的，他们将由于祖国大陆的发展、两岸交往的增进、台湾岛内的政治进程以及美国政策的某些调整而发生改变。近年，随着台湾政治生态发生的积极变化，岛内有更多的人将未来寄希望于在大陆的发展就很能说明问题。

“台独”威胁或激化、或受到抑制，是多种力量和要素互动的结果。决定和影响“台独”发展的要素非常多，相互间影响作用十分复杂，因此遏制“台独”也必然是一个复杂的系统工程，但应该看到大陆因素在其中占有主导地位。过去一个时期台海局势发展证明，大陆在台湾问题上的战略选择绝对不像一些人看到的那样，仅仅局限在“大拼搏”和“无所作为”两个极端，实际上反“台独”斗争的途径和手段是非常丰富和广泛的，并会随着台海局势的演变而得到不断补充和扩展。只有牢牢把握台海局势发展的先机，处于战略上的主动地位，才会将国家发展与国家统一有机地结合起来，在民族复兴的进程中筹划和促进台湾问题的解决，实现祖国的统一。

一、立足民族复兴大局把握解决台湾问题进程

实现中华民族的伟大复兴，是自近代以来全中国人民的梦想。根据邓小平同志的最初设想和改革开放的历史进程，党的十五大明确将这一梦想确定为党和全国人民进行社会主义现代化建设的奋斗目标。按照十五大的战略规划，21 世纪的“第一个十年实现国民生产总值比 2000 年翻一番，使人民的小康生活更加宽裕，形成比较完善的社会主义市场经济体制；再经过十年的努力，到建党一百年时，使国民经济更加发展，各项制度更加完善；到世纪中叶建国一百年时，基本实现现代化，建成富强民主文明的社会主义国家”。[①]“达到这个目标，就算摆脱不发达状态而进入中等发达国家之列了，就是实现中华民族伟大复兴了。”[②]

① 《高举邓小平理论伟大旗帜，把建设有中国特色社会主义事业全面推向二十一世纪——江泽民同志在中国共产党第十五次全国代表大会上的报告》。

② 郑必坚著：《思考的历程——关于中国和平发展道路的由来、根据、内涵和前景》，北京：中央党校出版社，2006 年 12 月版，第 217 页。

由此可以看出，实现上述三步走的现代化建设目标，是实现中华民族伟大复兴的核心目标。后来，党的十六大对此做了进一步发展，将中华民族伟大复兴的目标明确为：在中国特色社会主义道路上完成三大历史任务，即“推进现代化建设、完成祖国统一、维护世界和平与促进共同发展”。[①] 这就更加丰富了党关于实现中华民族伟大复兴的宏伟蓝图。

纵览中国近现代史的沧桑，实现中华民族伟大复兴，是全中国人民的最高利益，解决包括台湾问题在内的一切问题，都应当在这个大局下行动，既要维护好这个大局，同时又要通过与大局的协调行动，借助大局的力量，解决好各个局部的问题。

立足民族复兴大局把握解决台湾问题的进程，最根本的是要维护好实现现代化建设目标这个核心。正如邓小平曾经指出的，在维护世界和平、台湾回归祖国和加紧四个现代化建设这三件事中，“核心是现代化建设。这是我们解决国际问题、国内问题的最主要的条件”。“四个现代化搞好了，经济发展了，我们实现统一的力量就不同了。”[②] 因此，牢牢地抓住机遇，不为各种问题所困扰，包括尽最大努力稳定好台海局势，持续推进以经济建设为中心的国家全面协调可持续发展，应该是现阶段我们推进中华民族复兴进程中需要把握的一条主线。在向一位日本朋友解释为什么要在香港保持现行的资本主义制度五十年不变时，邓小平讲，中国的国民生产总值在20世纪的最后两个十年内要翻两番，达到小康水平，但要真正发达起来，在21世纪还需要三十年到五十年时间。他讲，所以我们讲“五十年”，不是随随便便、感情

① 《高举中国特色社会主义伟大旗帜，为夺取全面建设小康社会新胜利而奋斗——胡锦涛同志在中国共产党第十七次全国代表大会上的报告》。

② 《邓小平文选》，第2卷，北京：人民出版社，1994年版，第241页。

冲动而讲的，是考虑到中国的现实和发展的需要。他接着强调："同样地，本世纪末和下一个世纪前五十年也需要一个稳定的台湾……这就是制定我们国家政策的一个想法。"[①] 从上述论述中可以看出，邓小平同志是紧紧围绕中国的经济发展和现代化建设来思考筹划香港与台湾问题的，更明确地讲，他已经把香港与台湾问题纳入到以实现现代化为根本的中华民族伟大复兴的大局下，去思考问题解决的方法。邓小平同志的这些重要的思想和实践，对于我们今天抓住现代化建设这个核心问题，在中华民族伟大复兴的进程中把握台湾问题的解决，仍然有着十分重要的借鉴意义。

立足民族复兴大局把握解决台湾问题的进程，要努力把国家综合实力的发展转化为推动国家统一的积极动力，把台湾问题的解决作为中华民族伟大复兴的重要组成部分，在实现伟大复兴的进程中同步完成。党的十六大将祖国统一与实现现代化建设、维护世界和平及促进共同发展并列为中华民族伟大复兴进程中需要完成的三大历史任务。这清楚地表明，解决台湾问题，完成国家统一大业，是中华民族复兴的一个重要组成部分，或者说是一个重要前提。处理好现代化建设与推动解决台湾问题，是中华民族复兴进程中需要必须把握的重大关系。一方面，要充分利用现有国家实力，促进台海地区的和平与稳定，把两岸关系锁定在一个中国的框架之内，推动两岸关系向有利于和平统一的方向发展；另一方面，又要不断将持续发展的国家综合实力，转化为对台湾人民的吸引力和对"台独"分裂势力及国际干预势力的强大威慑力，力争在现代化建设目标基本实现之时或之前，能够彻底解决

---

① 《邓小平文选》，第 3 卷，北京：人民出版社，1993 年版，第 101—103 页。

台湾问题。

二、不断积累两岸和平统一的政治、经济、军事和社会条件

在过去的20年里，由于“台独”分裂势力在两岸关系中制造了一系列的对抗和紧张，两岸关系发展遇到了极大的困难。一些悲观人士甚至认为，两岸关系发展已经渐行渐远。但实事并非如此。两岸统一的历史必然发展趋势非但没有改变，而且有利于国家统一的各种条件在这一时期仍然得到较快发展。例如，中国大陆的现代化建设没有因“台独”干扰而受到破坏和中断，持续、稳定和快速的经济增长，使大陆成为名列世界前列的经济贸易大国，综合实力大幅上升，从而为推进祖国和平统一创造了坚实的物质基础；在反对“台独”的斗争过程中，中国政府提出了以“一个中国”原则为核心的一系列“反独促统”的重要理论思想、政策主张和法律法规，为两岸和平统一提供了一定的政治和理论准备；在军事上，“台独”分裂活动制造的一系列紧张和危机，加快了国家反“台独”军事斗争准备的进程，极大地提高了军队维护国家主权和领土完整的能力；在两岸交往上，民间经贸交流与人员往来不断扩大，两岸经济联系日益紧密，同时两岸事务性机构的商谈得以实现和恢复，政党交流取得重大突破，两岸关系发展呈现出新局面；在国际上，中国政府坚定不移的反“台独”立场，全面遏制“台独”势力在国际上的活动空间，在国际社会中有力地维护了一个中国的政策框架，等等。随着国民党重新在台湾执政，两岸关系发展面临着新的难得机遇。在新的形势下，两岸应该抓住机遇，在上述这些条件基础上，继续积累祖国和平统一的政治、经济、军事和社会等诸方面的条件，逐步将台湾问题的解决提上历史议程。

为此，要优先围绕一些重大问题，努力推动建立两岸政治互信。在台湾问题存在的近60年里，良好的主张和诚意得不到对方积极回应，根本原因就在于两岸缺乏基本的政治互信；“台独”势力之所以有机可乘，也正是因为这种政治敌对关系、政治沟通不畅。当“台独”势力控制台湾当局时，其拒绝接触和谈判的政策，也在于企图延续这种敌对关系。在没有政治互信关系的情况下，台湾民意实际上遭到了“台独”势力的蒙蔽和挟持，所谓的有关“统独”问题的民意测验，都被这种制造出来的政治敌对氛围所“污染”。因此，要开拓两岸和平发展的新局面，积累两岸和平统一的政治条件，最优先解决的就是要加快建立和培育两岸的政治互信关系。当前，两岸执政党在坚持“九二共识”、反对“台独”问题上达成了共识，同时在指导两岸关系发展方针上，两岸的表述高度一致。台湾方面提出了“正视现实、开创未来、搁置争议、追求共赢”的建议，大陆方面回应提出了“建立互信、搁置争议、求同存异、共创双赢”的意见。这为建立两岸政治互信提供了重要前提。在此基础上，还需要在一些重大问题上取得重大进展。

首先，要在终止敌对状态、达成和平协议这一重大问题上实现突破。可以设想，一旦建立起包括军事互信机制在内的两岸关系和平稳定发展架构，两岸关系必将步入一个良性健康发展的全新阶段。其次，要在消弭因意识形态对立而造成的政治隔阂上有所突破。通过开展两岸政党之间交流，建立一种相互学习借鉴，善于求同存异和能够和平竞争的良性政党关系，为两岸两个政治体制的和平相处打下基础，也为未来认同和落实“一国两制”打下基础。再次，要在增进对两岸共同命运体的认识上有所突破。要拓展两岸的历史、文化、战略等各个层面的研究交流，促使两岸人民能够深切地体会到近代以来，两岸人民共同的历史境遇和未来的共同命运前景，体会到两岸合则两利、分则两害的历史遭遇，体会到实现中华民族伟大复兴将给两岸带来的巨大共同利益，等等。

另外，要基于两岸平等自信的心态和立场，推进经济社会的逐渐融合。在“两蒋”时期，由于蒋介石集团从大陆退至台湾的落败心态，对大陆充满了敌意和多疑，所以台湾当局不可能信任大陆和平解决台湾问题的任何诚意。在“台独”势力主政时期，由于大陆对其“台独”活动的遏制与打压，他们必然对大陆充满了仇恨和恐惧。目前，国民党重新上台执政，没有前者的心态和立场。同时，由于台湾经济社会的发展和演变，台湾当局和台湾人民也应该有自信与大陆能够平等和真诚地对话，不必再一味地将大陆的各项善意说成“不怀好意”。由于近年来的经济社会发展，中国大陆不仅愿意以更宽松的条件、更优惠的措施发展与台湾的经济关系，也拥有了更高的国际自信，愿意在更宽广的国际视野下处理台湾问题。也就是说，两岸当前较以往拥有了可以更为平等对话、协商的心态和立场，这将有利于推动大陆在台投资和大陆人员赴台交流的发展，改变两岸经济社会联系不对称关系，促进两岸人民更多的接触和理解，逐渐实现两岸经济社会的融合，进一步更快地消除两岸对立、对抗的基础，为和平统一创造良好的经济社会环境。

三、在建立合作安全的地区格局中推进和平统一

台湾问题属于中国内政，如何解决台湾问题是中国人自己的事情。但同时，中国承认台湾问题对于国际安全和相关国家的利益具有重要的影响。对此，邓小平曾说：“美国在台湾有大量投资，日本在那里也有大量的投资，这就是现实，我们正

视这个现实。”[1] 实际上，不仅是经济利益，美国与日本还认为其在该地区拥有特殊的战略安全利益和国际政治利益。另外，东南亚地区的某些国家也认为，台海地区的安全直接影响他们的经济发展环境，可能对其国家的政治、经济和安全产生严重的影响。虽然我们并不承认国际反华势力为掩盖其“以台制华”企图所宣称的所谓“特殊安全利益”，但在经济全球化和区域经济一体化的今天，我们在要求他国尊重中国主权与领土完整的同时，也应该承认相关国家的合理利益存在。也就是说，我们不能允许台湾问题“国际化”，但我们解决台湾问题要兼顾他国在台海地区的利益，力争实现某种程度上的政策协调，既有利于促进台湾问题的解决，也有利于保护有关国的合理利益。这就要求我们必须将建立地区安全格局的努力与推动台湾问题的解决更好地协调起来。

要努力在推进地区合作安全的进程中营造推动和平统一的国际环境。新的中国国家安全战略理论不仅仅把发展国际关系的基点放在应对共同威胁上，同时也要根据经济全球化条件下各国利益相互依存不断加深的现实，将和平合作与共同发展作为对外关系的基点。[2] 在安全观念上，中国提出了以“互信、互利、平等、协作”为核心的新安全观，主张建立公正、有效的地区和国际安全合作。在实践方面，近年来中国积极参与东盟地区论坛、亚洲安全会议、朝核六方会谈与上海合作组织的区域安全合作，努力扩大国际安全合作与军事互信，促进地区与世界和平。在地区安全合作中，中国可考虑在安全合作组织国家中普遍坚持一个中国

---

① 邓小平：“会见日本文艺评论家藤淳时的谈话”，载于《邓小平建设有中国特色社会主义的论述专题摘编》，北京：中央文献出版社，1992 年版，第 304 页。

② 彭光谦：“从生存到发展，我国国家安全战略指导重心转变”，《中国国防报》2007 年 1 月 18 日。

政策框架下互相尊重主权、互不干涉内政、平等互利原则下，商讨维护台海地区稳定和保护相关国家利益的问题，并以此争取相关组织和国家的积极回应，即基于共同利益的需要，支持中国推进和平统一大业，以创造一个两岸和区域内各国多方共赢的地区战略环境。

要在建立合作安全的地区格局中逐步推动美、日必须彻底改变“以台制华”战略立场。美日两国特别是前者坚持大量售台武器，侵犯了中国的主权，也极大地伤害了中国人民的感情。两岸处于分裂状态，美国和日本都是有责任的。在东西方严重对立的年代，基于对相互军事威胁的严重顾虑，美、日不放弃“以台制华”战略，似乎有其“合理性”的一面。但冷战已经结束多年，国际战略形势和两岸关系发展已经发生了巨大变化：和平合作与共同发展成为世界的潮流，只有合作安全才有可能真正产生美国想要的“绝对安全”；中国愿意参与地区安全合作，并不担心这种合作会将自己绑得太紧，表明中国发展遵循和平负责的轨道；两岸开放合作的大门已经打开，两岸理解沟通将不断加深，美、日将台湾作为遏制大陆的“卒子”迟早会为两岸人民所唾弃，等等。为此，应该在地区安全的框架下，推动美、日逐渐对台湾问题放手，支持两岸以“一国两制”这一最佳方式实现统一，不要非得等到两岸将要走到统一的那一刻，才黯然作罢，这也不符合美国和日本人民的长远利益。

四、建设一支确保和平统一的强大军事力量

邓小平曾明确地指出，如果我们承诺我们根本不使用武力，那就等于将我们的双手捆起来，反而只会导致和平统一成为不

可能。[1] 邓小平深刻地表明了建设一支强大军事力量与确保祖国和平统一的辩证关系，即加强军事力量建设是确保中国和平统一的基本保证。

军事力量在祖国和平统一中的任务主要有三个：一是促使台湾当局不能长期不与我谈和平统一；二是预防发生重大"台独"事变；三是预防发生外国势力侵台事件。从20世纪80年代中国军队履行上述三个任务的情况看，其力量"反独"、"止独"有余，但"促统"尚有较大潜力，遏制外国势力对台军事干预能力也需进一步加强。因此，随着国家经济力量的不断发展，同步加强国防和军队建设，应该是中国实现统一大业过程中必须长抓不懈的一项重大战略任务。

从军事力量的运用性质看，主要在于"反独促统"，而不是武力解决，针对的主要对象是"台独"分裂势力和外国干涉势力，而不是广大的台湾民众。对此，中国领导人一再强调，指出不承诺放弃使用武力，决不是针对台湾同胞，而是针对外国势力干涉中国统一和搞台湾独立图谋的，并完全相信台湾同胞、港澳同胞和海外侨胞理解我们的这一原则立场。[2]

而从长远看，随着台海局势的改善，构建两岸关系和平稳定发展架构，特别是建立两岸军事互信机制就显得特别重要，这也是防止两岸相互猜疑、消除彼此的威胁感、避免恶性军事竞赛的关键性举措。这方面要特别重视做好美国的工作。为此，应保持与美国经常性的战略沟通与对话，减少因此产生的怀疑和分歧，避免美国被"台独"势力所挟持并使中美两国在西太平洋陷入不

① 邓小平："同美国广播电视界雷诺兹的谈话"，北京：《世界知识》，1979年第5期。

② 江泽民："为促进祖国统一大业的完成而继续奋斗"，《人民日报》1995年1月31日。

必要的军事紧张局面；对于美国来说，中国大陆的意义要远大于台湾。尤其在亚太地区，“美国的战略利害所在是中国未来的方向，而不是台湾的未来”。“除了它对中美关系发展的影响，台湾本身的状况并不是国际关注的对象。”[①] 美国之所以还没有完全放弃在台湾问题上的模糊政策，最重要的原因在于在他的眼里中国还没有变得足够重要。随着现代化进程的发展，在可预见的将来，中国将使美国做出一个最终的选择，不管这是不是他愿意接受的结果。

① Zbigniew Brzezinski, “Living With China,” *The National Interest*, Spring 2000.

第十章

金融安全与中国国家安全

金融是现代经济的核心。随着经济全球化进程的深入扩展，社会信息化的迅猛发展，金融进一步渗透到现代社会活动的各个方面。金融安全已经不仅仅关乎国民经济的运行与发展，而且越来越多地影响国家安全的全局。中国是一个在经济上正经历快速发展和重大转型的发展中大国，与一般国家相比，中国金融安全问题就显得更加复杂，任务也更加紧迫，是中国国家安全战略中的一个重要组成部分。

第一节 金融安全在中国国家安全中的重要地位

一、金融安全的定义与层次

理解金融安全在中国国家安全中的地位，首先必须对金融安全的概念有一个准确的界定。金融安全主要分为两个层面：一是金融体系自身运行的层面，包括所有与货币流通以及信用直接相关的经济活动。[①] 指的是在金融全球化条件下，一国在其金融发展过程中具备抵御国内外各种威胁和侵袭的能力，确保金融体系正常运行与发展的一种态势。具体地说，就是国内金融体系能保持稳定健康，经济保证正常运转，金融体系国际影响力在稳定的前提下不断提高，世界大多数国家对该国的金融实力预期良好、愿意接受该国金融企业的信用，那么该国的金融就是安全的。[②] 二是国家主权的层面，实际也可以称为“金融主权安全”，是“经济主权”概念的延伸。部分国外学者认为，国家对国内的经济运行应拥有足够的影响力，而且“将影响国内经济水平的能力的削弱视为对经济安全的威胁，即使这种削弱没有产生明显的经济损失”。[③] 从这一角度出发，金融安全就意味着国家能够独立自主地制定并执行货币金融政策，保持对国内金融体系的影响力。

界定金融安全还需对其对立面——金融风险与金融危机这两个概念有所认识。金融风险与金融危机是两个层次的问题，在程度上存在很大差别。金融风险是指金融活动遭受损失的可能性，是金融系统中的一种客观存在，是一种必然现象。从微观的角度来看，金融活动中信息的不对称性和经济主体决策的有限理性，

---

① 王元龙：“我国对外开放中的金融安全问题研究”，北京：《国际金融研究》，1998 年第 5 期。

② 刘锡良等：《中国经济转轨时期金融安全问题研究》，北京：中国金融出版社，2004 年版，第 6 页。

③ John Holsen and Jean Waelboeck, “The Less-developed Countries and International Monetary Mechanism,” *Proceedings of the American Economic Association*, vol. 66, May 1972. 转引自臧景范著：《金融安全论》，中国金融出版社，2001 年版，第 45 页。

使得金融风险不可避免，可以说只要有金融交易，就会有不确定性，就会存在金融风险。从宏观角度看，金融以实体经济为基础，但其发展与实体经济不完全同步。冷战结束以后国际金融的发展，特别是衍生金融工具的迅速发展和广泛运用，虚拟经济与实体经济相互独立的现象越来越明显，金融系统的复杂性大大增强，从而也增加了其中的风险。金融危机则是金融系统中的一种非常状态，是金融风险集中释放的过程，主要表现为全部或大部分金融指标急剧地、短暂地和超周期地恶化。它可分为货币危机、银行危机和债务危机三种基本类型，现实中三种类型可以相互转化，也可以一起爆发。金融危机来自于金融风险的聚积，比如上面提到虚拟经济与实体经济相互独立、金融系统的复杂性迅速增强带来的金融风险，这种风险内生于当前的国际金融体系，是一种客观存在，但当其聚积到一定程度，超过了金融体系所能承受的范围，就会转化为危机。2007 年爆发的美国次贷危机主要就来源于此。

因此，不发生金融危机并不等于一个国家的金融是安全的。金融主权安全遭受冲击就往往表现为金融风险，而不是金融危机。另外，从金融系统运行的层面看，一个国家的金融安全也不仅体现在防范金融危机上，还体现在对金融风险的控制能力和承受能力上。金融系统管理、控制金融风险的能力越强，对各种不确定性的承受力越强，该国的金融就越安全。所以，从维护国家金融安全的角度来说，仅仅着眼于防范金融危机是远远不够的，必须强调维护安全的过程，即密切关注金融风险，做到有效控制风险的累积和发展。

二、金融安全对中国的意义

金融安全是经济安全的核心。随着金融进一步地扩展到社会生活的各个领域，金融安全也越来越多地涉及到政治安全、社会安全等方面，对国家安全产生全局性影响。进入20世纪90年代以后，各次金融危机的爆发都证明了这一点。对于中国这样一个处于迅速上升阶段的发展中大国来说，金融安全的意义主要体现在以下两个方面。

第一，作为一个正处于经济社会转型期的发展中大国，中国在经济安全方面的脆弱性集中表现在金融领域，是制约中国经济增长、社会和谐和国家崛起的主要风险因素。

在国际经济体系中，发展中国家整体上处于不利地位。在国际资本的大规模渗透下，发展中国家（包括新兴工业化国家）不同程度上都存在结构性问题。随着经济全球化的深入扩展和国际金融的迅速发展，这种结构性问题往往首先反映在金融领域，成为发展中国家特别是处于快速工业化阶段的发展中国家的重大风险。另外，与贸易和投资领域不同，发展中国家在金融领域与发达国家相比处于绝对劣势，金融规则基本由发达国家制定，金融市场由来自发达国家的金融资本主导，这也进一步加剧了发展中国家在金融领域的弱势地位。1994年墨西哥金融危机、1997年亚洲金融危机、1998年巴西金融危机都表明，在经济全球化的冲击下，金融领域已经成为发展中国家经济安全中的薄弱环节，也是其脆弱性的集中体现。作为发展中国家，中国同样面临上述情况。而且，由于中国正在经历经济社会的重大转型，金融在其中扮演了某种“轴承”的作用，各个方面的矛盾和问题都汇集于此，使国家金融体系承受的压力更大。考虑到多数发展中国家都是在实现经济“起飞”、快速推进工业化的过程中出现重大金融风险或金融危机，中国可能也会面临一个金融风险相对集中的阶段，金融危机可能成为中国国家安全面临的现实威胁。

在金融危机可能造成的影响方面，中国作为一个发展中国家，也处于不利地位。发达国家由于拥有金融领域的主导地位和完善的金融体系，抵御金融危机冲击的能力较强，一般金融危机主要打击其金融界，对国民经济整体的破坏性不强，也不容易引起社会动荡、政府危机等。可以说，从20世纪30年代开始，发达国家已经很少出现国家层面的金融危机。然而，对于发展中国家来说，金融危机的破坏力和影响面都要大得多。20世纪90年代以来，发展中国家发生的几次金融危机都对所在国的社会、政治等领域造成了冲击，一些情况较严重的国家如下表：①

国　家	危机开始时间	表　现
墨西哥	1994年12月	经济秩序混乱，社会动荡，恰巴斯州农民起义，包括首都在内的一些大城市发生骚乱，革命制度党总书记被杀，总统候选人遇刺身亡。
泰国	1997年7月	货币大幅贬值，经济秩序混乱，总理差瓦立被迫下台。
印度尼西亚	1997年7月	通胀加剧，失业严重，经济混乱，社会动荡，总统苏哈托被迫下台，不少城镇发生骚乱，出现绝食抗议行动，首都发生暴乱。

中国既具有发展中国家金融体制不完善等一般性特点，同时又处于国家经济社会的转型期，发展带来的各种矛盾和问题相对比较集中。在这种情况下，金融危机和金融风险很可能成为各种

① 倪健民主编、林融副主编：《国家金融安全报告》，北京：中共中央党校出版社，1999年版，第32页。

矛盾爆发的"触发装置"，其波及面和破坏力将进一步放大。一旦发生金融危机，则可能引发一系列连锁反应，不仅严重冲击金融和经济领域的正常秩序，而且也会威胁中国的社会稳定、基本政治制度的保持等重大安全利益，成为建设和谐社会的巨大挑战。因此，与一般国家相比，中国维护金融安全的必要性和紧迫性更加突出。

第二，金融是国家间安全竞争的重要内容。作为一个正在快速发展的大国，中国在维护金融安全方面将面临更多来自其他大国的压力。

金融安全对中国的意义还体现在大国关系方面。对于国家，特别是大国来说，金融从来不是纯粹的经济活动或市场行为，政治和安全考虑始终贯穿其中，是国家间安全竞争的组成部分，是国家用于削弱对手、巩固自身的有力武器。以美国为例，美国对海外资本高度敏感，防范十分严格。1988 年，美国通过著名的"埃克森—佛罗里奥修正案"（Exon-Florio Amendment），授权"海外投资委员会"（CFIUS）对外国投资进行安全审查。1997 年，美国国会又提出"美国市场安全法案"，要求在证券与交易委员会下设置国家安全办公室，密切监视外国政府控制的实体在美融资的情况，以便"确保没有一个实体能兴风作浪造成我们市场下跌"。[①] 同时，美国也频繁使用金融手段在国际关系中谋求政治利益和安全利益。在二战期间，美英就曾与纳粹德国展开过"货币战"。战后，美国又利用各类金融手段削弱苏联、遏制日本、牵制欧洲一体化。特别是在 20 世纪 80 年代，日本经济崛起，大有"和平占领美国"的势头，威胁到了美国的霸权地位。

---

① 梁勇著：《开放的难题：发展中国家的金融安全》，上海社会科学院出版社，1999 年版，第 16 页。

面对这种情况，当时的里根政府运用政治压力迫使日本签订著名的《广场协议》(Plaza Accord)，促使美元贬值。这一协议造成日元大幅升值，对日本以出口为主导的产业结构形成巨大冲击，并促成了20世纪90年代日本的“泡沫经济”，最终“泡沫经济”的破裂使日本经济进入了漫长的衰退期，而美国则成功地转嫁了危机，实现了经济快速发展并巩固了其自身的霸权地位。

面对中国的快速发展，美国同样或明或暗地利用金融杠杆来压制中国的崛起，成为中国金融安全日益突出的威胁。主要表现在以下四个方面：

第一，强迫中国加快金融市场开放。近年来，美国不断以贸易逆差、“操纵汇率”等借口制造摩擦，逼迫中国加快金融市场开放的步伐，迫使中国在条件不成熟的情况下应对国际资本的大举流入。一些对华“鹰派”还公开扬言，要用20世纪80年代对付日本的办法来对付中国，迫使人民币持续升值，妄图让中国经济也倒退10年。

第二，对中国海外金融活动设立政治壁垒。美国在压中国开放资本市场时，对中国资本进入美国市场却一再设置障碍。2000年在国会设立的“美中经济与安全审查委员会”专门负责就中美经济活动对美国安全的“影响”作出评估和建议，是阻挠中国企业进入美国的重要力量。2005年中国海洋石油有限公司计划收购美国尤尼科公司时，美国国会迅速介入，众议院以333票对92票的压倒性优势要求美国政府中止这一计划，最终迫使中海油放弃收购。2007年，美国众议院又针对中国通过一项修改海外投资监管的法案，规定凡被认为是受到海外政府控制的企业，都必须接受“海外投资委员会”为期45天的调查，使中国资本进入美国的道路更加曲折艰难。

第三，酝酿对中国金融的袭击。金融资本的渗透能力很强，会利用东道国的市场缺陷和监管漏洞制造金融动荡并吸食该国财富。美国的对冲基金就曾对英国、墨西哥和东南亚国家实施过一系列的攻击，造成后者重大损失。美国对华“鹰派”已经在鼓吹对中国实施金融袭击。例如，“美中经济与安全审查委员会”就声称，要通过制造“泡沫”、控制主要金融行业等手段造成中国金融危机，企图延缓中国崛起进程。

第四，增加对中国金融的影响与控制。美国很多金融机构背景复杂，在中国境内的活动也日趋频繁，对中国金融的影响日渐加大。其投资银行与评级机构已经掌握多数中国企业海外投融资的主导权，美国普华永道（PWC)、毕马威（KPMG）等四大会计师事务所在中国会计审计业已经形成垄断。在这一过程中，美国金融机构还掌握了中国大量金融信息，并涉及政治、经济、商务乃至国防工业信息，成为中国国家安全的重大隐患。

三、中国金融安全的现状

金融安全是金融发展以后才出现的课题。中国改革开放以后，金融的重要性日益突出，邓小平同志就指出，金融是“现代经济的核心，金融搞好了，一着棋活，全盘皆活”。[①] 然而，中国金融领域的改革与发展在一开始也经历了一个摸索期。由于缺乏整体规划，当时中国的金融改革与发展带有很强的随机性，主要靠中国人民银行的文件来推动，金融秩序比较混乱，银行类金融机构的不良资产累积严重，金融体系的内在风险加大，金融安全在中国国内开始引起越来越多的关注。1997 年亚洲金融危机爆发后，对金融安全地位的关注并迅速采取应对措

① 《邓小平文选》第3卷，北京：人民出版社，1993年版，第366页。

施，成为中国面临的一项紧迫任务。针对国内存在的金融秩序混乱、金融风险因素加大等突出问题，党中央、国务院于1997年12月召开第一次全国金融工作会议，下发了《中共中央、国务院关于深化金融改革，整顿金融秩序，防范金融风险的通知》。此后，中国从不同层面、不同领域采取了一系列措施，开始更加系统地、有针对性地加强国家金融安全。经过10年努力，中国在维护国家金融安全方面取得了很大成就，主要体现在以下五个方面：

（一）金融机构资产质量明显提高，财务风险得到控制

金融机构是国家金融活动的载体，其资产质量、风险水平是衡量一个国家金融体系是否健康、是否安全的首要标准。中国的金融机构曾一度积累了严重风险，主要表现在金融机构，特别是银行类机构资产质量低下，处于高风险运行。银行业在中国金融体系中居于主导地位，存在不良贷款率过高、公司治理不完善等问题。在2002年年底到2003年年初，中国国有商业银行的不良资产问题一度成为国外媒体关注的焦点，诸如美国《商业周刊》、英国《经济学家》等知名财经杂志估计这些中国银行的不良贷款比例可能超过50%，认为随时可能引发金融危机，标准普尔更是将中国内地的银行“全部定为垃圾等级”。[①] 然而，2003年启动的国有商业银行股份制改革开始以后，商业银行的不良资产比例大幅下降，到2006年年底不良贷款余额为1.25万亿元人民币，比2004年年底减少了30%，[②] 资本充足率迅速增加，基本化解

① 中国人民银行金融稳定分析小组：《中国金融稳定报告2006》，北京：中国金融出版社，2006年版，第28—29页。

② 张新主编：《金融稳定理论与实务》，北京：中国金融出版社，2007年版，第45页。

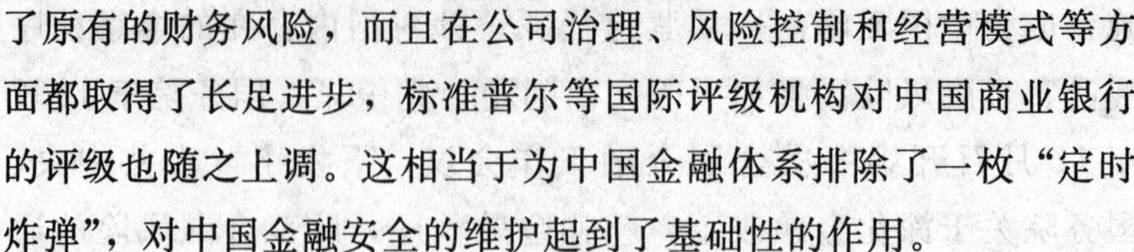

了原有的财务风险，而且在公司治理、风险控制和经营模式等方面都取得了长足进步，标准普尔等国际评级机构对中国商业银行的评级也随之上调。这相当于为中国金融体系排除了一枚“定时炸弹”，对中国金融安全的维护起到了基础性的作用。

（二）金融市场取得长足发展

金融市场的发展程度直接关系到金融体系承受风险与冲击的能力，成熟健康的金融市场是保证金融安全的重要条件。我国改革开放以来，金融市场经历了从无到有、从初创到成型的发展阶段，已经形成了由货币市场、债券市场、股票市场、外汇市场、期货市场、黄金市场、保险市场组成的门类齐全的金融市场体系。近年来，金融市场取得了长足发展，主要表现在三个方面：首先，金融产品创新加快，在不增加市场总体风险的前提下，起到了分离、转移和分散风险的作用，加大了市场的容量和风险承受能力。其次，金融市场制度进一步完善，政府管制不断放松，特别是做市商制度的完善和股权分置改革的基本完成，解决了制约外汇市场和股票市场发展的重大问题，有效地推动了中国金融市场的健康发展。第三，金融市场对外开放程度提高，我国在有步骤、分阶段地履行加入 WTO 各项承诺的基础上，进一步加快了金融市场对外开放步伐，金融市场的市场竞争氛围逐渐增强。

（三）建立起了较为全面的金融监管体系

改革开放以后，为应对经济转型的需要，中国的金融监管体系也从小到大，逐步发展，监管技术不断提高，金融监管权力不断集中到中央。1983 年 9 月，中国人民银行开始专门行使中央银行职能，同时负责对各类金融机构进行监管。1992 年 10 月，国务院证券委员会（简称国务院证券委）和中国证券监督管理委员会（简称证监会）成立。至此，中国拥有了负责监管证券市场的专门机构。1993 年 11 月，国务院又决定将期货市场的试点工作交由国务院证券委负责，中国证监会具体执行。1995 年，国务院正式确定证监会是国务院证券委的监管执行机构，负责监管证券期货市场。1997 年 11 月，中央召开全国金融工作会议，决定对地方证券监管部门实行垂直领导，并将原来由中国人民银行监管的证券经营机构也划归证监会统一监管。1998 年 4 月，国务院证券委和证监会合并为新的证监会，独立履行对证券业的监管职责。同年 11 月，负责监管商业保险行业的中国保险监督管理委员会（简称保监会）成立，2003 年又成立了负责监管商业银行的中国银行业监督管理委员会（简称银监会）。至此，中国已经形成证监会、保监会、银监会三方并立的分业监管格局，形成了较为全面的金融监管体系。

（四）金融基础设施建设得到加强

金融基础设施是指金融运行的硬件设施和制度安排，包括支付体系、法律环境、反洗钱等内容，这对于维护金融安全发挥着关键作用。其中，支付体系是维系各个金融机构和金融市场之间的纽带，一旦出现问题则可能引发流动性风险、信用风险甚至系统性风险。在这方面，中国已经形成了以现代化支付系统为核心，以商业银行行内资金清算系统为基础，同城票据交换所和清算系统、外币清算系统以及银行卡支付系统并存的格局，并在支付结算管理、支付体系风险监管方面得到了强化。在法律环境方面，中国的金融法治建设在改革开放以后得到了迅速发展，先后颁布和修订了《中国人民银行法》、《商业银行法》、《银行业监督管理法》、《证券法》、《保险法》、《反洗钱法》等法律，同时在行政法律、民商事法律和刑事法律层面对金融活动作出规定，形成了较为完整的金融法律体系，为金融行业的正常运行提供了法律保障。在反洗钱方面，一是不断完善专门的法律制度建设，明确了中国反洗钱行政管理体制；二是初步建立了跨部门的反洗钱工作协调机制。2002 年，中国建立了由公安部、最高人民法院、最高人民检察院、财政部和中国人民银行等 16 个部门参加的反洗钱工作部际联席会议制度，2004 年扩大到 23 个部门；三是加大参与国际合作的力度。2004 年，中国与俄罗斯、哈萨克斯坦、塔吉克斯、吉尔吉斯斯坦、白俄罗斯成立了"欧亚反洗钱与反恐融资小组"（EAG）；2007 年，中国成为"反洗钱金融行动特别工作组"（FATF）的正式成员，并与韩国、马来西亚、俄罗斯等八国金融情报机构签署了《反洗钱和反恐融资金融情报交流合作谅解备忘录》。

（五）逐步建立规范化的风险处置长效机制

随着改革的深入，中国政府处置金融风险的能力也在不断加强。一方面，中国通过重组改革来有效化解银行业金融机构的财务风险，并有效处置一批高风险的银行类机构和证券公司。另一方面，中国也在逐步建立金融风险处置长效机制，使风险处置从"个案型"逐步过渡到"长期型"和"制度型"。中国先后颁布和实施了《个人债权及客户证券交易结算资金收购意见》和《关于个人债权收购意见有关问题的补充通知》，规定了个人债权收购范围和收购标准，进一步明确了风险补偿的市场化原则。同时，还设立了证券投资者保护基金，初步建立了保险保障制度，此外，存款保险制度也在酝酿之中。这些长效机制对于稳定市场、防范金融动荡都具有重要意义。

第二节 中国金融安全面临的主要问题

尽管中国在维护国家金融安全方面做了大量工作并取得良好成效，但也要看到，中国的金融安全仍面临较严重的挑战，特别是随着经济全球化的深入扩展和中国金融开放步伐的加快，国际金融体系动荡进一步加剧并通过多种渠道传导至中国国内，外部风险与内部风险相互交织，对中国金融体系造成巨大冲击。

一、经济转轨过程中的体制性风险问题

在诸多问题与风险中，最为突出的是中国经济转轨过程中的体制性风险。中国的金融体系是从计划经济体制下脱胎而来，带有不少原有体制中的惯性因素，使中国金融风险进一步复杂化。这一点主要表现为金融机构与企业之间关系的扭曲。

金融机构与企业的关系是国民经济体系中最重要的关系之一。企业是生产的主体，而金融机构则为其提供资金等服务，并分享企业创造的利润。然而在计划经济体制下，中国国有企业的大部分资金却是由国家财政渠道拨付，银行的信贷资金只是作为一种补充渠道。在向市场经济转轨的过程中，中国开始对国有企业实行“拨款改贷款”政策，银行逐步成为国有企业的资金来源，从而形成了一种新的银企关系。这种关系有两大特点：第一，银行与国有企业在资产性质上属于同质同源，即都是国有资产。第二，市场在其中的作用发挥较少。银行向企业贷款的目的在于利润，但在转型期，这一准则却无从发挥作用，银行向国有

企业的贷款实际上成为一项义务。在这种情况下，国有商业银行往往只能向国有企业贷款，而国有企业不论经营情况和发展前景如何，都能得到贷款。不少亏损的国有企业实际上只能靠持续的银行贷款来维持自身运转，根本谈不上还贷，从而造成银行大量贷款无法回收，形成坏账。所以，国有商业银行的不良资产与国有企业的亏损是由体制性原因结合在一起的，只要体制性原因不消除，中国银行业的不良资产状况就不可能得到根本的改善。在证券市场，支持国企改革事实上成为股票市场的基本功能。国有企业占上市公司的大多数，仅通过溢价发行新股，国有企业就可以实现迅速增值，达到大量融资的目的，这在一定程度上就使得企业改革风险向证券投资者和整个证券市场转移。总的来看，中国金融机构承担了大量支持国有企业改革的任务，同时也承担了国有企业改革带来的大量风险和成本，从而使得中国金融安全的基础就不很牢固，具有相当大的隐患。

在转轨过程中政府职能不明也是中国金融领域体制性风险的重要体现，并且使这种风险进一步加重。在成熟的市场经济中，政府主要承担公共管理职能，但中国处于转型期，政府承担了大量的直接经济职能，各级政府通过各种手段频繁干预金融活动成为一种常态。这种做法有其必然性，但也造成了相当多的负面影响。以银行不良资产问题为例，不少地方政府往往通过行政手段干预银行向国有企业贷款，在国企改制重组时，金融机构的贷款常常被豁免或停息挂账，有些地方政府部门甚至纵容当地企业恶意逃废银行债务，造成银行不良资产不断膨胀。另外，政府的职能不明使金融机构难以界定政策性业务与商业性业务，同时使金融机构的经营责任难以明确，从而增加管理上的漏洞和风险。

政府职能不明带来的体制性问题还表现在政府与中央银行

的关系上。中央银行肩负稳定币值的重要职责，是维护国家金融安全的重要部门。在中国经济转型期间，人民银行的地位、职能、组织框架、人民银行与财政的关系等都经历了一系列的变动。到1998年底，人民银行开始了全方位的体制改革，逐步具备了实质意义上的中央银行职能。但是，中国金融的发展基本上由政府主导和控制，作为中央银行的中国人民银行是国务院所属的政府部门，并不具备完全的独立性。这是中国与美国等多数发达国家的重要区别。在这种情况下，中央银行在执行货币政策时就存在两大问题：一是权威性不足，很难独立行使调控货币的职能；二是责任不清，由于重要的金融决策均由国务院作出，中央银行客观上并不需要承担主要责任。这些都可能降低中央银行制定和执行货币政策的有效性，进一步加大了维护金融安全的难度。

二、国家金融体系的结构性风险问题

一个国家的金融出现动荡、发生危机的深层原因在于国民经济出现了问题。而对于新兴工业化国家来说，问题更多的是出在经济结构上，属于结构性风险。中国当前的国民经济同样面临这种风险，从金融安全的角度领域则表现为以下三个方面：

（一）投资结构不合理

从产业结构来看，投资向第二产业集中的趋势十分明显，第一产业和第三产业面临资金压力。2003年，第一产业的投资占总投资额的2.7%，第二产业占35.2%，第三产业（扣除房地产投资）占38.4%。到2007年，第一产业投资额比2003年增长

26%，占比下降到1.25%，第三产业投资额增长122%，占比下降到31%，第二产业投资额增长240%，占比上升至43.4%。[①]这种产业投资结构与中国工业化发展的需要相联系，但不利于抵御内外部冲击，加大了经济结构的脆弱性。从区域结构看，投资主要集中在东南沿海及京津地区八省（市）（包括广东、福建、浙江、上海、江苏、山东、北京和天津），1995年这些地区的总投资占全国总投资额的52%。经过党中央和国务院的努力，特别是西部大开发战略和振兴东北战略的实施，区域性投资结构有所调整，但2006年上述地区总投资占比仍达44%。[②]

（二）融资结构不合理

协调的融资结构是维护金融体系稳定运行的重要条件。当前，中国直接融资与间接融资发展不协调，企业融资过度依赖银行信贷，导致间接融资占比过大，其他融资渠道没有得到很好的发展。2007年，国内非金融机构部门（包括住户、企业和政府部门）的融资总金额为4.97万亿元，比2006年增长24.5%，其中贷款为3.92万亿元，占比78.9%，国债为1790亿元，占比3.6%，企业债2178亿元，占比4.4%，股票融资（不包括金融机构上市融资）6532亿元，占比13.1%。[③]虽然与以前相比，间接融资比例略有下降，股票融资上升，但间接融资占比依然过大，债券，特别是企业债占比下降则反映出债券市场这一重要的融资渠道发展缓慢。而发达国家的企业融资比例较早就达到一个

---

① 中华人民共和国国家统计局2003年度、2007年度统计公报，国家统计局网站：http：//www.stats.gov.cn/tjgb。

② 张新主编：《金融稳定理论与实务》，北京：中国金融出版社，2007年版，第21—22页。

③ 《中国人民银行货币政策执行报告》，2007年四季度。

相对均衡的水平，例如：美、日、英、法四国企业的贷款比例早在20世纪80年代初期就分别下降到17.2%，35.1%、16.7%、41.5%。[①] 可以说，上述这种不合理的融资结构使社会储蓄难以有效转化为投资，市场配置资源的功能难以充分发挥，银行承担过多风险，同时也不利于企业进行资产负债管理和风险控制。

（三）国际收支不平衡加剧

随着中国对外贸易快速增长，外资持续流入，中国经常项目、资本与金融项目同时持续出现较大顺差。近年来，中国的这种“双顺差”持续扩大，国际收支不平衡加剧。2000年，中国的经济项目差额为205.19亿美元，资本和金融项目差额为19.22亿美元，到2006年前者上升到2498.66亿美元，比2000年增长了11倍，后者为100.37亿美元，也增长了4.2倍。[②] 这种国际收支的不平衡在增加中国外汇储备、增强经济实力的同时，也对金融安全造成很大隐患：第一，国际收支顺差通过结汇直接为投资提供大量资金，制约了中央通过信贷政策控制投资的能力，加大了遏制投资过热的难度；第二，造成市场流动性过大，刺激投资及贷款的扩张，加大不良贷款的反弹压力；第三，大量资金进入中国后必然在各种市场寻求出路，推动资产价格上升，导致经济过热和资产泡沫；第四，国际收支顺差和人民币升值预期推动短期外债占比上升，加大与短期外债有关的金融风险。

① 郑鸣：《金融脆弱性论》，北京：中国金融出版社，2007年版，第185页。

② 国家外汇管理局：《中国国际收支平衡表》2000年、2006年。

三、不完善制度下的市场风险问题

金融市场本身就存在风险和波动。中国的整体经济和金融制度都处于改革与转型阶段，各种制度还不完善。在这种情况下，金融市场原有的风险将进一步放大，风险管理也更有难度。

首先，金融监管不到位产生的金融风险与波动。中国金融市场近年来发展迅速，监管制度明显滞后。例如，在现行的分业监管体制下，难以对跨市场、跨行业的经营行为实行有效监管。“德隆系”事件就是监管失效的一个典型例子。“德隆系”是指以“德隆国际”为母公司形成的200余家实业企业、13家金融机构的总称。它通过复杂的资本运作及一系列不规范操作进行迅速扩张，并在非金融企业和金融机构之间频繁转移资金，导致大量风险积聚。这种高风险的融资和运作模式事先并未被觉察，直到2004年4月“德隆系”风险爆发并引发严重震荡。另外，随着不少国有企业“走出去”，对其金融监管也日益鞭长莫及，一些企业发生严重违规并导致巨额亏损。例如，2002年中国银行纽约分行违规被重罚、2005年中航油和中储棉投机巨亏、2006年“国储铜”投机巨亏，等等。这些事件不仅对国内金融市场产生了冲击，也极大地损害了中资企业在国际市场的金融信誉，对中国金融安全产生了长期的影响。

其次，带有体制性特征的“道德风险”。道德风险是指某些道德原则和规范在金融领域的推行超越或严重滞后于某一具体的社会组织或团体的实际情况，从而可能导致道德价值观的扭曲和失灵，比如失约风险、失真风险、失公风险等。道德风险是金融风险的一个重要根源，经济学家克鲁格曼就把它作为

1997 年东南亚金融危机爆发的关键因素。[1] 由于中国经济处于转型阶段，中国金融领域的道德风险也带有很强的体制性特征。在微观层面，由于改革的进程缺乏必要和有效的监管，一些机构借“股改”之名，欺骗政府与百姓，获取不正当利益，并将大量成本向社会转移。在宏观层面，道德风险的核心则在于政府对金融机构的过度担保。例如，大型国有商业银行在运行过程中实际上就信奉了“太大以致不能关闭”（too big to fail）这一原理，其吸收存款依靠的是国家信用，而不是银行自身的信用。这就造成风险—收益关系的扭曲，是其不良资产状况难以根本改善的一个重要原因。在我国金融体系的实际运作过程中，不仅银行的大量不良资产，还有金融集团的倒闭、证券公司破产、社会保障基金、股市泡沫消除等等，最后都集中到国家头上。而正是因为有国家最后“兜底”，一些金融机构更加倾向于采取高风险活动，对国家金融安全造成很大隐患。从深层次说，这还涉及国家信用的过度使用问题。尽管我国经济增长和政治稳定都提高了国家信用，但应该看到任何国家的信用都是有限的，都存在透支的可能。东南亚金融危机表明，韩国、马来西亚、印尼的国家银行当初同样有国家信用支持，但在金融风暴的冲击下，国家信用迅速消失。

第三，中小企业融资难与非正规金融问题。随着改革开放的深入，大量中小企业成长迅速，成为解决就业、活跃市场和产业创新的重要力量。然而，由于金融制度在这方面的改革尚未到位，中小企业很难从正规金融渠道筹集必需的资金，从而极大地制约了这类企业的进一步发展，对宏观经济的发展造成了负面影

① 刘锡良等：《中国经济转轨时期金融安全问题研究》，北京：中国金融出版社，2004 年版，第 200—201 页。

响。同时，中小企业融资难还促使非正规金融迅速膨胀。所谓非正规金融，是指自然人、非金融企业和组织所从事的、不属于国家金融管理法律与政策调整范围内的借贷活动。[①] 有资料显示，当前中国非正规金融规模估计已接近正规金融的1/3。[②] 这些非正规金融客观上解决了经济发展的部分需求，有一定积极意义，同时也要看到，这部分金融活动处于监管与调控范围之外，其活动对金融秩序和金融安全构成潜在威胁。

四、国际资本冲击带来的金融风险

国际资本流动是经济全球化的集中体现，随着20世纪90年代以来经济全球化程度的扩展，国际资本流动在规模、速度和形式上都得到了惊人的发展。对于中国这样一个仍处于市场转型期的发展中大国来说，国际资本流动在推动国家金融改革深化、扩大金融市场规模和提高金融效率的同时，也带来了很多风险和隐患，对国家金融安全构成强大的冲击。

中国在改革开放以后长时间都没有放开资本市场。在这种情况下，国际资本，特别是国际游资就不可能像1997年攻击东南亚国家那样攻击我国，它对我国金融安全的冲击主要表现为直接投资的负效应和非法资本出入问题。其中，外国直接投资（FDI）的负效应主要包括损害部分经济自主权、进一步强化不合理的投资结构、转嫁投资风险、大规模转移利润和逃避税收，还包括“假投资、真融资”等手段造成的隐性外债，等

① 中国人民银行金融稳定分析小组：《中国金融稳定报告2005》，北京：中国金融出版社，2005年版，第66页。

② 江涌：“透视中国金融安全”，北京：《商务周刊》，2007年第13期。

等。我国的非法资本出入问题则包括国际投机资本的出入和国内资本外逃，其中国内资本外逃早在20世纪90年代中后期就出现了迅速增加的趋势。一些研究机构认为，当时中国资本外逃累积已经达到1000亿美元，成为对国内金融秩序与金融安全的一个严峻挑战。①

进入21世纪后，局面有了新的变化。近年来资本市场开放速度明显加快，当年中国加入WTO时所作的金融和资本项目开放的承诺一再被突破，期限一再被提前。众所周知，1997年中国之所以能在亚洲金融危机中免受冲击，很大程度上得益于中国对资本项目的管制。而这些管制在条件还不成熟的时候就被撤销，而中国不完善的金融体系在国际资本的冲击下就会显得格外脆弱，主要的风险体现在两方面：

（一）对国内银行业的挤压

在中国，银行业是整个金融体系的核心，也是风险和脆弱性较为集中的行业。近年来，中国迅速允许外资银行进入，其开放程度甚至走在了美国前面，对中国的银行业构成相当大的竞争压力。由于国内银行的经营水平相对较低，引入外资银行虽然有助于提高其效率，但同时也会造成大量低风险高利润的高端客户流向外资银行，使国内银行面对的客户群质量下降，经营风险增加，利润率下降，从而可能使国内银行的竞争力进一步下降，形成恶性循环。如果本土银行在与外资银行的竞争中失利，那么其不良资产率将迅速膨胀，风险就会急剧增加，从长期来看，甚至有可能导致中国金融业为外资控制，金融安全和经济的长期发展

① 倪健民主编、林融副主编：《国家金融安全报告》，北京：中共中央党校出版社，1999年版，第70页。

都将受到极大威胁。

（二）短期资本的冲击问题

随着中国金融市场的迅速开放，国际资本，特别是短期资本进入国内市场进行套利的机会大大增加，加剧了金融市场发生波动的可能性。另外，大量短期资本进入中国会导致银行的流动性猛增，在缺乏严格有效的金融监管和风险控制机制的情况下，银行容易出现过度贷款，同时短期资本也会向房地产和证券市场等领域集中，推高资产价格，形成泡沫。如果中国经济发展出现放缓、当国际资本不再看好获利前景时，那么巨量的短期资本便会迅速撤出，这种情况一旦发生就会将整个金融体系推向崩溃边缘。1997 年东南亚金融危机就是这样发生的。尽管中国拥有庞大的外汇储备，到 2007 年底已经达到 15282 亿美元，2008 年 9 月底则达到 19055 亿美元，但如果国际游资运用高杠杆融资进行攻击的话，那么仅凭这些外汇储备仍然不足于应对。

五、外部政治压力与人民币汇率问题

人民币汇率问题也是中国金融安全面临的一大隐患。中国政府在汇率制度改革上一直持稳健、渐进的态度，以确保金融体系和整个国民经济的稳定发展。国际货币基金组织首席经济学家罗戈夫、有“欧元之父”之称的诺贝尔经济学奖获得者蒙代尔、美国摩根斯坦利公司首席经济学家斯蒂芬·罗奇等国际知名的经济学家也支持中国维护汇率的稳定。然而，从 2003 年开始，日本、美国等发达国家开始要求人民币升值，并逐步从经济上的建议转变为政治上的施压。特别是鲍尔森出任美国财长后，在人民币升值问题上更加积极，一再传递美国部分人对中国汇率体制“失去耐心”的信息，使人民币升值成为中美经济对话的一个核心议题，对中国形成巨大的政治压力。这种情况与20世纪80年代初美国对待日本的方式几乎是如出一辙。日本签署《广场协议》后开始让日元升值，结果形成泡沫经济及此后长达十余年的经济衰退。中国如果在外部政治压力下让人民币仓促升值，则很有可能步当年日本的后尘，对中国的金融安全和经济长远发展都将造成相当大的冲击。

首先，在宏观经济层面上，人民币升值造成出口价格上涨，妨碍国内产品出口。同时，由于进口商品的替代作用，国内市场的需求也相应减少，就业压力进一步增加，经济增长的动力减弱，削弱了金融体系的实体经济基础。

其次，加剧汇率波动。人民币如果在压力面前持续升值，就会刺激对人民币的投机活动。特别是如果金融和资本项目开放步伐加快，国际短期资本就会大量涌入国内，对人民币进行频繁的套利。当其大量买入人民币时，汇率急升；当其获利目标满足后就大规模回吐，造成汇率急降。特别是在社会信息化条件下，这些资本流动十分迅速，将使人民币汇率波动的频繁和幅度都大大增加，严重影响金融体系的稳定。

第三，处理不良资产的难度进一步增加。当前银行的不良资产仍是中国金融安全的一大顽疾。如果人民币持续升值，银行的人民币资产也将被高估，其中的不良资产部分也同时膨胀，处理的成本进一步增加，成为银行业愈来愈沉重的包袱。当初的日本在日元升值以后，很多银行就面临这样的困境并最终倒闭，导致实体经济和金融的长期衰退。

这个问题已引起我国领导人的高度重视。

第三节　维护中国金融安全的战略选择

要应对中国金融安全所面临的压力和挑战，深化金融体制改革、强化金融体系自身的效率和免疫力是根本所在。党的十七大报告就明确指出，要“推进金融体制改革，发展各类金融市场，形成多种所有制和多种经营形式、结构合理、功能完善、高效安全的现代金融体系。提高银行业、证券业、保险业竞争力。优化资本市场结构，多渠道提高直接融资比重。加强和改进金融监管，防范和化解金融风险。完善人民币汇率形成机制，逐步实现资本项目可兑换。深化投资体制改革，健全和严格市场准入制度”。[①] 在 2007 年 9 月中共中央政治局第 44 次集体学习会上，胡锦涛主席又指出，要切实维护国家经济安全，完善维护国家经济安全的法律法规，构建有效的国家经济安全体制机制，增强国家经济安全监测和预警、危机反应和应对的能力。胡主席在党的十七大报告和这次集体学习会上的讲话为维护国家金融安全了指明了方向，指导我们如何从国家安全的角度来进一步思考，从一个更广阔、更全面的角度最终把维护金融安全纳入国家安全战略的轨道。

一、金融安全纳入国家安全战略的整体筹划

金融是技术性、专业性极强的领域，同时也是一个涉及国家重

① 胡锦涛：《高举中国特色社会主义伟大旗帜，为夺取全面建设小康社会新胜利而奋斗——在中国共产党第十七次全国代表大会上的报告》，北京：人民出版社，2007 年版，第 26—27 页。

大利益的战略性领域。因此，维护金融安全并不是一项纯粹技术性的工作，也不是某一部门或行业的任务，而必须从国家安全的全局出发，统一筹划不同部门、不同领域的力量。

从发达国家，特别是美国的情况来看，维护金融安全就是一种国家行为，是政府的一项战略性任务。美国政府不仅频繁出面维护金融界利益，而且其政府与金融界之间还存在密切的人员交流。在布什政府供职的不少重要官员中，仅来自高盛公司的就有不少：财长保尔森曾担任过高盛首席执行官，白宫办公室主任博尔顿也曾任高盛执行董事，高盛前副总裁、现任财长鲍尔森国内金融顾问的斯蒂尔，原高盛全球股票业务主管、现为美国国务卿赖斯担任顾问的福特，等等。此外，美国国会也通过设立各种法律法规、委派专门组织对金融项目进行安全审查等方式，深入介入金融领域的各种重大决策，对美国金融安全发挥着重要影响。进入美国资本市场的中国企业家就深切感到，在美国他们必须同时应对来自商界和政界的两种势力，前者以华尔街为代表，后者以国会为代表，两者的思维方式迥然不同，但同时服务于美国的国家利益。

对于中国这样金融安全形势较为严峻的国家，维护金融安全更应纳入到国家安全战略的轨道加以统一筹划，调动多方力量，充分发挥合力作用。应该看到，在应对金融安全威胁，特别是来自外部的压力和风险时，中国自身所拥有的资源和能力与实际的战略需求之间仍存在严重的差距。这是中国作为一个大国在兴起过程中的必然现象，也是中国国家安全大多数领域所面临的一个共同特点，但在金融领域中表现得更为突出。针对这种情况，国家必须及时调配各种资源，加强金融与政治、外交等其他领域的配合，通过整体筹划和协调运用国家综合实力来弥补我国在金融领域的弱势，以达到有效维护国家金融安全的目的。

首先，在深化金融改革、提高金融效率的过程中应强化国家安全意识。必须认识到，金融安全不是某一部门、某一行业或某一领域的任务，而是一种国家行为，是国家安全战略的一个重要组成部分。在规划金融改革、应对外部压力的过程中，必须充分考虑效率与安全之间的平衡，并全盘考虑如何协调与诸如外交、军事等其他领域所能动用的资源。中国与20世纪80年代的日本最大的不同在于，中国是一个奉行独立自主的大国，在军事安全方面不依附于其他国家，在地区事务中拥有自身独特的影响力。这些资源只要很好地协调并灵活运用，完全可能转化为金融领域与其他国家和平竞争，增加我国的主动权。

第二，加强部门间的协调与配合，形成维护金融安全的跨部门合作机制。将维护金融安全纳入国家安全战略全局，必须加强统一筹划和顶层设计，加强与有关各部门、各领域之间的交流与合作。可以参照现有的跨部门反洗钱工作协调机制，着重强化战略性金融情报收集与处理、遂行国际攻关与影响国际舆论、应对重大金融事件等方面的能力，逐步形成符合我国国情的跨部门金融安全协调机制，使维护金融安全成为政府相关部门的一项经常性任务。另外，在一些具有重大战略意义的问题上，如人民币汇率机制等，西方有些国家明显地有目标、有步骤地运用各种渠道、各种手段向我国施加综合压力。对此，我国可在党中央、国务院领导下形成专门工作小组，统一协调并在业务上指导相关部门的行动，充分发挥和运用我国在多个领域的“杠杆”与筹码，达到维护我国金融利益、化解外部金融压力的目的。

第三，设立专门机构进行金融安全审查。为避免部门利益、行业利益对国家整体金融安全的负面影响，同时增加我国在对外战略性对话和谈判中的回旋余地，我国可以在现有金融体系以外增设部分专门机构负责金融安全审查。美国国会下设的“海外投资委员会”、“美中经济与安全审查委员会”等审查机构，其实质就是分散金融安全方面的“话语权”和主导权，使政策能够最大限度避免“安全死角”的做法可资借鉴。

二、健全和完善金融体制

转型期间的体制性风险是中国金融安全面临的主要威胁，是造成金融体系脆弱性的主要来源。为此，进一步深化改革，理顺金融体制，完善各项金融市场机制，成为维护中国金融安全的重点内容。

（一）要进一步改革金融体系的产权制度

中国金融的体制性问题的实际根源仍在于产权制度，这一点在银行类金融机构中尤其突出。我国国有商业银行的股份制改革已经取得相当大的成果，然而产权关系依然没有完全理顺，导致经营权与所有权、政策性业务和商业性业务相互混杂，使得商业银行难以依据风险管理原则进行信贷经营，是造成高额不良资产这一“顽疾”的主要原因。同时，银行业存在的大量“道德风险”，如以贷谋私、超负荷扩张等问题也与此相关。因此，进一步理顺产权关系、做到政企真正分开，成为我国金融制度改革的当务之急。改革的关键在于按照现代公司制度来改造现有的商业银行，改变政府拥有单独任命银行经营者、直接干预银行经营业务等特权的局面，使商业银行能真正按市场规律进行经营。此外，理顺产权关系还包括改变地方政府提供隐性无限担保的做法，政府应明确自身的担保限度，同时抓紧建立和完善银行和证券等领域的市场退出制度。

（二）扩展和完善金融市场体系

我国的金融市场在改革开放以后得到迅速发展，但仍然存在结构不平衡和缺乏深度等问题，从而制约了金融市场合理配置资源和承受金融风险冲击的能力。因此，大力发展多层次的金融市场体系应成为我国金融改革的重要内容。首先，应着力改变债券市场发展滞后的局面，加快建设政府债券市场和企业债券市场。其次，加大金融产品创新的力度，发展金融衍生工具市场，进一步丰富市场的层次，加大市场深度。第三，在投资者层面上，应重视培育机构投资者，同时要充分发挥商业银行在资本市场中的作用，在市场准入方面适当放松管制，实现商业银行与资本市场的协同发展。

（三）进一步加强金融法规建设

健全完善的金融法规制度是国家金融安全的法制保障。我国目前虽已形成较为完备的金融法律体系，但仍存在一些重要缺项，如金融机构破产方面始终存在空白，应尽快制定相应法规。另外，还需着重做好两方面工作：一是加强法律法规的修正速度，确保法制建设跟上形势发展。近年来金融发展十分迅速，市场运行、金融工具等方面都出现了新的变化，相形之下现行的法律法规的变化却较为缓慢，很多规定都明显滞后。为此，应密切跟踪金融领域的最新发展，进一步加大制定和修正金融法规的时效性和针对性，确保为金融活动提供及时有效的法律保障和法律规范；二是加强法律法规的执行力度，真正做到有法必依。我国一些金融法律法规制定后并没得到认真遵守，例如，外资银行进入中国搞综合经营，在我国 2003 年修订的《商业银行法》和 2004 年实施的《银行业监督管理法》中都是不允许的，但到 2007 年，在没有事先修改法律的情况下就允许外资银行的综合经营。这种做法无疑破坏了法律的严肃性和权威性，必须着力避免。

（四）加强政府金融监管能力

应立足于我国金融发展的实际，根据国际权威组织提出并为广泛接受的金融行业监管准则，如《有效银行监管核心原则》、《巴塞尔新资本协议》、《证券监管目标和原则》、《保险监管核心原则和方法》等，在监管目标、监管手段等方面全面加强金融监管能力。此外，由于我国实行分业监管，在交叉性金融产品不断出现、跨行业金融活动不断增加的情况下，为避免出现监管“死角”，必须建立中央银行、财政部门和金融监管机构之间的有效协调机制，确保金融监管的有效性。

（五）稳妥改进人民币汇率制度

人民币汇率制度既是一个经济和金融问题，同时又是一个政治问题或者说是战略问题。一方面，要根据经济和金融发展的需要，妥善改革人民币汇率制度，使其能客观准确地反映市场供求关系、反映我国经济水平；另一方面，应在改革过程中努力保持人民币汇率制度的稳定，特别要动用多方面资源、运用多种手段来化解外来压力，防止人民币过快升值。在稳定汇率方面要从以下五个方面进行改进：第一，应放宽境内公民用汇额度，加大民间外汇储量，缓解国内升值压力；第二，应提高出口企业外汇收入的自主支配权，降低政府外汇储备的被动增长压力；第三，取消部分对出口企业过度扶持的政策，放缓外汇单纯数量上的增长；第四，适当消化外汇储备，增加原油等战略物资储备；第五，还应进一步加强与区域内其他国家的货币合作，如进一步推进在“亚洲货币基金”问题上的“10＋3”模式，通过中央银行调剂外汇储备和进行货币互换等渠道，增强人民币汇率稳定机制的有效性。

三、审慎控制对外开放的步伐与节奏

中国金融体系对外开放是中国金融自身发展的要求，也是中国加入 WTO 作出的承诺。然而，一旦金融领域，特别是资本与金融项目向国际资本敞开大门，中国在 1997 年亚洲金融危机中“独善其身”的关键条件就不复存在。而且，由于中国金融体制改革尚未完成，金融机构的效率较低，金融系统的脆弱性很大，国际投机资本很容易对中国进行攻击，中国的金融安全将受到巨大威胁。2007 年 9 月，世界银行发布的《中国经济季报》就明确提出警告：“从以前发生的新兴市场危机得到的重要教训之一就是，在汇率具有足够的弹性以及金融体系改革已经取得进展之前，不要实行资本账户自由化。”①

因此，在金融体系，特别是资本与金融项目的对外开放问题上，中国应高度注重开放的时机、步伐和节奏。当前，中国在这方面的开放范围与程度已经较大，对照国际货币基金组织确定的资本项下 43 个交易项目，中国完全可兑换和基本可兑换的有 12 项，占 28%；有限制的有 16 项，占 37%；暂时禁止的有 15 项，占 35%。② 然而美国等发达国家却仍不满意，并不断施压。近年来，美国一再催促中国突破入世的承诺，提前开放金融体系。面

① 时红秀：《中国如何应对全球化进程中金融安全》，《中国经济时报》2007 年 11 月 1 日。

② 刘锡良等：《中国经济转轨时期金融安全问题研究》，北京：中国金融出版社，2004 年版，第 422 页。

对这种情况，我们应采取以下措施：

第一，在指导思想上仍要坚持“以我为主”。金融安全是中国的重大安全利益，为此，在开放资本与金融项目问题上应坚持国家利益至上，国家安全至上，真正按中国的安全需要来决定开放的步伐，做到灵活自主地控制开放进程。在应对其他国家的压力时，要明确宣示维护我国金融安全的决心，同时要善于利用其他领域的杠杆和筹码，尽可能化解外部压力，关键时刻则需要顶住，做到开放条件不合适时坚决不开放。

第二，在开放模式上宜采取渐进模式。诸发达国家资本与金融项目的开放几乎都用了渐进模式。如英国、日本、澳大利亚以及欧洲大陆的发达国家，实现资本与金融项目开放大约用了30年时间，他们从20世纪60年代初期开始放松资本管制，直到80年代有的甚至到90年代才完全实现资本与金融账户的可兑换。[①]对于中国来说，渐进模式十分必要。可考虑从局部试点取得经验，然后逐步调整、推广，同时保留恢复资本管制的权限，一旦发现问题可走一点“回头路”，重新运用一些管制措施。另外，这种渐进的开放必须与货币政策、财政政策、外贸政策等改革相互协调配合进行，做到与经济金融体制改革的整体进程步调一致，积极稳妥地向前推进。

第三，在开放原则上应贯彻“先易后难、宽入严出”。在金融体制和整个市场机制都不十分健全的情况下开放资本与金融项目，必须高度慎重。为尽可能减少对国家金融体系的冲击，在实践中应贯彻“先易后难、宽入严出”的原则。具体地说，就是在开放的顺序上，先放开对资本流入的控制，后放开对资本流出的

---

① 刘锡良等：《中国经济转轨时期金融安全问题研究》，北京：中国金融出版社，2004年版，第233页。

控制；先放开对长期资本的控制，后放开对短期资本的控制；先放开对直接投资的管制，后放开对间接投资的管制；先放开对银行贷款的控制，再放开对证券投资的控制；先放宽对金融机构的限制，再放宽对居民的限制；先放开对外汇指定银行的限制，再放开对非银行金融机构的限制；等等。

四、建立金融风险预警系统

每一次金融危机都是长期潜伏的各种风险因素的总爆发，通过建立健全金融预警体系，一方面可以较早地发现金融风险积聚的苗头，及时采取预防措施，及时化解风险、解决问题，降低金融危机发生的可能性；另一方面即使危机最终发生，也可做好有针对性的准备，有效减少危机的破坏力。针对我国的具体国情，金融风险预警系统的建立应着重关注以下四方面。

第一，形成多层机构统一行动的预警系统框架。根据我国的情况，可实行由宏观、中观和微观三个不同层次的预警系统框架。在宏观层面上，可由国务院牵头，中国人民银行、银监会、证监会、保监会、国家统计局、主要商业银行总行等各大金融机构共同参加，主要负责全国范围内金融风险和相关国际金融风险的的监测和预警，并对中、微观层次的预警工作进行组织和指导。中观层面，可由人民银行区分行、区域内金融监管部门组成，具体负责本辖区监测预警，传递宏观层面的决策和措施。而人行中心支行、地区金融监管部门则负责微观层面的风险预警，为中层和宏观层面的预警及时提供科学的信息。三级预警系统构成网络体系、协调行动，实行垂直的金融风险监测预警。

第二，建立健全科学的金融预警指标体系。科学的指标体系是金融预警系统建设中的重点，各发达国家均给予了高度重视。我国的指标体系应符合下列原则：一是规范性。即各项指标要尽可能与国际惯例接轨，但又需根据我国国情，既要符合《巴塞尔协议》要求，同时也要尽量与中央银行制定的商业银行资产负债比例管理的相关指标一致。这样既便于开展国际交流与比较，也便于各级人民银行实施统一监测；二是精确性。即要求指标的灵敏度高，能够准确地对金融体系运行中的微小变化及时作出反应，一旦出现异常波动，指标就能及时发出警示信号；三是重要性。所选择的指标必须是在金融体系的运行过程中起重要作用的参数，与可能发生的金融风险应具有很高的相关性；四是便于统计。由于指标必须及时反映金融风险的可能性，所选择的指标也应能迅速被有关部门统计出来，以便缩短决策时间；五是可操作性。尽量做到定量分析与定性分析相结合，以定量分析为主，定性指标也必须量化，以便进行快速的计算与分析。

第三，开发金融风险评测模型。20 世纪 90 年代中期，特别是亚洲金融危机以来，发达国家的金融监管当局十分重视风险评测模型的开发，利用金融工程方法和统计分析方法、人工智能技术、神经网络技术等，开发各种风险评测模型，对各类风险进行分析和预警，已经成为这些国家金融风险预警系统中的重要部分。我国应加大这方面的投入，在借鉴他国经验的同时，结合我国实际情况，加快开发各类风险评测模型，以有效分析和管理各类数据信息，提高发现潜在金融风险的能力。

第四，加强金融预警基础信息建设。完善的金融基础信息系统是进行有效金融风险预警的重要基础和前提。我国应在分析发达国家金融监管信息系统建设经验的基础上，针对当前我国金融管理体制的具体需求，整合资源，建立完善的财务报表上报制度，制定严格的监管数据采集内容与格式、采集方式、方法和渠道，完善整个数据采集体系，确保相关数据的准确性和真实性。同时，要加快各金融机构内部控制监管信息的网络化建设，实现系统内部业务发展与监管信息的同步反馈和共享，从而为我国的金融风险预警系统提供有力的信息数据支持。

第十一章

能源安全与中国国家安全

中国的经济社会发展刚刚进入快速发展阶段，能源需求迅速增长，加剧了中国能源安全的不确定性和潜在风险。必须从国家安全战略的高度加强能源问题的统筹规划，为实现中华民族的伟大复兴奠定坚实的能源保障。

第一节　能源安全在中国国家安全中的重要地位

当前世界所面临的能源安全问题不仅包括能源供应安全，而且包括能源价格、产出、运输、使用等各个环节在内的综合性风险与威胁。今天中国的经济与社会正经历着前所未有的快速发展，需要有稳定充足的能源供应作保障。自 1993 年中国成为石油净进口国以来，对国际石油市场的依存度越来越高，能源安全在国家安全中的地位随之显现。

一、全球视野下的能源安全问题

从全球范围看，西方发达国家目前已经普遍完成了工业化发展阶段，进入后工业化时代，能源需求相对平稳，但是广大的亚洲、非洲、拉丁美洲等国家正陆续进入工业化的初级阶段，未来对能源的需求将有大幅度的增长，这已经成为人类社会在未来相当长的时期内必须面临的共同挑战。

（一）能源安全问题的全球性

能源是社会发展的重要物质基础，是人类赖以生存的重要条件。但能源安全问题成为全球性问题则是从19世纪石油代替煤炭成为主导能源形式而产生的，尤其是20世纪的两次世界石油危机使能源安全问题突出地摆在了世人面前。

第一次石油危机发生在1973年。由于爆发了以色列与阿拉伯国家之间的第四次中东战争，为打击以色列及其支持者，石油输出国组织的阿拉伯成员国宣布收回原油标价权，并将其基准原油价格从每桶3美元提高到10美元，使油价猛然上涨了两倍多，从而触发了第一次世界大战之后最严重的全球经济危机。在这场危机中，美国的工业生产下降了14%，日本的工业生产下降了20%以上，所有工业化国家的生产力增长都明显放慢。美国道琼斯工业指数从顶峰跌到谷底，直到10年后才恢复原位。

第二次石油危机始于1978年底。世界第二大石油出口国伊朗的政局发生剧烈变化，石油产量受到严重影响，从每天580万桶骤降到100万桶以下，造成世界石油供应不足，石油价格由原来每桶13美元暴涨到28美元，造成全球性经济萧条。同年伊拉克与伊朗爆发战争，直接影响到世界石油生产整体形势，油价再度上升到每桶34美元，此次危机成为20世纪70年代末西方经济全面衰退的一个主要原因。

据石油专家们的粗略估计：人类自1973年至1997年总共开采了大约5000亿至8000亿桶石油，占同期探明储量的85%。法国专家贾内西尼认为："就目前已知的石油储量，全球石油的探明储量约为1万亿桶，够人类消费36—40年。"[①] 多数专家认为，石油时代至少将持续两三个世纪。持悲观态度的专家则认为，石油匮乏之势迫在眉睫，如果不努力开发替代能源，将会出现悲剧性后果。尽管专家们对此有不同的结论，但石油作为一种不可再生资源，正面临日趋匮乏的局面则是有目共睹的事实。在此严峻形势下，能源安全在各国大战略中的地位迅速上升，并越来越成为国家安全战略考虑的重心。

（二）能源因素在国际地缘政治中的体现

由于能源特别是石油所具有的特殊战略价值，世界能源中心往往是各种政治力量争夺的焦点。世界能源中心的每一次转移，都引发世界地缘政治格局的相应调整，形成一幅幅新的世界能源地缘政治图景。20世纪50年代和60年代，中东地区已探明石油储量和产量迅猛增长，全世界70%的新增石油储量是在中东发现的，世界能源地缘政治竞争也随之围绕着中东地区展开。20世纪80年代开始，前苏联加大了对里海地区石油储量的勘探工作力度。90年代初由于外资的参与，里海地区的石油探测和开发规模进一步扩大。根据美国地质局的评估，前苏联地区（包括中亚和西伯利亚地区）石油总储量，包括探明储量和预测储量约为

---

① "全球石油还能开采多少年"，载《人民日报》2007年5月20日。

500亿吨，这个数字与沙特阿拉伯的储量差不多。[①] 因此，在全球范围内，我们可以看到这样一幅图景：从北非的马格里布到波斯湾，从波斯湾到里海，从里海到外高加索，再到俄罗斯的西伯利亚和远东，形成了一个巨大的能源富集地理带。这个巨大的地理带蕴藏着65%的世界石油储量和73%的天然气储量。我们可以把北非—波斯湾—里海—俄罗斯称为“世界能源供应心脏地带”。围绕着世界能源供应心脏地带，形成了世界能源的两大环形需求圈，第一环包括东亚、东南亚、南亚和欧洲大陆，第二环包括北美、南美、撒哈拉以南非洲、南太平洋地区。

从国际冲突的角度来看，自第二次世界大战后发生的数场局部战争和危机背后都有非常明显的能源因素，诸如第二次中东战争、马岛战争和海湾战争等，都有争夺石油的背景。20世纪90年代，大国在里海、中亚地区的角逐更是与石油、天然气有直接关系。人们称“石油就是政治”不无道理。威廉·恩道尔在他著名的《石油战争》中写道：“布什新政府与石油的深厚渊源，决定了美国经济与外交政策的核心是石油。在石油即将迎来产能极限之时，美国不惜一切代价四处驻军，甚至悍然发动伊拉克战争，其真正的意图不是反恐而是石油。”[②]

（三）能源领域的国际竞争与合作

由于世界上的多数国家是能源消费国，必须依靠进口来满足本国的能源需求，因此不可避免地导致能源领域的国际竞争。美国学者迈克尔·克莱尔就曾将世界各主要国家对能源的

---

① ［俄］C.3. 日兹宁：《俄罗斯能源外交》（王海运、石泽译），北京：人民出版社，2006年版，第10—11页。

② ［德］威廉·恩道尔著：《石油战争：石油政治决定世界新秩序》（赵刚等译），北京：知识产权出版社，2008年版，第259页。

争夺划分为三种类型：一是对跨越国际边界的某一特定资源的供应源分配的争夺，如地下储油盆地；二是对蕴藏着相当数量能源的近海地区进行争夺；三是能源运输必不可少的水域的争夺。[①] 由于世界范围内对能源的消耗以油气资源为主，因此国际能源市场的竞争主要表现为国家支持下的跨国石油公司间的竞争。[②] 在世界经济日益全球化的背景下，石油公司通过强强联合实现规模化、上下游一体化，大大增强了其在国际能源环境中的抗风险能力。在此基础上，国际石油公司又出现了合并浪潮，超大型石油公司的力量得到进一步加强，在国际能源领域的作用大大加强。从总体来看，未来全球性石油资源的争夺主要集中在中东、里海和非洲地区，并以中东石油竞争为主要舞台，逐步形成以美国为主导，俄罗斯、亚太地区及欧洲等多种力量交织的复杂竞争态势。

世界各国在能源领域发生激烈的竞争与争夺的同时，能源领域的国际合作也在迅速发展。在全球化的能源市场环境中，多数情况下各国会通过谈判的方式来解决能源的冲突。在能源安全和环境保护的压力下，世界各国在能源领域的共同利益也在不断拓展，诸如保持世界能源供应的稳定、清洁可替代能源及节能技术的开发等，这些都成为世界能源合作的坚实基础。

如今，不仅在产油国之间、消费国之间的内部协调与合作不断加深，而且产油国和消费国之间的利益联系也越来越密切。如果油价过高，可能影响到世界经济的恢复和增长，而世界经济的滞胀，会造成石油需求的进一步减少，产油国的石油销路不畅反

① ［美］迈克尔·T·克莱尔著：《资源战争：全球冲突的新场景》（童新耕译），上海译文出版社，2001年版，第21—22页。

② 陈凤英、赵宏图主编：《全球能源大棋局》，北京：时事出版社，2005年版，第59页。

过来又可能会导致低价倾销，损害产油国的利益。具体来说，国际能源合作的最常见形式包括：与进出口国家建立良好的双边关系、签署双边或多边能源合作协议、贸易买卖、联合勘探与开发、建立生产或进口联盟以维护市场稳定（如欧佩克、国际能源机构）、联合建立石油战略储备、交通运输安全等。

二、能源安全在中国国家安全中的地位

近年来，中国经济快速发展，能源需求不断上升。目前，中国已是世界上第二大能源消费国，石油进口量也在不断上升，对外依存度已接近50%。能源安全已经成为关系国家经济全面、协调可持续发展和人民生活质量提高的重大问题，在国家安全中的地位进一步突出。

首先，能源是人类生存、经济发展、社会进步不可缺少的重要物质资源，是关系国家经济可持续发展的重要战略物资，在现代化建设中具有举足轻重的地位，也是我国完成全面建设小康社会和实现第三步战略目标的重要物质基础。随着中国改革开放以来经济规模的迅速发展，对资源尤其是对能源需求高速增长，由能源供应紧张、能源利用效率不高、环境污染严重等引发的能源安全问题已经日益成为中国经济可持续发展的瓶颈，负面效应不断显现。

其次，能源问题严重地影响了人民生活质量的提高。按照世界各国发展经验，民众生活质量要求提高，意味着人均能源消耗量将呈大幅上升趋势。有学者对人均GDP超过1000美元的50个国家和地区进行生活质量对比。结果表明，人均能耗尤其是人均用电量与生活质量之间是呈直接和正比的关系。中国2007年人均GDP为2461美元，而当年中国人均能源消费量只有发达国

家平均水平的1/5，也不到世界平均水平。[①] 随着中国经济社会的持续发展，能源安全问题将直接对人民生活水平的提高造成重要影响。此外，近年来中国的私人汽车保有量快速发展，2006年中国私人汽车拥有量较1994年增长了10倍多，已经超过法国，成为世界第四大汽车生产国和第三大汽车消费国。汽车时代的迅速到来给目前中国日趋严峻的能源和环保形势施加了巨大的压力。

第三，能源问题已经成为世界强国对中国战略制肘的重要手段。当今世界的能源安全问题已经超越能源和经济范畴，涉及到经济之外的国际政治的诸多因素，成为影响和推动国际地缘政治发展的重要因素。对中国来说，国际能源地缘政治的变化与发展深刻地影响着中国的能源安全，主要体现在当今世界强国在能源领域中与中国的竞争合作以及制约和掣肘。

中国与美国分别作为世界上最大的发展中国家和发达国家，在整个国际体系中存在着深刻的结构性矛盾，这种矛盾在能源安全领域也有着鲜明的体现。中国目前在能源领域遇到的地缘政治风险主要与美国有关。美国控制着当前全球70％的石油资源，许多美国人把中国视为在世界能源市场和全球能源地缘政治格局中的一股快速发展的力量，试图进行制约与遏制。美国在世界主要产油地区推行的霸权主义，以及我国从中东地区运输原油航线的脆弱性构成了中国当前能源的主要地缘政治风险。[②]

此外，由于海洋权益、油气资源的争端，以及石油通道安全等原因，中国与周边国家也有可能由于能源问题引发政治争端。

---

① 数据来源：IMF，*World Economic Outlook Database*，2008；BP *Statistical Review of World Energy*，2008.

② 张秋明编：《中国能源安全战略挑战与政策分析：世界看中国》，北京：地质出版社，2007年版，第11页。

以南海地区为例，该地区油气资源丰富，战略位置重要，扼守中国海上石油航线的咽喉要道。马来西亚、越南、东南亚和南亚部分国家在属于中国的经济专属区强行进行开发，争端时有发生，而且有的有进一步扩大的趋势。如果处置不当，可能会对中国的和平发展造成严重的负面影响，甚至可能引发冲突，从而影响和干扰国家和平发展的战略目标的实现。

第四，能源安全已经成为中国国家安全筹划中的重要内容。在全球政治与经济因素相互交织、日益紧密地联系在一起的今天，当代世界主要发达国家在制定和调整安全战略时都有着很重要的经济与能源考虑。凡是重要的资源产地都是政治、军事、外交斗争的焦点，经济问题往往伴随着军事与安全问题齐头并进。对于中国来说，经济安全是国家安全战略谋划的重点，是国家安全的基础，是实现和确保国家军事安全、政治安全、社会安全、文化和科技等安全的物质前提。而能源安全不仅关系到国家经济安全，而且还影响着社会与政治稳定。能源安全既是一个经济问题，也是政治问题，是中国国家安全筹划中的重要内容。在我国的国际战略运筹中，能源问题已经成为重要的影响因素。为了配合我国能源战略的贯彻实施，保证能源安全，中国早在 20 世纪 90 年代就开始了能源外交的运作。进入 21 世纪后，中国明显加强了与中东、俄罗斯及中亚、东南亚、非洲以及拉美等主要产油国的交往力度，这可以看成是能源安全在国家对外战略中的一种体现。

第二节　中国面临的能源安全风险

当前，国际安全形势和国际能源形势充满诸多不确定因素，世界强国在能源问题上对中国仍然秉持冷战思维，采取掣肘和挤压政策，加之中国自身的能源决策体制存在一些漏洞，使得中国在能源生产、供应、运输、价格、使用等诸多环节都面临复杂的安全风险。

一、能源产地风险

中国自1993年起成为石油净进口国，国际石油主要产区的安全稳定形势直接影响中国的能源安全。当前，中国在海外的进口石油资源产地大多分布在政治、经济不稳定的地区。以2006年为例，中国原油进口9324万吨，其中从中东进口原油6073万吨，占进口总量的65%，进口国排名依次是沙特25.6%，安哥拉25.1%，伊朗18.0%，俄罗斯17.1%，阿曼14.1%。[①] 从数据统计可以看出，中国的原油进口主要来源于中东和非洲国家，这两个地区也是各种冲突和战争高发地区，殖民主义年代遗留下来的边界争议长期存在。1980—1988年的两伊战争和1990年伊拉克入侵科威特等战争均与边界争议有关。如今阿拉伯联合酋长国与伊朗围绕三个岛屿的主权问题也存在着潜在的冲突。除了内部冲突之外，外来因素特别是大国对石油供应关键地区的争斗也是引发地区冲突的重要因素。中东作为世界石油资源主要产地（已探明储量占世界的63%），成为各大国控制和争夺的焦点地区。大国在石油生产地区的争夺与中东地区的民族、宗教等问题交织在一起，使该地区成为多事之地，直接影响到中国石油进口的可靠性。

---

① 数据来源：国家统计局，http：//www.stats.gov.cn/tjsj/ndsj/2006/2006nengyuan.htm。

二、能源运输风险

伴随着能源进口而来的就是运输过程中的安全风险。以石油为代表的能源运输线的安全对中国的能源安全具有至关重要的意义。国际石油运输线与地缘政治密切相关，在能源交通线的关键地区一旦发生冲突和动荡，极有可能导致运输通道的阻塞，直接影响中国的能源供应安全。目前中国进口石油的运输方式主要依靠海运。从不同产地运输石油的路线为：中东：波斯湾—霍尔木兹海峡—马六甲海峡—（或者望加锡海峡）—台湾海峡—中国大陆；非洲：北非—地中海—直布罗陀海峡—好望角—马六甲海峡—台湾海峡—中国大陆；西非—好望角—马六甲海峡—台湾海峡—中国大陆；东南亚：马六甲海峡—台湾海峡—中国大陆。从上述运输路线可以看出，中国通过海运进口石油的路线比较单一，高度依赖霍尔木兹海峡、好望角和马六甲海峡，尤其是霍尔木兹海峡和马六甲海峡。霍尔木兹海峡是海湾石油的唯一出口，一旦因地区冲突等原因导致海峡封闭或运量锐减，将对包括中国在内的高度依赖中东石油的国家造成灾难性影响。而对于中国乃至整个东亚石油安全而言，马六甲海峡的地位尤为特殊。中国85%左右的进口石油，都要途经马六甲海峡。“过度依赖”马六甲海峡，无疑增加了中国石油供应安全的脆弱性。

三、能源价格风险

中国对能源特别是国际市场能源的依赖，使得中国的国民经济容易受到国际能源价格波动的冲击。据统计，石油价格每桶上涨 10 美元，中国经济增长率将下降 1%，消费者物价指数将上升

0.4%。由于国际原油价格的上涨，仅2004年中国就为购买石油而多支出了82.8亿美元。[①] 而进入2008年以来国际油价暴涨骤跌，从年初的100美元/桶一路上涨至年中的147美元/桶的高点，涨幅竟然高达47%。此后在第三季度又创造了跌至56美元的历史最大波动幅度。无论是涨是跌，这种罕见的价格波动已经对中国的能源安全构成了严重影响，也使国内民众对能源短缺、供应危机等一系列负面效应有了切身体会。

从目前情况看，国际石油供求态势大体平衡，然而能否保证石油的合理价格则是保证我国石油安全的重要内容。虽然发生石油危机的几率不大，然而由于石油出产地区的政治动荡，特别是地区冲突或局部战乱将会使世界石油市场价格出现波动。石油不是一种普通商品，而是一种重要的原材料和战略物资，其全球供应链和价格形成机制除了受市场经济规律影响外，往往受国际政治因素的制约，以至于石油价格在某种情况下常常表现为所谓的"政治价格"。从1973年世界爆发第一次石油危机到2003年美英等国再次对伊拉克发动战争的30年间，世界石油价格经历了多次暴涨和暴跌，其中几次石油价格的暴涨都是由政治事件引起的。2004年5月初，国际原油价格上升到每桶40美元，创下自1990年10月海湾战争以来的新高，其重要原因之一仍然是政治因素。

此外，中国还面临着西方国家及跨国公司长期垄断国际能源市场的不利局面。目前全球超过80%的优质油气资源的开采权已经落入埃克森—美孚、BP、壳牌等西方巨型跨国石油公司之手，他们决定着国际能源市场的游戏规则。[②] 自20世纪80年代以来，

① 张秋明编：《中国能源安全战略挑战与政策分析：世界看中国》，第89页。
② 陈凤英、赵宏图主编：《全球能源大棋局》，第339页。

纽约商品交易所和伦敦国际石油交易所几乎垄断了全球范围的主要石油期货交易，国际原油期货价格基本上都由他们决定。中国作为一个新兴的能源消费大国，一直处于世界能源价格定价体系的外围，必然会遭受种种不公平待遇。

四、非传统安全风险

除去上述可能引发能源安全问题的传统政治因素和市场性因素外，还必须考虑到诸如恐怖主义袭击、海盗骚扰、自然灾害等非传统安全因素带来的能源风险。中东地区纷繁复杂的政治安全形势和根深蒂固的历史宗教影响使得该地区恐怖活动盛行，一旦恐怖分子将目标指向该地区具有战略意义的石油设施，将严重干扰整个国际石油市场的生产和运输，甚至有可能导致全球油价飙升。近年来，恐怖分子袭击中东石油管道、设施、港口和运输船队的频率迅速加大。尤为令人担心的是，像马六甲海峡、霍尔木兹海峡这类石油运输要塞本身通行条件非常有限，极易遭到破坏。如果恐怖分子在上述海峡炸沉货轮将很容易导致海上石油运输战略通道的堵塞，从而对包括中国在内的世界主要石油进口国造成严重影响。

海盗活动也是影响中国能源安全的一个重要因素。例如，近年来马六甲海峡的海盗袭击事件快速增多，该海峡现在已经成为世界上最危险的水域之一。另外，在公海特别是与海上石油运输航道相邻的南海南部公海海区，海盗活动也比较频繁。根据国际海事局统计，该水域1999年仅发生过两起海盗袭击事件，而到2000年海盗袭击则多达75起。此后两年海盗活动虽有所减弱，但近几年又呈卷土重来之势。2008年，活跃于亚丁湾索马里海域的海盗更是制造了一系列重大劫持事件，凸显出海盗对国际航

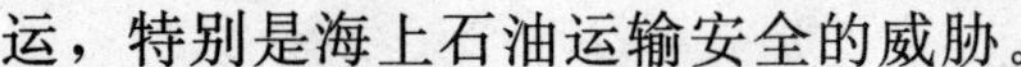

运，特别是海上石油运输安全的威胁。

此外，还需要考虑包括重大自然灾害和重大事故等各种各样不确定因素可能带来的能源风险。无论是2000年6月的美国加州电力危机，还是2004年发生的被称为“巴林银行倒闭后金融市场最大丑闻”的中航油事件，都提醒我们需要高度关注各种突发的重大事件可能带来的能源风险问题。

五、影响能源安全的国内因素

从国内因素来看，中国面临着能源安全决策机制不健全、能源消费观念落后、能源制度不合理、能源结构不佳等问题，对国家能源安全造成了负面影响。

（一）能源安全决策机制不健全

由于能源安全涉及生产、需求、产业结构调整、技术引进和创新，以及财税、价格等方方面面，成立高层次的能源安全决策机制势在必行。然而，中国自1993年能源部撤销后，一直缺乏一个统一制定能源政策和规划的权威机构，直到2008年才成立了国家能源局。目前，涉及能源管理和监管的许多职能仍然分散在国家发改委、电监会、国防科工委等多个部门中，管理交叉和缺失并存。政府部门如何管理能源，产权多元化如何推动，市场准入和价格机制方面的改革如何推进，都有待突破。此外，能源政策体系有待建立和完善，储备体系急需建立，节能减排和应对气候变暖任务很重。所有这些问题都需要一个综合性、权威性的部门统一管理和推动。

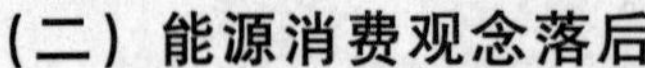

(二) 能源消费观念落后

长期以来，我们在对待经济发展问题上不同程度地存在着只重视增长数量，忽视增长质量，片面地将GDP增长作为衡量经济发展的主要标准，在经济增长方式上长期存在“高投入、高消耗、高排放、不协调、难循环、低效率”的突出问题，加剧了资源短缺的压力。一些地方、部门和单位在经济发展中不顾能源、资源和环境的承载能力，片面追求量的扩张。由此导致一个非常令人痛心的事实：我国不但是石油消费大国，也是石油浪费大国。用国际通行的石油消费强度来衡量不同国家对能源的利用程度，我国石油消费强度为0.19，相当于日本的4倍，欧洲的3倍。[①]

除了生产性的能源消费外，中国普通民众日常生活中的能源消费观念也存在类似问题。一方面由于受计划经济的影响，许多人对能源问题缺乏危机意识。相当长的时间内，由于在经济运行体制方面实行计划经济，统购统销，并且在价格上实行低价政策，导致一些人缺乏节能意识。另一方面，国人并未亲历过20世纪中东石油危机对经济的影响，没有亲身体验过中东石油危机时的石油禁运，在思想观念上缺乏节能意识，因而在能源消费上不注重使用节能产品。在消费上往往是贪大求洋，买汽车要买大排量的，被巴黎市政府因为油耗过高而抵制的越野型汽车，却成了中国车市上的明星车型。虽然政府近年来大力倡导节能意识，但在部分民众头脑中的节能观念并未有大的改进。

---

① 陈芳、徐寿松：“油价上涨引发能源观反思”，《经济参考报》2004年8月31日。

（三）能源制度不合理

制度的问题可以从利、税、金等三方面分析：[①]

所谓利，是指利润。本来企业创造利润应向投资者回报。但根据1993年颁发、直到2007年仍在执行的“对1993年以前注册的多数国有全资老企业实行税后利润不上交的办法”之规定，不少国有企业税后并不上交利润，而且有些不属于1993年前注册的大型国企也借故“搭便车”，执行不上交利润的政策，这其中就包括一些能源垄断企业。

所谓税，是指资源税。在很长一段时间内，中国资源税税率很低。根据1993年颁布的资源税条例，石油资源的资源税率标准为8元—30元/吨。尽管12年内原油价格上涨了5—6倍，但课税标准一直没有发生变化。自2005年7月1日起有所调整，即由原来的8—30元/吨调整为14—30元/吨，但这一“微调”，与1993—2005年间上涨了5—6倍的石油价格很不成比例。据有关方面折算，目前中国原油资源从价税率约为1.5%，远低于10%的世界平均水平。

所谓金，是指特别收益金。根据2006年初出台的《石油特别收益金征收管理办法》，从同年3月26日起，国家对石油开采企业销售国产原油所获得的超额收入，按比例征收石油特别收益金，应该说，这是一项特殊的调节措施。有人将这种“特别收益金”称为“超额利润税”。但与国际上60%—100%之间的相似税种相比，目前中国20%—40%的征收比率并不算高。据有关方

---

① 分析引自国家发改委宏观经济研究院常修泽教授2007年接受《瞭望》新闻周刊专访时的论述，参见袁元：“资源制度缺陷影响公平”，《瞭望》，2007年第20期，第40—42页。

面估计，目前征收的“特别收益金”将对石油开采部门产生约300亿元的影响，占其利润总额的15%左右。

由于能源制度不合理，导致了资源本身配置不当，表现为一部分资源处于利用不足、闲置浪费的状态，而另一部分资源处于利用过度、濒于枯竭的状态。在2003年至2004年影响波及全国范围的电荒中，一方面发电企业普遍因为缺乏电煤供应而生产告急，另一方面则是煤炭生产企业的供应能力不断提高。之所以出现“煤电顶牛”的情况，一个重要原因是以定价权为突出表现的能源制度设置不够顺畅。这些无疑增加了中国能源安全的压力。

（四）能源结构不合理

据统计，1980年至1984年间中国煤炭消费在能源消费中所占的比例由72%上升到75%；从1984年到1996年，煤炭消费在能源消费中所占的比例一直在74%到76%之间。自1997年以来，由于石油消费在能源消费中所占比例不断增加，因而煤炭在能源消费中的比例不断下降，尽管如此，煤炭消费在能源消费中所占的比例仍然保持在65%以上。① 同石油、天然气相比，煤炭的能源利用率比较低，而所造成的环境污染则要严重的多。由于中国能源结构长期以煤为主，不仅造成能源利用效率低下，经济效益差，而且对中国生态环境也造成了严重影响。

首先，煤炭的开采严重损害了中国已经十分紧缺的土地和水资源。据统计，中国每年煤炭开采形成的塌陷土地面积1.5—2万公顷，其中耕地占30%。而且，煤炭开采会严重破坏地下水资源。2006年，全国煤矿废污水的排放量达到27.5亿吨。全国累

① 乔桂银：“我国能源消费方面存在的问题及对策思考”，《产业发展》，2006年第3期，第18页。

计有 400 多条河流受到煤矿污、废水的污染。[1]

其次，煤炭开采过程中的废气排放，严重污染了大气环境。中国主要的污染物，包括总悬浮物颗粒、二氧化硫、氟氧化物以及温室气体，其主要来源均为煤炭的开采和燃烧所致。2006 年，全国二氧化硫的排放量达到 2558.8 万吨，酸雨沉降造成的经济损失高达当年 GDP 的 2%，而这其中约 90%源于煤炭业。[2]

同时，《全球气候变化框架公约》也对中国以煤炭为主的能源结构提出挑战。当今，人们越来越意识到由温室气体排放引起的全球气候变化以及空气污染、臭氧层的破坏等环境问题，正在严重威胁着人类生存环境。在《全球气候变化框架公约》的约束下，中国继续以煤炭为主的能源结构将面临来自国际社会的巨大压力。优化能源结构，缓解未来环境、气候变化带来的压力已成当务之急。此外，随着城市化的发展，人民生活质量的显著提高，居民生活用能优化也使优化能源结构成为必然趋势和要求。

第三节　维护中国能源安全的战略选择

能源安全已经成为影响我国经济安全与经济发展的重要因素之一。然而，在世界经济全球化背景下，能源安全不仅是一个经济问题，同时也是一个政治和军事问题。面对新的形势与问题，我们必须从国家大战略的高度认识与研究能源安全问题。2007

① 中国社会科学院能源发展研究课题组："能源结构优化调整势在必行"，《中国社会科学院院报》2008 年 7 月 1 日。

② 中国社会科学院能源发展研究课题组："能源结构优化调整势在必行"，《中国社会科学院院报》2008 年 7 月 1 日。

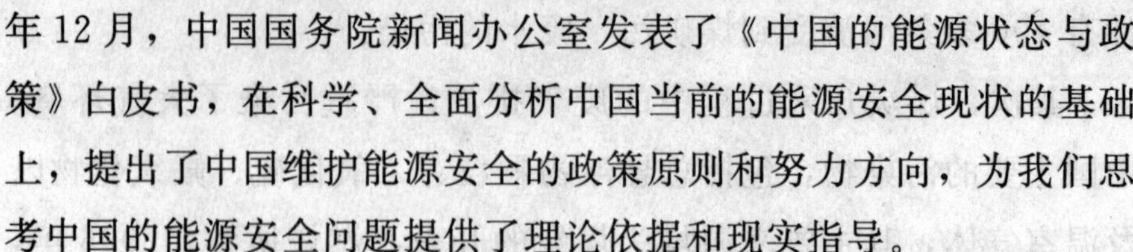

年12月，中国国务院新闻办公室发表了《中国的能源状态与政策》白皮书，在科学、全面分析中国当前的能源安全现状的基础上，提出了中国维护能源安全的政策原则和努力方向，为我们思考中国的能源安全问题提供了理论依据和现实指导。

一、营造公平合理的国际能源供需秩序

作为国际秩序的重要组成部分，国际能源供需秩序直接关系到世界的和平稳定与各国的共同发展。要实现世界经济平稳有序发展，需要国际社会推进经济全球化向着均衡、普惠、共赢的方向发展，需要国际社会树立互利合作、多元发展、协同保障的新能源安全观，努力营造公平合理的国际能源供需秩序。为此，中国需要在以下四个方面进行努力并使之发挥有效作用：

（一）维护安全稳定的国际政治环境

维护世界和平与地区稳定，是实现全球能源新秩序的前提条件。中国应进一步与国际社会携手努力，共同维护能源生产国和输送国，特别是中东等产油国地区的局势稳定，确保国际能源通道安全和畅通，避免地缘政治纷争干扰全球能源供应。应大力倡导各国通过对话与协商解决分歧、化解矛盾，不应把能源问题政治化，反对动辄诉诸武力，甚至引发对抗。

（二）推进科学合理的新能源安全观

能源安全是全球性问题，每个国家都有合理利用能源资源促进自身发展的权利，绝大多数国家都不可能离开国际合作而获得能源安全保障。以足够的能源保障自身发展是世界各国的普遍需要，以协调合作来促进国际能源共同安全的观念正得到越来越多

国家的支持。2006 年 7 月，胡锦涛主席在八国集团与发展中国家领导人对话会议上提出了互利合作、多元发展、协同保障的新能源安全观。[①] 中国的新能源安全观，兼顾了能源消费国与能源出口国的利益，为保障国际能源安全指明了方向，对于建立公平合理的国际能源供需秩序具有重要意义。

（三）促进互利共赢的能源安全合作

在全球政治经济相互依存度不断加强的今天，任何国家想要维护能源安全都不能独善其身。一味追求绝对的能源收益只会破坏现有的国际政治经济秩序并最终损害本国利益。只有通过积极有效的国际能源合作，加强能源政策磋商和协调，才能保证稳定和可持续的国际能源供应，维护合理的国际能源价格，确保各国的能源需求得到满足。

（四）促进公平规范的国际能源竞争环境

按照“讲究效益、注重保障、培育规模、协调统一”的原则，充分发挥中国能源的整体优势和比较优势，在更大范围、更高层次上参与塑造公平规范的国际能源竞争环境。包括积极实施“走出去”战略，建立海外长期的能源生产基地，营造更为宽松的国际能源生产环境；争取国际能源定价权，把价格风险尽可能多地释放在国际市场中，捍卫能源进口的正当权益。

二、完善国家能源安全决策机制

面对复杂多变、日趋尖锐的能源安全形势，中国能源安全决

① 外交部网站：http：//www. fmprc. gov. cn/chh/wjdt/zyjh/t263606. htm。

策机制建设明显滞后，不能适应国内外形势发展的需要。例如，近年来中国屡屡遭遇煤电油运紧张的问题，表面上是“能源供应偏紧、运输能力不足、需求增长旺盛”，但导致出现这些问题的原因是各种矛盾长期积累的结果，从一个侧面反映出国家能源管理的薄弱及供应体系的脆弱。

中国能源决策与管理体制历经多次变革，但一些问题始终没有得到有效解决，表现为管理职能分散、多头管理、政出多门、宏观调控乏力、管理效率低下。尤其是当面临能源供应、统筹利用等事关国家安全的问题时，能源产业内部由于各自为政，缺乏统一的总体规划和政策指导，使得相互间协调困难。能源开发、能源消费、能源节约、能源储备及环境保护等方面的工作，难以形成统一协调的局面。行业内曾经有人提出按照“大能源”产业发展的内在要求，将分散在政府各个部门中的能源战略、政策法规、能源开发、市场消费、能源储备、节约替代、环境保护、对外合作、新能源和可再生能源发展等宏观管理职能整合在一起，建立起集中统一的“大能源”综合管理体制，以应对面临的严峻挑战，确保国家能源安全。在实际运作过程中，自 2005 年国务院成立由温家宝总理亲自担任组长的国家能源领导小组作为国家能源工作的最高层次议事协调机构后，在 2008 年进行的国务院机构改革中，国家能源局正式成立，一定程度上整合了国家发改委能源行业管理有关职责及机构、国家能源领导小组办公室的职责以及国防科学技术工业委员会的核电管理职责。但在该局具体负责的 10 项职责中，多数为能源行业的统筹管理和协调职能，对涉及国家安全层面的能源议题缺乏明确的决策职能。[①] 因此，中国仍迫切需要尽快建立完善强有力的能源管理体制和决策机

① http：//nyj. ndrc. gov. cn/jgsz/default. html.

制，统筹协调各种能源发展和安全关系，强化国家对能源发展的总体规划和宏观调控，提高能源对国家经济运行和经济发展的保障能力。

三、推行能源进口多元化战略

目前，中国的石油进口有一半来自中东地区，1/4来自非洲，其余来自俄罗斯及中亚等地。而与中国有能源合作关系的国家中，伊朗、苏丹、尼日利亚、利比亚等国家都存在一些这样或那样的问题，一旦发生动荡，都会对中国能源安全构成冲击。另外，从国际经验来看，当一国的石油进口量超过1亿吨时，往往需动用外交、经济等手段来保证能源安全。随着中国能源进口量的不断上升，也应该大力开展能源外交，推行能源进口多元化战略，保证能源供应与需求的稳定性和持续性，减少能源进口的风险。具体来说，能源进口多元化战略大致包括以下三个方面内容：

（一）进口来源多元化

近期中国进口石油可能仍将主要依靠中东地区，但我们要尽量扩大其他可能的供应来源，积极开展全方位的能源外交，建立长期、多元的石油供应关系。另外，从未来能源贸易发展趋势看，中国应主要选择那些出口能力强、国内政治稳定的国家和地区，争取形成多元进口格局。

（二）运输通道和方式多元化

中国需要寻找更多的海外能源运输线路和运输手段，提高能源在运输环节方面的安全性。未来中国进口能源的境外通道将总体形成东南西北四个方向：东、南方向通道以海运为主，西、北方向通道以陆路管道运输为主，降低对西太平洋战略通道的依赖。在运输方式上，应积极组建远洋船队，增加原油进口的自运量，扩大海上油气输送通道，增加管道运输能力。同时，应增加港口基础设施配套能力，建设一批大型原油码头和液化天然气接受终端设施，以提高进口油气的装卸能力，满足油气贸易进口数量不断增加的需要。

（三）贸易方式多元化

在坚持进口原油国内加工的前提下，适当进口部分成品油以调节补缺和提高效益。同时，积极与产油国开展互补互利贸易。在合作合同的方式上，应坚持政府间的合作协议、长期合同和现货进口相结合。此外，还应积极参与国际石油期货贸易，规避价格风险。

四、有效增强能源安全的综合保障能力

（一）建立和完善能源安全风险评估预警机制

必须加快建立和完善能够实时监控国际、国内能源供需及价格的波动信息的分析与预警机制，建立和完善国际、国内能源安全的分析与预警信息系统平台等监控手段，并且及时、定期发布有关信息、储备规模分析信息等，以发挥导向作用，及时为决策服务。建立和完善能源安全风险评估预警机制，一方面可以在定价、配额等市场谈判和博弈中把握应有的话语权，利于在最佳的时机以最优的价格购入能源，维护国家利益。另一方面在能源短缺风险加大的情况下，能够及时发出风险预警并采取措施，保持

国内能源供需及价格的相对平稳，维护宏观经济的健康发展。

（二）增强处置突发意外事件的海外行动能力

伴随着中国对海外能源的依存度越来越高，筹划中国的能源安全问题已经越来越需要具有国际化的胸怀和视野，中国的海外石油开采、炼制、运输等环节都不同程度地面临着诸如地区安全形势动荡、恐怖袭击、自然灾害等传统与非传统安全威胁交织的综合安全问题。现实问题的存在迫切需要中国积极而有步骤地参加国际性和地区性的经济与能源安全合作，增强处置各种突发意外事件的能力。从中、短期看，中国在世界能源领域受制于人的态势恐难有根本改观，同时恐怖分子与海盗对能源运输关键通道的威胁也日益严重。针对这种情况，增强包括军事力量在内的远程海外投送力量，增加处置海外突发事件的能力十分必要。

（三）建立能源安全维护的综合保障体系

近年来，中国在能源领域实施“走出去”战略，在带动国内技术设备和劳务出口的同时，中国的国家利益也不断在世界范围内拓展。这就同时涉及中国在海外人员、机构和相关设施的安全问题。尤其是在中东、非洲等一些国家政局动荡的地区，这一问题显得更为突出。中国需要采取措施，建立起包括能源本身和海外机构、人员安全等内容在内的综合安全保障体系。

五、扎实推进替代能源战略和新能源战略

中国作为一个发展中的大国，为保证能源安全，必须长期坚持能源供应基本立足国内的方针。在加强国内能源资源勘探开发、保持能源产量稳定增长的基础上，要扎实推进核能等比较成

熟的替代能源战略，降低对石油、天然气、煤炭等传统资源的依赖。

在煤基替代能源、生物替代能源、天然气液体能源、核能等现有替代能源中，核能是具有实际操作意义的一种优质替代能源。与石油、煤炭等常规能源相比，核能首先是一种不排放任何温室气体的清洁能源，储量丰富且高度密集。以地球上已探明的裂变核燃料（铀和钚）所含能量计算，是化石燃料的20倍。[①] 其次，法国等其他一些国家核电发展的经验证明，发展核电是降低能源对外依存度、保障国家能源安全的重要选择。适当加快核电发展，对于按照洁净、安全、高效的原则推进能源替代战略，大幅提高能源自给率，保护生态环境，减少对外依存度带来的风险，确保国家能源供应持续、安全的供给，具有深远意义。中国的核电事业起步较晚，目前能源结构中核能的比例很小。2005年核电占中国电力装机容量的比重只有约1%，而同期世界的平均比例高达16%。核电有很大的发展空间。

同时，中国还需要大力开发各种新能源。所谓新能源，包括太阳能、风能、地热能、海洋能、沼气资源、水能、氢能等能源，这些资源具有可再生、潜力巨大及利于环保等特点。自20世纪90年代以来，新能源开发进展迅速，世界上许多国家都把开发新能源作为能源政策的重要组成部分。中国具有丰富的新能源资源，积极推进新能源资源的开发对于改善能源供应与消费结构，维护能源安全，保证经济可持续发展具有重要意义。

---

① 刘峰、孙建业："积极推进我国新能源的开发和利用"，《石油规划设计》，2008年第1期，第10页。

六、全面推行节约能源的国策

中国是人口众多、资源相对不足的发展中国家，要立足现有国情实现经济社会的全面、协调、可持续发展，必须全面推行节约能源的国策，提高能源效率，走节约能源的道路。

（一）推进产业结构调整

长期以来，中国能源效率偏低的主要原因是经济增长方式粗放、高耗能产业比重过高。鉴于此，中国需要把转变发展方式、调整产业结构和工业内部结构作为能源节约的战略重点，努力形成“低投入、低消耗、低排放、高效率”的经济发展方式。加快产业结构优化升级，大力发展高新技术产业和服务业，严格限制高耗能、高耗材、高耗水产业发展，淘汰落后产能，促进经济发展方式的根本转变，加快构建节能型产业体系。

（二）重点加强工业节能

工业是中国能源消费的重点领域。中国应坚持走科技含量高、经济效益好、资源消耗低、环境污染少、人力资源得到充分发挥的新型工业化道路，加快发展高技术产业，运用高新技术和先进适用技术改造传统产业，提升工业整体水平。重点加强钢铁、有色金属、煤炭、电力、石油石化、化工、建材等高耗能行业节能降耗。

（三）加强管理节能

通过建立政府强制采购节能产品制度，积极推进优先采购节能产品，选择部分节能效果显著、性能比较成熟的产品予以强制采购。积极发挥政府采购的政策导向作用，带动社会生产和使用节能产品。研究制定鼓励节能的财税政策，实施资源综合利用税收优惠政策，建立多渠道的节能融资机制。深化能源价格改革，形成有利于节能的价格形成机制。实施固定资产投资项目节能评估和审核制度，严把能耗增长的源头。建立企业节能新机制，实施能效标识管理，推进合同能源管理和节能自愿协议。建立健全节能法律法规，依法强化节能管理。加强节能管理队伍建设，并加大执法监督检查力度。

此外，还要在整个社会中倡导节能观念，采取多种形式大力宣传节约能源的重要意义，不断增强全民资源忧患意识和节约意识。倡导能源节约文化，努力形成健康、文明、节约的消费模式。把节约能源纳入基础教育、职业教育、高等教育和技术培训体系，利用新闻出版、广播影视等媒体，大力宣传和普及节能知识。继续深入开展节能宣传周活动，动员社会各界广泛参与，努力建立全社会节能的长效机制。

第十二章

国防安全与国家安全

国防安全在国家安全中占有特殊的地位。国家安全在相当长的历史时期内被认为是国家不受到外部军事力量的入侵和威胁，因此，国防安全也几乎成了国家安全的代名词。近几十年来，国家安全的内涵不断拓展，国防安全与国家安全之间的关系出现了新的变化，但国防安全的核心地位仍没有改变。在这种背景下审视和筹划中国的国防安全，需要具有更加全局性的视野和科学的统筹能力。

第一节　国防安全是中国国家安全的主要支柱

中华人民共和国在建立后的几十年里，先后面对美国和前苏联军事压力，国家生存与主权独立曾面临严重威胁，国防安全也就成为国家安全最主要的内容。冷战结束后，随着世界经济全球化的深入拓展及各国相互依存的加强，中国的国家安全环境出现了新的变化。正在兴起的中国除了应对传统的领土和主权安全之外，还包括经济安全、文化安全、科技安全、生态安全等众多非传统安全问题。但是国防安全仍然是中国国家安全的主要支柱，国防力量仍是维护国家核心安全利益的最高手段。

一、国防安全是国家安全的基础

当今世界，和平与发展仍然是时代的主题。然而，对于一个国家来说，和平发展是有条件的，必须以实力、以国防安全为后盾。早在一千多年前，古罗马军事著作家韦格蒂乌斯在《罗马军制》中就写道："谁要想获得和平，谁就必须准备战争。"美国总统富兰克林·德·罗斯福则明确地指出："我们必须牢记，只要地球上存在战争，即使是最热爱和平的国家，也有被拖入战争的某种危险。"[①] 20 世纪 30 年代末，英法等国因采取绥靖政策而加速了第二次世界大战爆发就是一个典型例子。冷战结束后，尽管国际形势总体比较稳定，但局部战争此起彼伏，冷战思维依然存在，一些国家仍奉行霸权主义和强权政治，依托其战略优势，努力谋求战略利益的最大化，导致摩擦和冲突不断出现。冷战后的几场局部战争更充分表明，一个国家的主权和国防安全远非到了"高枕无忧"的地步，军事力量和国防建设仍是国家安全必不可少的屏障。

另外，从应对多样化安全威胁来看，国防安全也发挥着基础性作用。冷战结束以来，随着国际形势的逐步缓和、经济全

① ［美］富兰克林·德·罗斯福：《罗斯福选集》（关在汉编译），北京：商务印书馆，1982 年版，第 132 页。

球化以及社会信息的不断深入拓展，经济安全、社会安全、科技安全、信息安全、文化安全、环境安全、公共卫生安全等非传统安全领域问题逐渐浮出水面。如果这些领域的危机得不到有效控制，将会对国家的生存与发展造成严重破坏。例如：1997年的亚洲金融危机，导致陷入其中的一些东南亚国家经济倒退十多年，甚至还引发一些国家的政治危机。2003年一度肆虐的“非典”、近年来越来越频发的重大自然灾害、国际恐怖主义袭击等等诸多安全问题也都给世人留下了深刻印象。突发性、破坏性、现实性等特点使这些非传统安全问题越来越多地受到关注，在国内和国际政治议程中的地位也不断提升。近些年在对安全问题研究中，非传统安全问题研究更是异军突起，越来越受到重视。

人类安全观念从传统安全扩展到非传统安全，不仅仅是安全内涵的扩大和安全领域数量的增多，更是质的提升，是国际社会日益发展及人类安全观念进步的结果。然而必须看到的是，尽管国防安全在国家安全中绝对优先地位相对下降，非传统安全备受重视，但国防安全仍然是大多数国家首要解决的问题，舍此则失去了解决其他安全问题的基础和前提，即使军事超级大国美国也是如此。美国政府1999年12月出台的《新世纪国家安全战略报告》认为，对美国生存、安全和活力至关重要的利益（即核心利益）有三个，排在第一位的就是美国和盟国国土的安全和美国公民的安全。

从地位作用上看，国防安全是其他任何非传统安全成立的先决条件，是国家主权的保证。一旦国家为外部势力所入侵，则意味着国家对主权、领土的失去。没有了主权，就没有了对国家政治、军事、外交、经济、科技、文化等各个方面的管理、决策和支配权，也就无法主导非传统领域的各类安全问题的解决。如果非传统安全领域出现严重问题，只要国家还拥有国防安全，就还有可靠的依托，即使是没有成功化解危机，导致严重的后果，甚至失去了部分主权（如为化解金融危机求助于他国导致国家部分经济主权的丧失），还可以通过后期的努力来逐渐弥补解决。然而一旦失去了国防安全，国家赖以存在的基础就遭到了重创，就将沦落到任人宰割的地步。从国家安全发展的历史看，国防安全在国家安全之中的基础性地位在短期内不可能发生变化。

二、国防安全始终是中国国家安全的重点

邓小平明确指出："国家的主权、国家的安全要始终放在第一位，对这一点我们比过去更清楚了。"[①] 与世界上一些国家不同，中国的国家性质决定了国防安全长时期内都将是国家安全的重要组成部分，而且是重中之重，其原因有以下三点：

（一）中国是社会主义国家

冷战结束以后，随着两大阵营对峙的局面消失，意识形态领域的矛盾和斗争事实上有所缓解。然而，我国作为目前世界上唯一坚持社会主义制度的大国，在政治制度和意识形态方面仍然遭受着空前的压力。中国向市场经济转型并加速融入现有国际体系的做法也没能改变这一点。其根本原因在于，社会主义与资本主义在政治制度和价值观方面存在重大差别，两者之间是竞争和更替的关系。从社会主义运动发展的历史看，科学社会主义在欧洲一诞生，"旧欧洲的一切势力，教皇和沙皇、梅特涅和基佐、法

① 《邓小平文选》第3卷，北京：人民出版社，1993年版，第348页。

国的激进派和德国的警察，都联合起来了"，对新兴的"共产主义幽灵"进行"神圣的围剿"。[1] 当社会主义制度刚刚问世，西方14个帝国主义国家就联合对苏联进行武装干涉，企图将新生的苏维埃社会主义政权扼杀在摇篮之中。当今中国的社会主义尚无需面对如此严重的直接安全威胁，但近年来一些发展中国家对中国发展模式认可程度的上升已引起了某些西方国家的严重关切，并被认为是对西方模式的新挑战。毫无疑问，在保卫社会主义制度及其成果的斗争中，中国决不能对政权被颠覆、国家遭入侵等军事威胁掉以轻心，在全面建设国家战略能力的时候，强大的国防力量是不可或缺的。

（二）中国是未完成祖国统一大业的国家

中国是当今世界上唯一尚未完成国家统一的主要大国——台海两岸处于分裂状态已长达近60年，"台独"势力分裂祖国、破坏中国主权和领土完整的意图不会因岛内政权的更迭而终结，它将始终对中国的国家安全构成严重威胁。维护国家主权独立和领土完整，反对以"台独"为首的分裂势力，实现国家统一是中国的核心安全利益，而免遭外敌入侵、维护国家主权和领土完整也是国防安全的主要内容。国防安全在国家安全中仍然处于首要的地位，其他一些领域的安全问题也许在某些阶段更紧迫，但国防安全将是长期的、主导性的安全问题。只有拥有强大的国防实力这一必不可少的坚强后盾，实现国家和平统一以及维护国家主权领土完整才有可靠的保障。

---

① 《马克思恩格斯选集》第1卷，北京：人民出版社，1995年版，第271页。

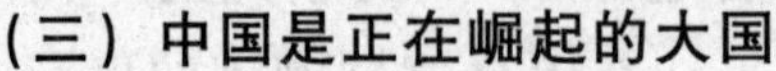

（三）中国是正在崛起的大国

中国坚持和平发展战略，倡导新安全观，旨在避免重蹈历史上崛起大国与霸权国家冲突的覆辙。然而，作为世界上唯一超级大国的美国仍对中国的发展充满疑虑。美国国防部在《2006四年防务评估报告》强调：“在大国和新兴国家中，中国最有潜力在军事上与美国竞争，并采用破坏性的军事技术，如果美国没有相应的战略与之抗衡，那么随着时间的推移，这将抵消美国传统的军事优势。”很明显，随着中国的日益崛起，美国已明确将中国视为潜在对手。在大国关系史中，防范、遏制新兴大国以保持对国际事务的主导权，是每个时代霸权国家的主要目标之一。在中国国力强弱的不同时期，美国对中国的态度经历了从忽视到重视，从借重到防范和制约的不同政策取向。处于快速发展和日益兴起过程中的中国，是不可能被允许搭上美国的“安全便车”的。非但如此，中国还不得不化解和防范霸权国家对快速发展的中国的遏制和围堵。国防安全无疑是其中不可或缺的主要手段之一。

第二节　中国国防安全面临的挑战

近30多年来，以信息技术为主导的科技革命、经济全球化以及改革开放给中国国防领域带来了巨大影响和变化。在中国与世界日益加深的互动中，国家战略利益拓展给国防安全提出了许多新的要求，而且安全威胁的多元化和国防资源有限性的矛盾明显突出。面对多元安全威胁和世界新军事变革的挑战，国防体系、军事制度和体制改革转型的压力也越来越大。

一、多元安全威胁使国防安全压力不断增加

安全威胁多元化是新的历史时期国家安全的一个重要特征。在世界经济全球化背景下，许多早已存在的“低政治”问题具备了新的形态和能量，其破坏性和影响力急剧增大，成为影响国家安全的现实威胁；一些新的安全威胁也伴随着全球资源紧缺，以及新技术、新领域的出现而突出。世界已进入一个传统安全威胁与非传统安全威胁复杂交织的新时期。作为积极融入国际体系的中国不可能独善其身，不得不面对恐怖主义、宗教极端势力、民族分裂势力的威胁，面对频发的严重自然灾难、生态环境恶化以及金融、能源、信息等多个领域的安全威胁。

从发展趋势看，非传统安全威胁正在日渐常态化，而应对这一威胁大都需要军事力量作为后盾甚至直接参与。原因在于：一是非传统安全问题可能转化为传统安全问题。非传统安全与传统安全在一定条件下并无绝对界限，两者相互渗透影响甚至相互转化。现以信息安全为例。社会信息化的国际互联网络突破了传统的领土、领空、领海的地理边界，构筑了一个虚拟但却真正存在的网络空间。通过国际互联网络，可以对敌对国家实施远程网络攻击，轻则可以干扰其正常的生产生活秩序，重则可以瘫痪金融、电力、交通、军事等国家重要的基础设施。为确保这一新领域的安全，一些发达国家成立了专门进行网络空间战的部队。二是非传统安全问题可能诱发传统安全问题。一些与重要战略资源相关的非传统安全问题，在一定条件下会出现“外溢”而达到临界点引发危机，导致国家间的军事冲突。例如，中东冲突由来已久，水资源争夺是发生冲突的重要原因之一。虽然水资源安全并非传统意义上的安全问题，但在严重缺水的中东，水资源具有重

要战略性意义。为控制该地区的水资源，巴以、叙以、黎以陷入长期冲突，使这一非传统安全问题不仅从国内问题上升为国际问题，而且引发了传统安全冲突。三是非传统安全的应对在很多情况下需要军事力量的参与。军事力量作为国家最有组织、动员最迅速的力量，在应对许多非传统安全问题时往往发挥着不可或缺的作用。特别是在打击国际恐怖主义、民族分裂势力、极端宗教势力，以及应对突如其来的重大自然灾害方面，军事力量更是起着中坚作用。

多元化安全威胁一方面进一步强化了国防力量在国家安全中的地位与作用，另一方面也对国防提出了更高的需求。在应对非传统安全问题日益常态化的情况下，国防力量参与也越来越频繁，但国防资源、军事力量是有限的，这势必导致应对多元安全威胁需求不断增多与国防实力相对有限之间的矛盾对立。随着国防力量积极参与应对各种对国家安全具有现实威胁的非传统安全威胁，其应对传统安全威胁的能力也会受到不同程度的削弱。在2008年汶川抗震救灾中，解放军、武警共投入兵力达22万之多，而美军在伊拉克的日常兵力也就是13.8万左右，设想如果被抽调兵力的相关战略方向出现危机，很可能将出现对国家不利的战略态势。为适应多元安全威胁对国防力量运用的需求，我国国防安全将面临包括武装力量任务多样化、训练内容增加与调整、武装力量编制体制调整甚至转型等在内的诸多压力，这将成为一个亟待解决的突出问题。

二、中国崛起的“安全困境”使国防安全面临两难选择

中国在改革开放的进程中日益融入到国际体系之中，在与世界各国日益频繁的交流互动中，中国的资金、商品、人力资源在

全球范围内流动，中国国家利益拓展的广度与深度前所未有。但与此同时，中国维护国家利益的武装力量的发展速度却远远跟不上国家战略利益拓展的速度。1993年发生的“银河号”事件[①]留给我们的教训之一是：没有强大国防保障的国家利益是脆弱的。

然而，发展国防力量保障国家利益也面临一个“安全困境”的问题。所谓“安全困境”，是指在国际体系缺乏一个超国家权威的情况下，一国单独通过增强实力，特别是军事实力来追求国家安全利益的做法，就往往会在外部引起一系列反应，导致其他国家同样寻求加强自身实力，从而降低甚至抵消该国谋求安全的努力的效果。对于中国这样一个快速上升的大国来说，本身就容易遭受外部力量的疑惧和戒备，发展国防力量带来的“安全困境”将更加明显。中国一直坚持防御性国防政策，在国防力量发展上虽然近年来加大了投入，但仍处于“补课”阶段。然而，一些西方国家对中国的国防发展十分敏感，动辄加以非议和炒作，使其成为“中国威胁论”的一个主要方面。近年来，美国国防部在其《中国军事力量年度报告》中，屡屡提到中国军事发展缺乏透明度，指责“中国加强军事力量的步伐及范围已经危及地区性军事力量平衡”，认为“（中国）在其不断扩充的军事力量和这支力量可能会如何派上用场方面，还有很大的不确定性”。从2006年至2008年三个年度报告中，更是连续三次确认其在2006年《四年防务评估报告》中所说的观点，即中国“具有最大的潜力，可以在军事上与美国竞争，并将能够逐步抵消美国传统军事优势的破坏性军事技术投入战场”，美国对中国国防力量发展的态度

---

① 1993年7月23日，美国根据其所获得的不实情报，指控中国广州远洋运输总公司所属的“银河号”集装箱货轮装载硫二甘醇和亚硫酰氯两类化学物品运往伊朗。从8月2日开始，美国军舰在公海对“银河号”进行了长达42天的跟踪侦察，对我船只航行乃至人员安全都构成了严重威胁和损害。

由此可见一斑。地区大国日本、印度也对中国国防现代化疑虑重重，既担心中国因此在解决领土争端中占有优势，又担心中国的强大会阻碍他们成为世界强国。近年来，日本加速防卫战略转型，印度大力发展核武器、不断加大国防投入，对中国进行防范。

在这样一种背景下，中国维护和加强国防安全的努力将承受长期的压力。不断拓展的国家利益与维护国家利益的国防力量手段不足之间的矛盾、增强国防力量与遭受外部力量压力之间的矛盾将长期存在，中国的国防建设将在这两个矛盾间艰难地寻找平衡点。

三、"台独"等分裂势力对国防安全构成重大现实威胁

"台独"势力始终是国家统一和领土完整最主要的威胁。2008年台湾地区领导人大选后，两岸关系进入了一个相对和缓的时期。然而，岛内当局政权的更迭并没有改变"台独"势力分裂祖国的基本立场和主张。相反，由于在岛内政治角逐中失利，"台独"势力的冒险性进一步加大，很可能会通过一系列更加极端的做法来阻碍两岸交流、推动"台独"发展。从长远来看，由"台独"的冒险引发两岸军事冲突的可能性始终不能排除，在有些情况下甚至还可能由于其他大国的介入，使冲突进一步升级。可以说，"台独"势力对中国的国防安全将长期构成压力和威胁，阻止"台独"、维护国家统一将在相当长一段时间内是中国国防和军队建设的主要任务之一。

除了"台独"分裂势力，"藏独"、"疆独"分裂势力的威胁也不容忽视。近年来，"藏独"、"疆独"的分裂活动有进一步升级的趋势。2008年3月奥运火炬在世界传递期间，"藏独"分子

的拙劣表演充分暴露了达赖集团的险恶用心。另外，随着形势的变化，“藏独”本身的不确定性和暴力性也在增加，对国家安全特别是国防安全构成了严重挑战。新疆民族分裂势力，特别是“东突”从未放弃其分裂理念和活动，将继续以泛突厥主义和泛伊斯兰主义为旗帜，试图通过制造民族对立和暴力活动实现“独立”。值得注意的是，这些分裂势力背后都离不开国际反华势力的支持。以“藏独”为例，根据解密的美国国务院文件显示，1958 年 9 月美国政府即正式批准对西藏秘密行动，支持达赖集团叛乱。一直到 1972 年尼克松访华后，才中止了对达赖集团的资助。但从 1997 年开始，美国重新向达赖集团提供财政支持。近年来，从西方媒体言论及一些西方政要会见分裂势力领导人并对其提供舆论、资金支持等情况可以看出，一些反华势力实际上将分裂势力作为限制和打压中国兴起的重要棋子。一旦出现契机，各种反华势力和分裂势力很可能合流，威胁中国的安全与稳定，并对国防构成巨大压力。

四、复杂的地缘政治环境对国防安全提出了更高要求

首先，中国是陆海复合型国家，周边安全环境比较复杂。中国拥有 960 万平方公里陆上领土，2.28 万多千米的陆地边界线，与 14 个国家接壤；有 1.8 万千米长的领海线，与七个国家海上毗邻。目前东、西、南、北四个战略方向，除北部战略方向因与俄罗斯的战略协作伙伴关系比较稳固外，其他三个战略方向均存在不同程度的军事压力。我国周边地区的军备竞赛“热度”还有上升趋势，“核门槛”国家崛起于我国周边。在我国多个战略方向的军事压力中均有明显的美国因素。为维持其在全球，特别是在亚太地区的霸权地位，美国的战略关注点已聚集中国。在对处

于“战略十字路口”的中国奉行“两面下注”的安全战略下，美国不断加强与中国周边一些国家在政治、经济、军事等各方面的战略合作，不断增强其“伙伴国的实力，减轻他们的易受攻击性”，并将“努力实现国际伙伴间的防务体系的进一步融合，从而加大对手割裂他们的难度”。对中国进行“防范性”军事力量部署事实上已成为美国的既定政策。“9·11”事件后，美国利用“反恐”战争，不断强化在西太平洋地区的军事力量部署，特别是在中国东南沿海一线，不断巩固其在亚太地区三线岛链部署，突出美日、美韩、美菲、美澳联盟的军事功能，加强太平洋舰队的军力和关岛基地战略作用，已基本形成防范中国的战略部署。

其次，地区大国雄心勃勃的国家战略追求将导致地区形势不稳定。例如，意欲成为政治大国、世界强国是日本长久以来的政治宏愿。但由于中国近年来的快速发展，日本对华认识与政策发生了较大程度调整。在战略定位上，日本把中国视为政治上的“竞争者”和军事安全上的“威胁”。为应对“中国崛起”，日本近年来大力展开价值观外交，推动日、美、澳、印四国战略同盟。在军事战略上，从1992年开始，日本《防卫白皮书》就把中国作为重点防卫对象。随后在1997年提出“新日美防卫合作指针”、1999年日本国会通过《周边事态法》等举措也在很大程度上针对中国。特别是2004年12月10日，日本内阁批准发布的《防卫计划大纲》则是明确提出中国对日本安全构成威胁。又如，印度也一直在追求世界一流强国的地位。印度认为中国实力的增强和国防现代化在客观上威胁着印度的安全，是印度支配南亚进而争取亚洲领导权地位的主要障碍。[①] 遏制中国是其国家安

① 杨毅主编：《国家安全战略研究》，北京：国防大学出版社，2007年版，第225页。

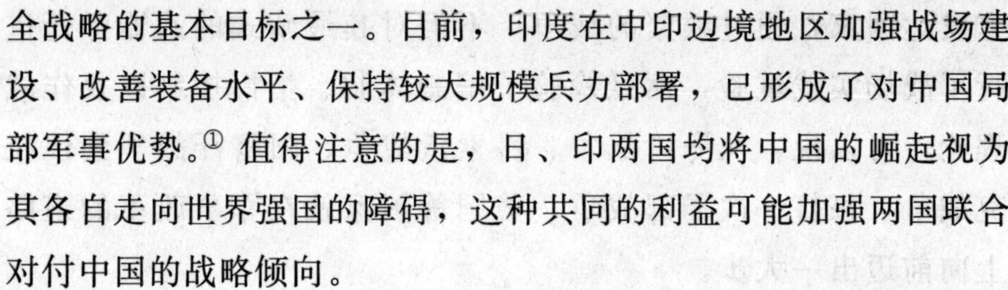

全战略的基本目标之一。目前，印度在中印边境地区加强战场建设、改善装备水平、保持较大规模兵力部署，已形成了对中国局部军事优势。[①] 值得注意的是，日、印两国均将中国的崛起视为其各自走向世界强国的障碍，这种共同的利益可能加强两国联合对付中国的战略倾向。

五、新的国际军事竞争趋于激烈

20 世纪 70 年代以来，以信息技术为主导的第三次科技革命几乎席卷了人类社会各个领域。高新技术在军事领域内的应用引发了新的世界性军事变革。敏锐意识到这一革命性变化的世界各主要国家为避免落后和取得军事优势，先后投入大量人力、物力和财力，对武器装备、作战理论、组织编制、作战方式、后勤装备保障等各个方面进行了深入研究、试验、探讨和总结，一大批研究成果运用于军队建设和改革，新一轮的国际军事竞争悄然展开。

在推进新军事变革深入发展的过程中，世界各国军事力量的发展是非常不平衡的。首先，引发世界新军事变革的主导性技术大都分布在发达国家，发展中国家很难获取这些技术，即使零星得到一些，也不足以真正形成整体战斗力。其次，新型武器装备一般都造价不菲，往往只有拥有雄厚实力的发达国家才可以确保在不影响国家全面发展的情况下不断加大高额军费投入。第三，尤为值得重视的是，丰富的战争实践大大加速了发达国家军事改革的进程。冷战结束后，以美国为首的一些西

---

① 杨毅主编：《国家安全战略研究》，北京：国防大学出版社，2007 年版，第 227 页。

方发达国家，通过频繁的战争，不但对其最新式的武器弹药进行了战场实战试验，而且检验了编制体制、指挥控制以及作战理论，可以说，从海湾战争、科索沃战争、阿富汗战争到伊拉克战争，每打一次局部战争，美国等国家就在军事改革的道路上向前迈出一大步。

近年来，由于大力推进中国特色军事变革，中国的国防建设取得了巨大的成就，不断地推进了军队的革命化、正规化和现代化进程。但是，中国的国防与军队建设在质量上和效率上与发达国家之间特别是美国有不小差距，随着时间的推移，中国国防安全力量程度不同的落后状态有可能形成新的“时代差”，中国国防力量的战略需求与能力差距的矛盾可能在某些领域会更加突出，“两个不适应”的现象有可能长期存在。因此，在自我创新方面要下大力气。

第三节　以科学发展观统筹国防建设

以科学发展观统筹国防建设，包括两个层面：一是站在国家安全和发展战略全局的高度，统筹经济建设和国防建设；二是在国防建设本身这个层面，要以科学发展观统筹国防建设这个庞大的系统，协调其中的各个子系统之间的互动关系，形成合力。以科学发展观统筹国防建设，最终就是要建设与中国国家利益、国际地位相称，具有完成应对多种安全威胁、完成多样化军事任务的能力，以及承担维护世界和平、促进共同发展的国际义务的强大国防力量。

一、坚持富国与强军的统一

“兵不强，不可以摧敌；国不富，不可以养兵。”[①] 中国古代政治家商鞅在两千多年前就已经深刻揭示了富国与强军之间的辩证统一关系。在新时期，统筹经济建设和国防建设，在全面建设小康社会进程中实现富国和强军的统一，是落实科学发展观的基本要求，是维护和拓展国家战略利益的迫切需求，是实现中华民族伟大复兴的根本途径。

（一）坚持富国与强军的统一，是国家发展的基本规律

经济繁荣发达与军事强大是大国发展过程中的两个主要因素，也是发展的主要标志。在历史上，片面发展国防或片面发展经济最终导致国家利益受损的例子不在少数，富庶而不能自保的北宋王朝就是其一。而富国与强军并举最终发展成为盛世的成功例子也比比皆是。中国历史上的“贞观之治”、“康乾盛世”都是文治与武功获得巨大成就的典范。

综观历史，国家的兴起和持久兴旺繁荣都有其内在规律。富与强在国家总体战略当中是并列关系，而非递进关系。即富国与强军之间可以相互影响，但却没有导致因果的必然关系，国家富裕了，未必就强大；军事力量强大，也并不一定意味着国家就能富裕。这当中，军事和经济都有其自身的内在逻辑性，片面突出任何一个方面，都会导致国家总体战略格局的结构畸形。避免这一局面出现的根本途径在于深刻了解和把握两者的内在逻辑，并

① ［战国］商鞅：《中国古代兵法选辑》，北京：中国人民解放军总参谋部出版部，1962 年版，第 15 页。

使它们统一到实现国家总体战略的框架之中，保持它们之间的动态平衡。在不同的历史时期，必须根据国际国内形势的不同发展对两者在资源投入方面何者优先、比例如何采取不同政策，并根据情况变化适时进行调整，最终目的是形成经济建设为国防建设提供发展基础、国防为经济发展提供保障这一互相促进的良性循环，使国家利益始终处于有效的国防能力保护之下。

（二）坚持富国与强军的统一，是新时期国防建设思想的一次新的飞跃

尽管富国与强军是一个国家繁荣富强的基本规律和必要条件，但在不同历史时期的具体实践中，两者却不一定都要同步发展。当一个国家国防安全问题突出时，在政策取向上往往以国防建设为重点；反之，则以经济建设为重点。而当经济建设发展到一定程度之后，国家战略利益势必不断拓展或外部威胁加剧时，国防需求与国防实力之间就会产生矛盾，则又刺激国防建设发展，两者在这种互动中相互促进，共同发展。

新中国成立后，在富国与强军的先后及重点取向问题上，不同时期就呈现出不同的特点。解放初期，特别是朝鲜战争爆发后，毛泽东针对当时外部威胁十分突出的情况，于 1950 年 9 月 25 日在《中国必须建立强大的国防军和强大的经济力量》一文中提出："中国必须建立强大的国防军，必须建立强大的经济力量，这是两件大事。"① 这时，国防是优先发展的。朝鲜战争结束后，中国的外部威胁减小，国防与经济建设的关系也相应调整，1956 年 4 月 25 日，毛泽东在《经济建设和国防建设的关系》一文中提出："可靠的办法就是把军政费用降到一个适当的比例，

---

① 《毛泽东军事文集》第 6 卷，北京：军事科学出版社、中央文献出版社，1993 年 12 月版，第 103 页。

增加经济建设费用，只有经济建设发展得更快了，国防建设才能够有更大的进步。”[①] 重新对国防建设与经济建设的投入进行划分，极大地促进了经济的快速发展。后来随着中苏关系恶化，中国要同时准备应对“美帝”和“苏修”的入侵，国防压力骤然增大，国防开支也因此达到一个非常高的比例。

随着国际局势的缓和，中国共产党第十一届三中全会作出了党的工作重心转移的历史决定。邓小平在 1980 年提出，建设现代化的社会主义强国，是“当前最大的政治”，“除了爆发大规模战争外，就要始终如一地、贯彻始终地搞这件事，一切围绕这件事，不受任何干扰”。[②] 经济建设成为国家发展的中心，国防和军队建设服从并服务于国家经济建设大局成为这一时期的指导原则。1984 年，邓小平又提出“军队要忍耐”。

随着时间的推移，中国在经济实力不断增强的同时，也面临着新的安全挑战。针对这种情况，党中央又及时提出经济建设与国防建设协调发展的思想。党的十六大报告指出：“坚持国防建设与经济建设协调发展的方针，在经济发展的基础上推进国防和军队现代化。”这是党的全国代表大会第一次明确提出国防建设与经济建设协调发展的基本方针。党的十七大报告则进一步指出：“必须站在国家安全和发展战略全局的高度，统筹经济建设和国防建设，在全面建设小康社会进程中实现富国和强军的统一。”

回顾新中国成立以来经济建设与国防建设在国家建设中的地位不断变化的历史，可以清晰地看出，“在全面建设小康社会进程中实现富国和强军的统一”符合时代、国家发展的要求，是新

---

① 《毛泽东文集》第 7 卷，北京：人民出版社，1999 年版，第 27 页。

② 《邓小平文选》第 2 卷，人民出版社，1993 年版，第 249 页。

时期国防建设思想的一次新的飞跃。它标志着对国防和经济建设辩证关系的深刻揭示和准确把握，体现了实现国家利益在各主要领域的全面需求，是新时期贯彻落实科学发展观、实现中华民族伟大复兴的基本原则。

（三）坚持富国与强军的统一，是实现全面建设小康社会的基本要求

到 2020 年全面建成小康社会是中国共产党新时期的战略目标，为实现这一总体战略，必须在实现国民经济的快速可持续发展的同时，实现建设强大国防力量的目标。经济社会全面、协调、快速可持续发展是人民生活水平改善的直接诉求，强大的国防是保卫国家利益、确保人民安居乐业的坚强支撑。建设强大国防是一个大国生存和发展的基本条件和基本权利，是中国走和平发展道路的基本保障。就国内形势看，国家尚未实现统一这一问题始终是国家安全与发展的重大隐患和掣肘因素，国家经济不发达，不足以服台湾民心，国防不强大，不足以震慑、阻遏“台独”及其外部的支持势力，只有富国与强军并举，并不断加强国家全面建设，未来祖国统一才能水到渠成。就国际形势来看，中国的和平发展必然面临诸多外部压力和冲击，只有坚持富国与强军的统一，才能有效应对各种威胁，成功塑造有利的外部安全环境。

从现实可行性来看，中国坚持富国与强军的统一也具备了较好的条件。20 世纪 80 年代和 90 年代，国家经济实力不够强大，发展也不够均衡，能够提供给国防和军队现代化建设的财政、技术和人才资源比较有限。目前，中国可以拿出较多的财力支持国防建设，具备了进一步强军的经济基础和科技基础，抓住 21 世纪头 20 年中国发展的战略机遇期，加大国防投入，弥补国防建设的历史“欠账”，实现富国与强军的真正统一是完全可行的。

二、永远坚持防御性的国防政策

（一）永远坚持防御性的国防政策，是顺应时代潮流的战略抉择

当前，尽管世界处在大变革大调整之中，但是和平与发展仍然是时代的主题。要和平不要战争，搞合作不搞对抗，已经是人心所向、不可阻挡的时代潮流。中国始终不渝地走和平发展道路，正是适应这一时代潮流所做出的正确的战略选择。始终坚持防御性的国防政策，通过在安全上相互信任、加强合作，坚持用和平方式而不是战争手段解决国际争端，共同维护世界和平稳定、和谐、合作则是和平发展战略的核心。

（二）永远坚持防御性的国防政策，是中国战略文化的规定性使然

国防政策既反映本国的现实安全需要，也渗透着本国特色的战略文化价值倾向。中国是一个具有五千年悠久文明史的国度，长于守成的农耕文明与丰富的战争实践相结合形成了中国特色的战略思想文化。在维护国家安全上，强调搞好国家内政是第一位的。“修政于境内，而远方慕其德；制胜于未战，而诸侯服其威，内政治也。”“柔道安邦”，“绥之以德”，“外抚四夷”等思想均是强调中原王朝采取招抚怀柔的政策，推恩示信于边疆各少数民族，缓和相互矛盾与冲突，以德服众；在对战争、武力的态度上，则主要强调其消极影响，如“兵者，不祥之器”，“大军之后，必有凶年”，主张“非战”、“慎战”；在战争胜负判断的标准上，强调“不战而屈人之兵，善之善者也”。这些战略思想形成了中国战略文化的主流，对当代中国防御性战略的形成影响巨

大。即使是在“战争与革命”的年代，毛泽东也是强调“人不犯我，我不犯人；人若犯我，我必犯人”。中国特色的战略文化是融化在中国战略思维深处的基因，毫无疑问，它不仅会影响过去和现在，也会影响未来中国的军事战略，中国也由此会长期坚持以和平方式解决争端、强调自卫为主要内容的防御性国防政策。

（三）永远坚持防御性的国防政策，是实现国家利益最大化的必然要求

当今世界，各国之间的联系和交往空前紧密，在增加摩擦与矛盾的同时，和平解决争端的途径也大大增加。多数问题都可以通过政治、外交、经济等方式加以解决，任何国家决不能动辄诉诸武力或以武力相威胁。作为社会主义国家的中国更是应坚持和平的、符合联合国宪章的方式来维护国家利益。

实现民族复兴需要持久和平。和平是一种环境，也是一种发展利益。没有和平，是不可能实现国民经济健康、全面、快速和可持续发展的。虽然中国的经济总量已位居世界前列，但必须看到的是，中国的人均 GDP 还排在世界第 100 位之后，要实现 2020 年全面建成小康社会、2050 年基本实现现代化的宏伟目标，需要一个长期、持久的和平环境做保障。即使 2050 年目标实现了，中国也仍将致力于国内人民生活水平的提高和国际社会的和平稳定，仍将坚持防御性的国防政策，使中国的国家利益在一个稳定的国际环境中稳步实现。

三、建设与中国国际地位和国家安全需求相称的信息化军队

当前，我军建设在取得巨大成就的同时，也面临着现代化水平与打赢信息化条件下局部战争要求不相适应、军事能力与履行

新世纪新阶段我军历史使命的要求不相适应的主要矛盾。从军事角度看，解决这些矛盾的主要途径在于推进中国特色军事变革，把我军尽快建设成强大的信息化军队。

信息化军队是建立在深刻的信息技术革命基础之上的。然而，先进的军事技术和武器装备的引入并不意味着军事革命，更为重要的因素是军队如何适应新军事技术，确立能充分发挥新技术能量的作战理论、组织指挥体制、训练体系以及后勤装备保障模式。

(一) 积极推进中国特色军事变革，实现军队建设跨越式发展

机械化与信息化并举，以信息化带动机械化，以机械化促进信息化，实现我军建设跨越式发展是应对世界新军事变革挑战的必然要求，也是维护国家安全、统一和日益拓展的国家利益的客观需要。其实质就是通过中国特色的军事变革，实现军队建设的整体转型。实现跨越，要注意处理好两对关系：一是全面跨越与同步跨越。军队建设跨越式发展意味着军队建设水平获得整体性的全面飞跃，是一场自我创新的革命性变革。但这种全面跨越并不等同于同步跨越。因为跨越涉及到武器装备、军事理论、体制编制等方方面面，各方面之间有着复杂的因果关系和互动影响。应避免追求一步到位，必须理清其中逻辑关系，按优先顺序依次或在一定阶段同步建设，以取得最佳建设效益。二是后发优势与后发劣势。实现跨越式发展，发挥后发优势很关键。但后发只是一种客观状态，并不必然导致优势。只有充分借鉴先行者成功的经验、汲取先行者的教训，才有可能形成一种相对优势，避免走弯路，以及在正确的道路上更快地前进。然而事实上，在没有紧迫的现实安全威胁或军事需求推动下，一般国家很难形成后发优势。因为优势的形成是一个系统工程，不仅需要最高决策层与执

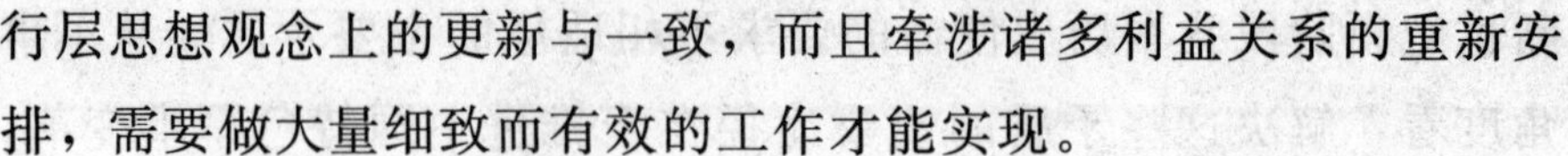

行层思想观念上的更新与一致，而且牵涉诸多利益关系的重新安排，需要做大量细致而有效的工作才能实现。

（二）以实事求是为基本原则，创建中国特色的军事理论

军事理论对于军事实践、军事变革具有极其重要的指导、引领作用，创建中国特色军事理论已成为我军跨越式发展亟待解决的重要问题。一是以概念创新为突破口。新理论往往是由相互关联的新概念按照一定的逻辑关系结构组成的概念体系。创建中国特色军事理论必须在研究中不断创新并探究各种概念、各种因素之间的主与从、特殊与普遍、核心与边缘、因与果、并列与递进等复杂关系，争取实现理论突破。同时，理论应有针对性，应该是建立在中国国情、军情基础之上，为满足我国未来军事斗争需求的理论。二是侧重重大现实问题的理论研究。必须着眼于目前制约军事力量建设的重大问题，做到理论研究为国防现代化服务，带动国防和军队现代化的系统工程，进一步加强针对性。三是综合运用多种研究方法。在科技进步日新月异的今天，探索信息化条件下军事理论，必须坚持传统方法与科学方法相结合，加大对各种新方法的运用，形成在实践中可行性强、可靠性高的新型军事理论。

（三）以指挥体制为突破口，加紧进行编制体制调整改革

随着战争形态的演进和安全威胁的日益增多，我军编制体制中的一些结构性矛盾日益凸显。其中，领导和指挥体制与信息化军队建设发展的要求不完全相适应，已经成为制约战斗力跃升的关键原因。必须坚持以未来作战需求为牵引，加紧推进以指挥体制为核心内容的编制体制调整改革，不断优化内部结构，理顺各种组织关系，从深层次突破制约国防和军队建设创新发展的“瓶

颈”问题，为我军向信息化跨越提供编制体制保证和支持。调整指挥体制。根据未来战争及完成其他多样化任务需要，探索建立新型联合作战指挥体制、军兵种领导管理体制。进一步压缩、优化指挥层次，缩短指挥信息传递与反馈链路。不断提高联合作战指挥系统的信息化、智能化水平，精简指挥机构工作人员充实基层，提高指挥效益。优化军兵种结构比例。进一步压缩陆军在军队总员额中的比例，提高海、空军比例，提高高技术作战与保障兵种在各军种中的比例。适时调整部队编组结构。根据军事技术发展和信息化战争理论不断发展深化，适时调整部队的组织结构和编制体制。现阶段可侧重于部队小型化、多能化调整。

（四）实施人才战略工程，构建信息化条件下军事训练体系

“军队的武器越复杂越强大，人在战争中的作用就越高”，[①] 而人的素质与能力则取决于训练的水平和质量。在军队现代化建设中，必须把军事训练转型的基点放在全体指战员综合能力素质提高上，实施全面的人才战略工程，逐步构建信息化条件下军事训练体系。 是加紧完善新型院校体系。实施教育优先发展战略，在基础教育方面进一步加强革命军人核心价值观教育，不断深化院校教育改革创新，搞好院校教育与部队训练统筹。根据战争形态、安全形势变化，及时调整各级院校培训任务、对象，理顺不同院校培训关系，形成层次明确、优势互补、有机关联的信息化条件下的军事教育体系。加大士官培训院校建设力度，形成有层次、功能齐全、与军官培养院校相衔接的士官院校格局。二是构建信息化条件下部队训练体系。始终坚持以使命任务为牵

① ［苏］格鲁季宁著：《军事上的辩证法问题》（军事科学院外军部翻译组译），北京：中国对外翻译出版公司，1983年版，第175页。

引，以提高一体化联合作战能力为目标，以提高官兵综合素质为根本着眼点，围绕打赢信息化条件下的局部战争，应对多元安全威胁，科学规划设置训练内容，通过训练内容体系改革带动部队训练体系向信息化转变。依靠科学技术特别是信息技术以及现代教育培训理论，探索发展有利于信息化条件下训练水平大幅提高的训练方法，以基地训练、模拟训练、网络训练等新型训练方法为主体，逐步形成新型训练方法体系。持续增大训练投入，改革训练保障模式，变封闭式保障为开放式保障，变粗放型保障为精确化保障。高度重视对训练全过程的考核评估，推进考核评估组织形式、方法、手段的改革，不断增强训练考核评估的科学性和权威性，不断完善考核评估体制机制，逐步构建考核评估标准体系，使评估真正成为训练管理周期的起点和终点。三是确立跨军兵种任职轮岗机制。借鉴外军经验，尽快建立具有我军特色的军兵种交叉任职轮岗机制，不断提高军官综合素质、加强军兵种融合，为一体化联合作战奠定基础。

（五）运用现代物流理论，探索建立新型后勤装备保障模式

保障未来信息化战争，需要以现代保障理论、技术、组织、网络作基础。根据安全战略需求，我军应加大后勤装备保障改革力度，以信息化为基础，以现代物流理论为指导，逐步建立适应完成多样化任务的新型后勤装备保障模式。一是实现后勤信息化。运用计算机技术、网络技术、自动识别技术、数据传输处理技术等现代信息技术，构建军队后勤信息平台，改造后勤、装备保障各种装备和运输工具，是建立新型保障模式的基础。应以信息系统集成为突破口，注重信息和资源的规范性、系统的安全性建设，统筹协调信息的采集、获取和共享，加强业务、技术、信息横向融合集成与物流和信息流的纵向贯通，通过信息把诸多后

勤装备保障要素联为一体。二是加速推进一体化保障。这是解决"专业分割、多头管理"的分离式平行线性保障存在的种种问题，从根本上提高保障效益的基本途径。一方面，要对各勤务分离式的垂直保障通道进行整合、集约和优化，实现横向一体化。另一方面，应加强垂直保障通道诸要素的纵向整合，优化保障层次，减少中间环节，实现纵向一体化。此外，应探索军队物流系统与民用物流系统的一体化，实现军地物流最大程度的融合与协调，最终建立军民兼容、平战结合的军地一体化保障体制。三是逐步建立配送式后勤系统。中国国家战略利益向海外的不断拓展、国家安全面临的多元化威胁，使维护我国国家安全的一些军事行动的时间与空间具有很大的不确定性。为适应这一变化，后勤保障必须逐步建立配送式后勤系统。一旦发生战事，根据作战需求，采取从起点直达战斗部队的补给方法，以最少的中间环节和灵活的物资调度，将物资主动配送给作战部队。

四、建立新型的独立自主的国防科技工业体系

国防科技工业作为国家战略性产业，是国防现代化的重要物质和技术基础。近年来，国家高度重视国防科技工业建设，在国防工业布局、军工企业体制改革、军民结合等方面取得了一系列成就。但必须看到，在新时期国际局势整体缓和、安全威胁多元化、信息化战争形态出现、社会主义市场经济基本建立等背景下，中国的国防科技工业正面临前所未有的挑战和机遇。探索适应战争规律、国防工业发展规律和市场规律要求的最佳结合点，突出信息化、一体化和市场化建设主线，建立新型的独立自主创新的国防科技工业体系，是适应环境变化、保持国防科技工业体系强大生命力的基本途径。

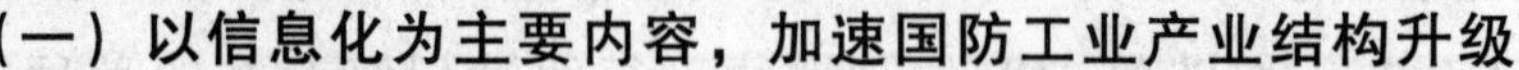

（一）以信息化为主要内容，加速国防工业产业结构升级

战争形态从机械化向信息化的演进，要求为其提供物质技术基础的国防科技工业必须迅速适应这一变化。目前，我国的国防科技产业仍然是以机械制造工业为主体的产业结构，高技术产品能力不足，军民结合高技术产业发展滞后，体系相对封闭，专业化配套不足，现代工艺手段不同步等矛盾仍比较突出。[①] 为满足未来战争需要，必须实现以信息化为主的国防工业产业结构升级。一是突出发展信息产业。信息产业是对整个国防科技工业发展和产业结构升级具有强大拉动作用的产业。一方面要注重发展以信息技术为核心的高技术群；另一方面要运用不断进步的信息技术和其他相关高新技术改造和提升其他传统产业，使军工产业和产业结构不断向高层次发展。二是实现产品管理全程信息化。从供应链入手，推动军工企业从设计、采购、生产、制造、试验、销售等整个环节，对其物资流、信息流、资金流及战略合作伙伴进行全方位的网络化、信息化管理。在此基础上，努力实现整个国防科技产业群管理信息化以及科研生产模式变革。三是加快调整国防科技工业的组织结构。打破“一个产品一个厂”的纵向配套的“全能”生产方式，实行国防科技工业企业集团内横向联合生产。减少国防科技工业管理层次，建立有利于信息流动和优势发挥的扁平组织。四是实施自主创新战略。事实证明，对于直接关系国家安全的国防科技工业而言，必须依靠自主创新，掌握核心关键技术、重要技术，最终建立独立自主的国防工业体系。

---

① 张云川：“新时期国防科技工业的发展与改革”，北京：《大众科技报》2005年11月8日。

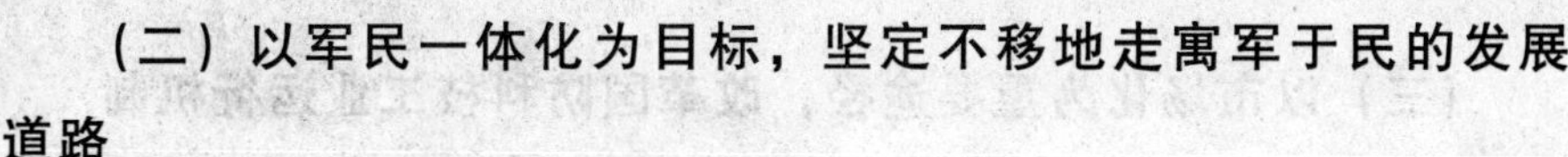

（二）以军民一体化为目标，坚定不移地走寓军于民的发展道路

走寓军于民发展道路，通过资金、技术、人才等全方位的交流与合作，充分发挥两者各自优势，实现军民之间最大程度的融合，最终把国防工业建立在整个国民经济发展的基础之上，是提高国防工业平战转换“弹性”、国防工业应变能力以及提高经济效益的根本途径。首先，建立和完善适应“军民一体化”的各项法律法规。国防科技工业与民企在资金来源、所有权、管理经营体制等诸多方面都截然不同，两者一体化的过程就是相互博弈、适应、融合的过程，必须通过立法来规范政府、军队和企业在这一过程的法律地位，形成保护当事各方权益的法律体系。其次，构建“核心—中间—边缘”三层次合作模式。积极吸收非公有制经济参与国防科技工业。根据在国家安全中地位作用的不同，对不同的军工企业采取不同的控股方式。对处于核心的重点军工企业实行国有独资独股或有条件的国有控股（即非国有资金可以投资并参与利润分配，但不得参与企业经营）；对生产配套产品的大中型企业，以市场为主、计划为辅，保持国有控股即可；对边缘性的生产辅助产品的军工企业完全推向市场，其所有制形式可以多种多样，民间企业可以随时进入或退出。再次，大力发展军民两用高新技术。加强基础科研和基础建设，初步形成寓军于民新体系和军民互通、互动机制。改革军用标准，建立科学的、协调的军民一体化的国家标准体系。着重发展以信息技术为核心的高技术群，创造连接国防工业和民用工业的技术纽带。此外，在大力改革现有军工企业的同时，采取积极措施加强对民间企业参与国防生产科研的引导。

（三）以市场化为重要途径，改革国防科技工业运行机制

近年来，国际形势总体缓和、高新武器装备研发费用不断飚升给国防工业的研发生产及销售带来许多新变化，以国家计划和指令为主调节国防科技工业运行的方法，已越来越不适应现代国防发展和未来战争的需要。发挥市场这一“看不见的手”在资源配置上的基础性作用，对国防科技工业进行市场化改革，构造以市场为基础的国防工业运行机制，是解决国防科技工业产业效益低下、自主投入不足、人才流失等诸多问题的重要途径。一是建立军工现代企业制度。这是国防工业市场化的前提。军工科研生产单位作为组成市场的基本单元，必须具有独立的市场利益主体地位。为克服当前仍然存在的“政企不分、政资不分”的弊端，必须推进军工企业投资主体多元化，并在此基础上构筑和健全军工企业法人治理结构。根据军工企业在国防安全中的重要程度，以及其军品和民品生产任务，分别采用不同的公司组织形式进行改制。二是构建有效市场竞争模式。一方面，要打破军品卖方市场的垄断格局，对现有按传统行政隶属关系建立的军工集团公司进行重组，构建以产品或产品系列为纽带、通过市场力量形成竞争性军工集团公司的组织模式，即主承包商的模式，从而为有效地发挥市场机制作用营造有利的市场环境；另一方面，针对进入军品市场资金、技术壁垒较高而军品供应商数量相对较少的特点，政府应对在竞争中失败的军品供应商采取一定保护措施，特别是要对投资规模大、研发周期长和需要长期技术储备的军工生产能力进行保护。三是改进建立保护军品生产的政策法规。对军事专用品研发生产企业以及企业中的军事专用品项目，政府应在投融资、税收、财政补贴等方面予以政策扶持。同时，应在不影响国防安全的前提下，改革和完善进入军品生产领域的管制政策

和措施，最大限度地降低进入门槛。

需要注意的是，武器装备的特殊属性，决定了国防科技工业市场化的有限性。推进市场化，必须根据我国国防科技工业的实际情况进行，既不能强求全面市场化、为了市场化而市场化，也不能以军工特殊性为由拒绝市场化，要充分发挥计划与市场两种手段的优点，实现两者在实践中的有机统一，最大程度地提高国防科技工业效益。

五、发展人民战争理论，不断完善国防动员体制

毛泽东在《论持久战》一文中深刻地指出："战争的伟力之最深厚的根源，存在于民众之中。"① 人类战争形态从机械化向信息化的演进没有改变这一基本原理。在新的信息化战争条件下，动员民众、武装民众、依靠民众进行人民战争，仍是打赢未来战争的根本保证。但信息化战争形态在作战思想、作战空间、作战方式等方面的革命性变化将给人民战争带来新形态，必须不断创新发展人民战争理论，完善国防动员体制，建立适应未来战争需求的后备力量。

（一）探索发展信息化战争条件下人民战争理论

人类社会的进步和变化、信息化战争形态的逐渐形成给传统的人民战争理论提出了挑战。首先，西方新政治价值观的出现，对战争的性质、正义性判断标准形成了挑战。主权神圣不可侵犯，这是1648年威斯特伐利亚体系形成以来的一条国际准则。然而自20世纪90年代中期以来，西方政界一些人物和某些学者

① 《毛泽东选集》第2卷，北京：人民出版社，1991年6月版，第511页。

提出了“主权过时论”，主张人权无国界、人权要高于主权、内战非内政等观点，这些观点被大肆宣染并强加给国际舆论，导致这种观点颇有市场。而战争的性质、正义性，是开展人民战争的首要条件和政治优长，也是人民战争的基础和力量源泉。如果评判标准趋向多元化，势必导致未来战争中对国内民心的凝聚和对国际舆论的争取。因此，如何形成有利于人民战争优势发挥的战争正义性评判标准将是发展人民战争理论首先要解决的问题。其次，人民群众对战争的作用遭到质疑。一些人认为，从冷战结束后几场局部战争看，远程精确打击和信息战已经成为战争的主要样式，高新技术和武器装备似乎越来越成为战争胜负的决定性因素，人民战争还能不能像以往那样发挥作用值得研究。再次，进行人民战争背景与条件出现了根本性变化。国家安全领域的拓展、新的作战方式的形成、武器装备的高技术化等变化，都对人民战争的方方面面，如民众参战的领域和方式、支援作战的方式和内容、国防动员机制及内容、国防后备力量建设等等都产生了深远影响。对此，为适应军队跨越式发展，积极深入地探讨研究和发展人民战争的思想、战略、战法、内在机制等问题，为打赢未来战争奠定坚实的民众基础。

（二）以法规体系建设推动国防动员体系完善

国防动员是国家由平时向战时转换的关键环节，建立完善的国防动员体系对于维护国家安全至关重要。改革开放以来，受国家建设重心转移、社会主义市场经济初步建立、融入全球经济以及世界新军事变革等因素影响，我国现有的国防动员体系在许多方面已不能完全适应未来战争需求。解决这些问题的途径在于调整和完善国防动员体制机制，其核心内容是建立完善的法规体系。通过立法，把国防动员的基本原则和要求上升为国家意志，以此来规范各部门、各单位和个人的责任和义务，调节国家、地方和个人利益之间的关系、动员秩序和动员效率。国防动员涉及军队、政府、企事业单位、社会团体及个人等多方面的利益，必须理顺各职能部门之间的关系，在保证国防动员工作不受影响情况下最大限度地维护各方利益。为此，一方面，应尽快立法明确军队、国防动员委员会、政府有关部门负责国防动员工作的相应权责问题。另一方面，应在制定国防动员法的基础上，重点解决综合物力、财力动员相关的法规问题。

（三）调整改进国防后备力量建设

国防后备力量是战争力量的重要组成部分。我国国防后备力量的建设调整，应依据信息化战争和人民战争总体需要，将后备力量建设纳入武装力量建设的总体规划，合理确定其在武装力量中的规模、比例与结构及后备力量各组成部分、专业结构和层次结构，最终实现与正规军紧密衔接、规模适当、结构合理、重点突出的建设目标。一方面，大力推动预备役部队与现役部队一体化。预备役部队在战时可能担负配合现役部队作战或为其及时补充力量的任务，为增强预备役部队质量建设的针对性和有效性、缩短平战转换时限，有效的途径是努力实现预备役部队在体制编制、指挥管理、工作指导和物资保障等方面与现役部队的一体化。主要是：建设目标要与现役部队趋于一致，努力达到或接近现役部队的战斗力水平；军兵种结构要与现役部队相一致，能够及时补充。特别是应以军兵种预备役力量建设为重点，加快预备役部队结构性调整的步伐，多组建一些军兵种、后勤和技术保障预备役部队；编组布局重点与国家安全战略重点相一致，适当减少非重点方向、非重点地区，以及部署过于密集地区的预备役部队，调整并增加重点方向和地区的预备役部队；要与现役部队紧密衔接，可以借鉴外国经验，逐步扩大预备役部队的使用范围，使其经常参与和完成一些非战争军事行动、军事行动支援、军事勤务、联合军事演习等任务和活动，不断提高实战能力。另一方面，坚持民兵建设与预备役部队建设协调发展。民兵是实施人民战争的坚实基础，是国防后备力量的重要组成部分。应在重点建设预备役的同时，统筹规划好民兵应急分队、专业技术分队、军兵种专业分队等民兵骨干队伍，使之与预备役部队在结构上相互补充，达到优势互补。充分发挥民兵优长，注重在关系到国家安全的重点领域和行业，诸如金融、能源、信息网络行业等发展专家型、知识型民兵和精干民兵分队，为未来多领域的战争对抗提供力量基础。

六、适应中国国际角色调整，努力提高维护世界和平能力

作为实现国家意志的重要手段，军事力量在国际舞台上扮演的角色向来与国家扮演的角色相一致，并随着国家角色的调整而调整。随着中国国家实力的快速提升、国际战略力量对比的变化，中国明确提出要在国际社会中做“负责任大国”，强调作为联合国安理会常任理事国和核国家之一，对于维护世界和平与稳定促进共同发展负有重要责任。这一重大变化，要求中国制定相应的战略规划，开展更加积极的军事外交，根据需要和可能，有层次地不断参与国际军事安全合作，提升中国国际地位及影响力。

（一）重新定位中国军事力量的国际角色

党的十七大报告明确指出，军队要“为维护世界和平贡献力量”，从而为中国军事力量提出了一项新任务。在当前情况下，

中国军事力量显然不能仅局限于传统的“维护国家主权、安全、领土完整”，而是要认真履行对国际社会、国际安全的责任，不断加强国际安全交流与合作，积极参与国际安全行动，为维护世界和平与促进共同发展贡献力量，为维护地区和全球稳定、和平与繁荣提供“公共安全产品”。一方面，这是维护国家利益的需要。世界经济全球化促使国际社会各成员国之间形成更大的共同利益，从而要求在事关共同利益的问题上必须责任共担，而大国在国际关系中的特殊作用决定了大国应承担起维护世界和平与稳定的特殊责任。近几十年来与世界互动的日益加强，使中国的国家利益与世界各国利益结合更为紧密。军事力量实现角色调整，既是中国承担国际责任的需要，更是维护国家利益的需要。另一方面，这是维护国际正义的需要。尽管国际社会有普遍认同的国际公理和国际正义，但却没有专门的力量来维护这些公理和正义。作为国际社会负责任大国，中国也有责任、有义务为人类进步事业贡献自己的力量。近年来，中国的兴起使国际社会对中国维护国际正义的期望不断升高。中国古代先贤孔子早就说过“当仁不让”，中国军事力量应当增强国际安全责任意识，在力所能及的情况下为维护国际正义作出应有的贡献。

（二）积极参与国际安全事务

近年来，中国进一步意识到自身对国际安全的重大责任，积极参与一些重要的国际安全事务。截至 2007 年 11 月底，中国军队共参与联合国 18 项维和行动，派出维和军事人员 9040 人次，对热点地区局势稳定与和平发挥了重要作用。目前是安理会五个常任理事国中派出维和部队人数最多的国家。[①] 作为《不扩散核

① 新华社北京 2007 年 12 月 29 日电。

武器条约》缔约国，中国一贯严格、负责地履行所承担的核不扩散国际义务。

随着发展，中国还可以在更深的层次、更广的范围参与国际安全事务。特别是在建立地区安全机制、全球多边安全合作机制等重要安全事务上要更加积极主动，保证中国和广大相关国家的安全利益在国际机制中得到公正有效的维护；增强与世界一些重要安全组织，如北大西洋公约组织、欧洲安全与合作组织、非洲联盟、独联体集体安全条约组织等的交流与沟通，在做好增信释疑工作的同时，推动安全合作深入发展；进一步加大与世界各国在非传统安全领域的合作，在人道主义救援、自然灾害救助和打击恐怖主义、海盗等非传统安全威胁的斗争等不同领域中发挥重要作用，为确保国际战略通道畅通作出力所能及的贡献。同时，继续在联合国维和、反对大规模杀伤性武器及其运载工具扩散等领域发挥应有的作用。

（三）发展一定的海外军事行动能力

长期以来，中国武装力量发展侧重于国土防卫，对发展海外军事行动能力较少关注。这一状况不能适应维护中国国家战略利益拓展及参与国际安全行动的需求。在参加诸如印度洋海啸人道主义救援等许多海外军事行动中，中国军事力量在应急反应速度、远距离投送等方面暴露的差距充分说明了这一点。

对国际安全危机的处理、国际突发事件的应对、国际联合军事行动的参与都要求参与的军事力量具有快速的反应能力、强大的战略输送能力和专业的技术战术。形成这样的境外、海外行动能力，靠的是良好的国际协调能力，有力的战略战术情报保障，陆、海、空三位一体的远程投送能力，精干、具备专业素质的快速反应部队，顺畅的应急指挥协调机制。这些是一个“负责任大国”的军队所必备的基本能力条件，也是中国未来必须加快发展的基本能力。而中国使用这一能力的有限目的、防御性的军事战略方针以及相对有限的军费开支决定了海外军事行动能力将局限在一定的范围之内，最终实现的目标是合理够用。

第十三章

中国社会变革与国家安全的维护

国家安全，既包括不受外部的威胁与侵犯，也包括内部的稳定与繁荣。思考中国的国家安全，内部稳定是不能忽视的因素。建立和谐社会是维护国家安全的内在保障，也是推动和谐世界建设的基础。

第一节 维护中国的国家安全需要推动社会变革

一个多世纪的历史证明，中国的国家安全始终与中国的社会变革联系在一起，当国家安全比较有保障的时候，恰恰是中国社会变革最快的时候。反之，当社会变革停滞不前的时候，中国国家安全的内部隐患就暴露无遗。所以，维护国家安全迫切需要推进中国的社会变革。

一、社会变革与维护国家安全紧密相联

作为东方文明的代表，中华民族曾经领先于世界几百年，在世界文明史上留下了灿烂的一页。但是在进入近代以后，西方文明突飞猛进，先进的科技发明层出不穷，并且广泛运用于工业生产中，使社会生产力快速增长，“资产阶级在它的不到一百年的阶级统治中所创造的生产力，比过去一切世代创造的全部生产力还要多，还要大”。[①] 与此相反的是，有着古老文明的中国却逐渐失去了朝气，闭关自守，几千年来的泱泱大国心态演变成了沉醉于自我欣赏的社会状态，最终落后于世界。在近代东西方对峙的过程中，古老的中国不可避免地落后了。

落后的中国必须改变现状，走上变革之路。“英国的大炮破坏了皇帝的权威，迫使天朝帝国与地上的世界接触。”[②] 从根本上说，中国走上现代化道路是必然的，中国社会发生变革也是不可避免的，但是，由于西方国家的侵略，中国一步一步沦为半殖民地半封建社会，这一历史过程使中华民族在主观上认识到了社会变革的必要性和迫切性，以魏源、龚自珍、林则徐为代表的地主阶级改革派，以曾国藩、左宗棠、李鸿章、张之洞等为代表的洋务派，以洪秀全、石达开为代表的农民阶级，以康有为、梁启超、谭嗣同为代表的维新力量等等，不同历史阶段的各种社会力量都提出了社会变革的主张与要求。从总体上说，鉴于中国受侵略的状况，近代中国各种政治力量都把救亡图存当作推动社会变

① 《马克思恩格斯选集》第 1 卷，北京：人民出版社，1995 年版，第 277 页。

② 《马克思恩格斯论中国》，北京：人民出版社，1997 年版，第 3 页。

革的主旋律。从这个意义上说，近代中国的社会变革历程又始终与追求国家安全紧密地联系在一起，中国的社会变革与维护中国的国家安全就成为一个问题的两个方面，中国社会变革的历程也是追求中国国家安全的历程，是从困境中寻求自救，其艰难程度可想而知。

如上所述，在20世纪100年的历史进程中，中国社会的各种力量推动了一场又一场的社会变革，他们各自从本阶级的立场出发，提出了纷繁复杂的救国方案，总结起来看，共同的特点是要寻求合理的社会制度来维护中国的国家安全。遗憾的是，在中国共产党成立之前，中国始终没有找到正确的维护国家安全之路。无论是戊戌维新运动时期的维新派，还是辛亥革命时期的立宪派，以至新民主主义革命时期主张“中间路线”的人士，他们试图以改良的方式来解决中国道路的问题尝试，均以失败而告终。这正如毛泽东所指出的：“中国人向西方学得很不少，但是行不通，理想总是不能实现。多次奋斗，包括辛亥革命那样全国规模的运动，都失败了。国家的情况一天比一天坏，环境迫使人们活不下去。怀疑产生了，增长了，发展了。”[①] 20世纪初，马克思主义思想传到中国以后，迅速地为中国的知识分子和革命者所接受，特别是俄国十月革命之后，马克思主义的传播成了中国思想界的主流，因而诞生了中国共产党，中国共产党承继辛亥革命没有完成的任务，领导中国人民进行新民主主义革命，才结束了半殖民地半封建社会的历史，建立了中华人民共和国。可以这样说，近代以来影响中国国家安全国内因素的核心是制度的落后，由于制度的落后，导致中国在科学技术和生产力等方面全面落后于西方，也导致了西方国家任意宰割中国、破坏中国国家安

① 《毛泽东著作选读》(下册)，北京：人民出版社，1986年版，第676页。

全的局面，中国共产党领导全国人民建立的社会主义制度使我们摆脱了半殖民地半封建社会的命运，中国人民从此站起来了，自1840年以来，中国仁人志士寻求保护国家安全的理想也终于实现了。

总结历史经验，可以看出，20世纪后半叶以来中国社会主义制度的建立是中国社会变革最重大的历史成果，尽管它是初级的、不完善的。作为一种价值追求，社会主义给多灾多难的中华民族提供了最伟大的历史动力，无数仁人志士为中华民族的复兴前仆后继，赴汤蹈火，充分体现了中华民族的历史追求。作为一种社会制度，社会主义在最广大的程度上赋予中国人民以普遍的利益，它在最大程度上保障了广大人民的合法权益，可以说，社会主义已经成为中国人民命运的基本保障。

二、维护中国国家安全需要继续推动社会变革

中国共产党领导的新民主主义革命的胜利，掀开了中华民族历史上新的一页，它导致了社会主义制度在中国的建立。作为人类最先进的社会制度，它本应使人类获得最大程度的解放，“从此按照预定计划进行的社会生产就成为可能的了。生产的发展使不同社会阶级的继续存在成为时代的错误。随着社会生产的无政府状态的消失，国家的政治权威也将消失。人民终于成为自己社会的主人，从而也就成为自然界的主人，成为自身的主人——自由的人。”[①] 然而，社会主义的实践突破了马克思、恩格斯的战略预想，社会主义制度先后在资本主义不发达的国家建立，社会主

---

① 《马克思恩格斯选集》第3卷，北京：人民出版社，1995年版，第759—760页。

义的美好前景使不发达国家的人民对其赋予了更多的期望。对于中国来说，它承载着中国人民的崇高理想与希冀，中华民族的复兴，中国的富强，人民的富足、自由等等，都化在了社会主义这一崭新的社会制度里。

但是，由于缺乏经验，中国共产党在社会主义建设方面过多照搬了苏联的做法，较少顾及到本国的国情。斯大林去世之后，特别是1956年苏共二十大之后，毛泽东、刘少奇、周恩来等党和国家领导人积极探索社会主义建设的本国道路，也提出了许多有益的思想，遗憾的是，由于没能从根本上突破本本框框的限制，错误地以为苏联模式就是标准的社会主义发展模式，也由于在巨大的胜利面前滋长了骄傲自满情绪，导致中国在社会主义建设方面出现重大失误，“尽管中国随着国内外形势和需要的变化经常表现出力图摆脱苏联影响、探求自己道路的倾向……但中国社会主义从20世纪50年代起到70年代末的改革开放前一直是在苏联模式的既定轨道中前行。”① 从50年代后期开始，党和毛泽东对中国社会主义建设道路的探索开始陷入了“左”的误区，使我国社会主义建设事业经历了长达20多年的曲折历程，引发了影响中国国家安全的一系列问题。例如，政治动荡不安、运动不断，严重冲击了正常的社会秩序和生活秩序，经济发展停滞，科技水平长期得不到本质提高，人民生活水平长期在低水平徘徊，国家战略能力始终得不到根本的飞跃。正如邓小平所总结的那样：“中国六十年代初同世界上有差距，但不太大。六十年代末期到七十年代这十一二年，我们同世界的差距拉得太大了。这十多年，正是世界蓬勃发展的时期，世界经济和科技的进步，不

① 张光明著：《社会主义由西方到东方的演进——从马克思到邓小平的社会主义思想史考察》，昆明：云南人民出版社，2004年版，第243页。

是按年来计算，甚至于不是按月来计算，而是按天来计算。”[1] 造成这种错误的根本原因，就在于对什么是社会主义，特别是在社会主义初级阶段怎样进行建设，片面教条地理解马克思、恩格斯关于社会主义的论述，把苏联发展模式看成是社会主义的单一发展模式。

1978年十一届三中全会以后，基于对社会主义的重新认识和理解，为了寻求国家的长治久安，以邓小平为代表的中国共产党人，冲破极“左”的思想束缚，从中国的实际出发建设社会主义，他特别强调落后国家建设社会主义的历史现实，早在1982年他就指出，“社会主义是共产主义的第一阶段。落后国家建设社会主义，在开始的一段很长时间内生产力水平不如发达的资本主义国家，不可能完全消灭贫穷。……到了第二阶段，即共产主义高级阶段，经济高度发展了，物资极大丰富了，才能做到各尽所能，按需分配。”[2] 邓小平认为，建国后我们的最大错误就是不重视发展生产力，“从一九五八年到一九七八年这二十年的经验告诉我们：贫穷不是社会主义，社会主义要消灭贫穷。不发展生产力，不提高人民的生活水平，不能说是符合社会主义要求的”。[3]

中国社会主义建设的经验和教训表明，任何一种形态的社会制度建立以后，不可能达到完美无缺，成熟的社会主义制度不可能一蹴而就，它必须不断地改善自己，完善自己，经历由低级向高级发展的过程。只有如此，才能保持其先进性。当某一种社会制度确立以后，随着生产力的发展，生产关系与生产力、经济基础与上层建筑总是存在着矛盾运动，当生产关系不适应生产力的发展要求的时候，就需要推动改革与革新。当革命完成之后，社

---

① 《邓小平文选》第2卷，北京：人民出版社，1994年版，第231—232页。

② 《邓小平文选》第3卷，北京：人民出版社，1993年版，第10页。

③ 《邓小平文选》第3卷，第116页。

会制度的巩固最终需要社会变革来保障，否则就会走向僵化，达到一定的程度就会发展成为影响国家安全的因素，甚至破坏国家安全。

在这样的认识基础上，中国进行了一场新的自上而下的社会变革，它以改革开放为最主要的特征。反面的经验教训说明，“不改革不行，不制定新的政治的、经济的、社会的政策不行。”① 中国实行改革开放，实质上是中国共产党领导的在 20 世纪中中国的第二次伟大社会变革，这是中国的社会主义事业历经挫折失误走向健康发展的时期，是中国社会由封闭落后走向开放与现代化的时期，是全面实现中华民族伟大复兴的时期。这场伟大的变革是波及经济、政治、文化、科技等各个领域，这是带有根本性的变革，是中国的“又一场革命”。

这场轰轰烈烈的社会变革，必然会使中国进入一个全面的转型阶段，其主要标志是中国正在从传统的计划经济向社会主义市场经济转变，从一个农业国向工业国转变，从传统文明国家向现代文明国家转变。这种转变又通过社会结构转型和社会观念转变等不同层次表现出来。很显然，中国的社会变革将贯穿社会、经济、政治等领域，这会使中国社会面临的问题空前复杂。而改革的目的，就是要革除影响国家长远发展的不利因素，追求国家的长治久安，是维护国家安全的战略行动。因此，中国的社会转型与维护国家的安全密不可分。

三、推动社会变革是国家安全应对全球化的需要

20 世纪下半叶以来，随着第三次科技革命的发展，社会生产

① 《邓小平文选》第 3 卷，第 266 页。

力产生了巨大的历史性飞跃，新技术的发明和使用极大地改变了人类的生活方式，其最明显地表现就是，不同种族、不同地域的人与人之间的交往比以往更加频繁和密切，伴随着社会交往在深度、广度和速度上的增加，人类社会开始进入到世界经济全球化和社会信息化的历史阶段。冷战结束以后，两极对抗体系的崩溃使全球化的发展趋势表现得越来越明显，全球化带来的冲击是全方位的，它要求人类以全新的视角来审视所面对的一切问题，有人认为，"当代是各领域、各方面的全球化模式实现了历史性汇合与集中的独特时代，这些领域包括政治、法律和治理、军事事务、文化联系以及人口迁移，并且涉及到经济活动的各个方面以及各国都面临的全球环境威胁。"[①] 就国家安全问题来说，全球化使国家安全的内涵发生了根本性变化，过去，国家安全的基本含义指维护国家重大利益不受外来军事侵犯与威胁的状况，现在，国家安全已经突破了军事安全与政治安全的领域，开始向更广泛的领域扩展，一个国家的政治制度、社会发展模式、经济状况、种族民族关系、资源状况、环境状况、政府对危机反应与处理能力等等，都成为影响国家安全的重要内容。当前，国际社会中的许多国家都在推动国内变革，以适应变化了的国际安全形势。

中国是一个新兴的发展中大国，全球化发展趋势对中国构成了史无前例的挑战。一方面，经济全球化带来的全球经济资源的重组，对国家整体的竞争能力提出了新的要求；另一方面，由全球化带来的一系列不确定性要求中国社会有较高的风险管理能力。面对这些挑战，中国社会还没有完全达到要求。所以，全球化要求中国推进社会变革，要求中国的社会制度更加现代化。如

---

① ［英］戴维·赫尔德等：《全球大变革：全球化时代的政治、经济与文化》（杨雪冬等译），北京：社会科学文献出版社，2001 年版，第 589—590 页。

果不推动社会变革，就无力应付这个瞬息万变的世界；不推动社会变革，在全球化的潮流面前就会被淘汰，在国际竞争中就会成为输家，并且可能引发影响国家安全的深层次问题。

当前，全球化的发展对发达国家与发展中国家不是同步的，也不在同一条起跑线上，而是不平等的。美欧等西方国家主导着世界全球化的进程。他们利用在国际上的有利地位，制定有利于西方国家的国际规则，对于第三世界国家则实行种种限制和歧视。广大发展中国家由于所处的历史地位、国际环境及发展水平能力的限制，在国际社会中常常处于被动地位，因此被迫参与不合理、不平等的国际竞争，这使全球化产生的很大一部分利益被西方发达国家所分享，而发展中国家则承担着太多的负担。中国是世界上最大的发展中国家，长期以来，由于各种原因，中国“与外部世界，特别是与之碰撞的先进文明绝缘太久太深，差别还大得很、隔膜得很”。[①] 因此，在当今时代，推动中国的社会变革就显得特别迫切，历史赋予我们的机遇再也不能错过了。但是，如何走这一步，也不可能照抄照搬西方发达国家的道路和模式，而是要走建设中国特色社会主义道路。

第二节　社会变革中影响国家安全的重要因素

社会变革蕴含着历史继承性，正如马克思所说，“人们自己创造自己的历史，但是他们并不是随心所欲地创造，并不是在他

---

① 资中筠主编：《冷眼向阳——百年风云启示录》（下册），北京：生活·读书·新知三联书店，2000年版，第375页。

们自己选定的条件下创造，而是在直接碰到的、既定的、从过去承继下来的条件下创造。”① 当代中国社会变革面对的基本历史条件是，社会主义制度已经在中国创立了半个多世纪，即近60年，中国特色社会主义道路是复兴中国的切实可行的道路，这已经是社会共识。与此同时，中国的社会主义制度还有很多不完善的地方，需要不断地发展优化。所以说，当代中国的社会变革是以坚持正确道路为前提的，它以实现现代化为最主要的目标。这决定了中国社会变革必然要经历由封闭向开放转变的过程，由计划经济向市场经济转变的过程，一句话，就是由传统社会主义向中国特色社会主义转变的过程。在这个宏伟的历史进程中，传统与现代、创新与继承、新与旧、内部与外部、个体与集体、政府与选民、政党与社会等各种关系都在受到人们的关注。思考、自主创新必然要给中国经济社会带来清新、鲜活的气象。但是，我们还必须清楚地意识到，任何社会变革都蕴藏着巨大的风险，如果不能得到有效化解的话，那么某些风险在一定的时机可能演变成社会矛盾，矛盾积聚到一定的程度就必然要爆发，成为影响社会稳定的问题，从而威胁中国国家安全。

由于中国的社会变革是全方位的，牵涉到的问题也是空前的广泛和复杂。从宏观来看，在中国社会变革的过程中，政治稳定、社会和谐及经济发展的可持续性将最终决定中国的国家安全。

具体来说，在中国社会变革过程中，以下问题将成为影响中国国家安全的战略性因素。

---

① 《马克思恩格斯选集》第1卷，北京：人民出版社，1995年版，第585页。

一、中国经济发展不平衡的问题

一种社会制度要具有旺盛的生命力，一个国家要长期繁荣稳定，从根本上取决于能否合理解决发展和平等之间的关系，资本主义制度之所以必然走向灭亡，最根本的原因就在于不能从本质上来解决发展与平等之间的关系。从历史上看，任何一个国家在其发展复兴的进程中，如果人均GDP达到1000—3000美元之间，这个国家就进入了转型期，这是矛盾的集中爆发阶段，各种利益集团之间的矛盾，各种不安定因素的突显等，都会展现出来，如果处理公正合理，社会就会进入平稳发展时期，反之则可能激化矛盾，酿成社会危机，甚至出现社会动荡，引发社会倒退。

中国是一个社会主义国家，改革开放30年来，中国经济发展取得了举世瞩目的成就。一是经济保持稳定高速增长。据国家统计局最新公布的数据显示，改革开放30年来，中国经济实现了年均9.8%的增长速度。不仅明显高于1953—1978年平均增长6.1%的速度，而且也大大高于同期世界经济年平均增长3.0%的速度，超过了日本和韩国在经济起飞阶段的经济增长速度。[①] 二是初步建立了社会主义市场经济体制。经过30年的不断改革，市场经济体制的框架已经确立，在经济生活中发挥了主要作用，特别是在资源配置方面，市场已经起到了应有的作用。三是人民生活水平得到了显著提高。以按劳分配为主体、多种分配方式并存的收入分配制度，已成为社会主义市场经济中的基本分配制度，人民生活总体达到小康，全国大多数地区的人民告别了短缺经济时代，消费水平逐年提高，社会保障制度进一步完善，

① 《上海证券报》2008年10月28日。

以中央及各级政府为主导、市场广泛参与的社会保障体系逐渐健全，对于稳定社会的作用日益增大。

在看到中国经济取得巨大成就的同时，还必须清醒地看到，伴随着经济的快速发展，产生一些新矛盾及其带来的一些问题也十分明显，主要体现在以下三个方面。

第一，传统的经济增长模式依然起着决定性作用，这不仅影响经济的可持续发展，也给国家经济安全带来重大隐患。目前中国经济增长在相当大的程度上是依靠低廉的劳动力价格和高投入来实现的，总体上产品的技术含量不高。与发达国家相比，重工业比重依然过大，单位产值的资源消耗量过大，导致资源的供求矛盾十分尖锐。这种传统的经济增长方式还直接导致经济发展的不可持续性，生态环境遭到极大的破坏。2005 年底，胡锦涛总书记在青海视察工作时就指出，“经济增长方式粗放，已经成为制约我国经济社会发展的一个突出问题。”①

第二，经济发展对外依存度过高。现阶段中国外贸的依存度已经达到了很高的水平，远远高于世界其他国家，这一方面说明中国广泛地参与了国际分工，另一方面也应该看到，由于我国科技还不十分发达，产品技术附加值较低，在国际贸易中始终处于国际分工的下游，这使经济发展受国际影响很大。此外，以出口导向为主要内容的外贸快速增长，给我国带来充足外汇的同时，也会产生外汇储备过大的问题，不仅直接导致国内通货膨胀的压力，也导致国际上大量的贸易纠纷。

第三，发展不平衡问题日益突出，甚至成为中国进一步发展的制约性问题。改革开放 30 年来，中国经济在发展速度、经济总量、人均收入、贫困人口减少等指标方面，都取得了显著进

① 《求是》，2006 年第 1 期，第 4 页。

展，但也产生了明显的发展不平衡性问题，具体表现在沿海与内地之间发展的不平衡，东部与西部之间发展的不平衡，城市与农村之间发展的不平衡，工业与农业之间发展的不平衡，其中最为突出的是城市与农村之间发展的不平衡。以人均收入指标来衡量，统计显示，中国农民人均纯收入和城市居民人均年支配收入的比例1985年是1∶2.57，到2008年达到1∶3.33，达到最高峰。中国的基本国情是，农村人口占绝对多数，这种局面还会持续下去，城市与农村之间发展的不平衡势必会加大全社会的贫富差距，所以，以基尼系数来看，我国贫富差距已经超过了国际警戒线。与此相关，教育、医疗、住房、养老等社会生活保障方面的问题就成为人们普遍关注的焦点，成为社会热点问题。在相当长的一段时期内，这些问题将严重影响中国的社会稳定与国家安全。邓小平早就提醒过，“共同致富，我们从改革一开始就讲，将来总有一天要成为中心课题。社会主义不是少数人富起来、大多数人穷，不是那个样子。……如果搞两极分化，情况就不同了，民族矛盾、区域间矛盾、阶级矛盾都会发展，相应地中央和地方的矛盾也会发展，就可能出乱子。”[①] 现在，解决这个问题已经到了刻不容缓的时候了。

二、政治治理能力不适应社会转型的客观要求

经过长期的摸索和实践，中国已经形成了具有自身特色的政治治理模式，例如，中国共产党领导的多党合作制度、人民代表大会制度、政治协商会议制度等等。随着改革开放与经济发展，中国已经坚定扎实地迈出了政治建设和民主建设的步伐，初步建

---

① 《邓小平文选》第3卷，第364页。

立了有中国特色的、适应社会主义市场经济体制的行政管理体制，从而进一步健全了国家领导体制，废除了领导职务终身制，等等。

但是，必须要承认，中国的政治治理能力还不能达到现代化发展的要求，在行政管理体制、科学民主决策机制以及行政效率等问题上，依然面临着许多亟待解决的问题，这些问题如果不立即着手解决，将直接影响到中国改革开放的前景，进而影响到中国发展的前途，危及国家安全。

总的来看，中国政治治理面临的最大问题是社会转型的全面性与政治运行体制的滞后性之间存在冲突。

需要指出的是，在改革开放和社会转型时期，相对于经济体制改革，我国的政治体制改革步伐相对滞后，主要表现在：政治体制改革与经济体制改革存在一定的脱节，政治民主化、制度化、法制化水平不高，政府管理效能低下，政府职能和政府能力还远不能适应社会主义市场经济的发展和应对经济全球化挑战的要求，等等。这不仅会影响我党自身的领导能力和对社会的调控能力，还会影响政府的权威性和社会动员能力，降低社会对政府的信任度。政府的权威性以及控制能力的降低，就难以有效地解决和缓解社会问题，从而增加了各种社会性问题爆发的几率。

另外，政治治理能力不足还表现在难以从根本上制止腐败现象。现行的政治运行体制难以及时全面地应对改革过程中出现的新问题，造成了权钱交易、贪污腐化、公共权力私有化等社会腐败现象不断滋生蔓延。当前，反对腐败成为全社会普遍关注的社会性问题，腐败行为不仅造成国家巨额的经济财产损失，甚至构成了对政府权威的质疑，直接影响到国家的安全与稳定。我党及我国政府一直十分重视反腐败工作，把腐败问题提到关系到党和国家生死存亡的高度来认识，不断加大反腐败的工作力度，对一些腐败官员的处罚力度也越来越强，因而反对腐败得到了广大人民群众的拥护，但必须认识到，反腐败与人民群众的期望还有相当大的差距。温家宝总理在2008年3月25日召开的国务院第一次廉政工作会议上指出，“我们必须清醒地看到，当前政府廉政建设还存在不少问题：违法违纪案件在一些领域和部门仍然呈易发多发态势；少数领导干部特别是少数高级干部腐败案件涉案金额巨大、社会影响恶劣；食品药品、教育收费、医疗服务、居民住房、土地征用、环境保护、安全生产等方面损害群众利益的问题仍然突出；政府职能转变滞后，政企不分、职责不清、办事拖拉等问题还未根本解决；有法不依、执法不严、违法不究的现象依然存在；一些地方和部门形式主义、官僚主义严重，奢侈浪费之风屡禁不止。这表明腐败现象还比较严重，反腐倡廉的任务仍然艰巨。”[①] 在我国开放程度越来越高的情况下，广大社会成员民主意识普遍增强，在透明度越来越高的情况下，政府机构的有效合理运转、政治治理能力的加强成为社会公众的普遍诉求，对官僚主义和效率低下等多种问题极为反感。当这些诉求得不到合理解决时，就容易产生严重的社会问题。因此党的十七大报告指出，“坚持惩治和有效预防腐败，关系人心向背和党的生死存亡，是党必须始终抓好的重大政治任务。”[②] 这一方面说明我们党对反腐败问题的认识高度，另一方面也反映了反腐败任务的艰巨性和复杂性。

总之，维护国家安全要求全面提高我党的政治治理能力，党的第十六次全国代表大会提出，中国社会进入了一个全面建设小康社会的新时期，其政治建设的目标是，“社会主义民主更加完

① 《求是》，2008年第9期，第4—5页。

② 《胡锦涛在中国共产党第十七次全国代表大会上的报告》，第55页。

善，社会主义法制更加完备，依法治国基本方略得到全面落实，人民的政治、经济和文化权益得到切实尊重和保障。基层民主更加健全，社会秩序良好，人民安居乐业。”[①] 党的十七大再次强调，“人民民主是社会主义的生命。……政治体制改革作为我国全面改革的重要组成部分，必须随着经济社会发展而不断深化，与人民政治参与积极性不断提高相适应。”[②] 这充分说明，我党已经充分认识到了这个问题的重要性与紧迫性，建立现代社会的政治治理模式成为全党的共识。

三、社会不稳定因素向多元化方向发展

稳定是中国平稳发展的基本保障，建国以来的历史充分证明，全国人民深受动乱之苦，深感稳定之重要性，因此改革开放以来，中国在以经济建设为中心的同时，特别注重社会稳定的重要性，始终把经济发展与社会稳定放在同等重要的地位。从总体上看，当前中国经济持续稳定增长，人民生活水平不断提高，社会文明不断发展，国内人心思和，社会氛围及舆论环境日益宽松，大众传媒在社会经济和政治生活中的监督功能加强，也使中国社会发展能够在一个更加公平、公止和公廾的环境中进行，这一切都为中国社会安全与稳定提供了良好的条件。

但是，这并不能说中国社会完全消除了不稳定因素。事实上，在改革开放的条件下，中国社会的不稳定因素呈现多元化的

---

① 《中国共产党第十六次全国代表大会文件汇编》，北京：人民出版社，2002年版，第19页。

② 《胡锦涛在中国共产党第十七次全国代表大会上的报告》，北京：人民出版社，2007年版，第28页。

趋势：一方面，改革开放前积累的矛盾在新的社会条件下被释放出来，产生了否定中国社会主义建设成就，否定中国共产党领导地位的极右思潮。另一方面，由于改革开放而引发的新问题又成为新的社会热点。改革是渐进式的，不可能一蹴而就，从表现形式来看，不同的社会群体享受改革成果的时机方面是不同的，例如，由于社会保障体制还没有完全建立，一定数量的退休及失业人员生活得不到有效保障；在快速发展的工业化和城市化过程中，一部分失地农民得不到妥善安置，等等。这些问题在思想上就表现为怀疑改革甚至否定改革的极左思潮，极左思潮打着"公平"的口号，对改革进行诘难，从而否定改革已经取得的成就，否定社会进步的历史事实。两种思潮在目前的中国都有一定的社会群体，如果不能合理驾驭，都有可能成为社会不稳定因素。

另外，随着对外开放的深入，我国与外国之间联系也日益加深，以美国为首的西方某些大国，凭借其经济和科技的强势，在资本输出、国际分工等方面都占有绝对优势。经济上的绝对优势使他们在意识形态上也追求霸权地位，借助信息技术，利用各种媒介，在政治、思想、文化上进行的渗透扩张，使西方的价值观对我国形成强大的意识形态冲击，使我们国家的意识形态、文化传统不断受到侵蚀。如果不能有效解决这个问题，也会成为社会不稳定因素。东欧一些国家的"颜色革命"的教训发人深省。

除此以外，民族关系也是影响我国长治久安的一个重大问题，近年来，民族分离主义势力在境外某些政治力量的支持下活动猖獗，对我国边疆地区的社会稳定形成一定的冲击。处理好民族问题，直接关系到国家安定团结政治局面的巩固和发展，关系到社会的稳定和国家的长治久安。这是因为，民族问题关系到国内的团结和统一，关系到防止和抵御国内外敌对势力对我国的侵略和颠覆。历史证明，只有妥善处理好民族关系，不断巩固和发展民族团结，才能有效防止国外敌对势力的干涉，才能在复杂的国际斗争中掌握主动，立于不败之地。

总之，在社会转型期，我国的政治稳定将承受更为严峻的考验与挑战，维护政治稳定成为首要的安全价值选择，否则就会严重威胁我国的政治安全，阻碍中国的政治改革和政治建设。因此，维护国家政权和国家制度的稳定，巩固和发展安定团结的政治局面，是中国社会变革过程中必须牢牢把握的关键所在。

第三节　社会变革进程中维护国家安全

冷战结束以来，发展中国家推动社会变革成为主流。就社会变革的效果来看主要面临着三种情况：第一种是从根本上破坏了原有的政治体系，导致社会体系的分崩离析，社会发展出现断层，产生权力真空，引发政治混乱和社会危机，波兰、捷克、匈牙利、前南斯拉夫等东欧国家的改革就是这样的命运；第二种是导致了权力的不正常集中，形成了破坏社会系统的现象，拉丁美洲部分国家推行的社会变革就是这样的结果；第三种是强调渐进式改革，强调社会政治体系的稳定，这一方面使国家的发展具备了很强的可持续性，另一方面也因为不能适应经济发展的要求而使社会政治体系暴露了较多的不足。从一定意义上说，中国的社会变革就是这种表现。

现代化是一个长期的历史进程，它是社会全方位的现代化，如果各方的体系不能相辅相成，这种现代化是有缺陷的，最终会波及到国家的前途。苏联在解体之前的科技实力堪称世界一流，但最终走向解体，归根到底是苏联的社会产生了结构性的问题，这种结构性的问题就是通过不全面的社会变革而产生的。从内部安全来看，中国只能从社会变革中寻求国家安全，我们已经提出了建立和谐社会的主张，这是实现国家安全的根本保障。可以说，建立和谐社会是当代中国社会变革的最终目标，它有一个基本的前提，那就是保障中国共产党的合法领导地位，维护最广大人民的根本利益。因此当代中国社会变革实质上是建立一个合理的社会协调机制，这个协调机制能充分发挥各阶层的积极性，照顾到各民族、各社会团体、各社会阶层的利益诉求，从而实现政通人和、社会安定的良好局面。

建立一个合理的协调机制，关键在于抓住当前影响改革的主要矛盾和主要问题。归纳起来看，为了国家的长治久安，从根本上消除影响国家安定的不确定因素，应该从以下三个方面着手，积极推动社会变革。

一、在实践中不断创新理论内容，努力提高党的执政能力

在新的历史时期，党的执政能力既关系到党的未来发展前途，也关系到我国政治体制改革的成败。我们党提出和强调执政党建设问题，强调党的执政能力建设，这非常符合历史发展的要求。

首先，提高党的执政能力，关键是要不断创新和发展党的指导理论。理论是一个政党的灵魂，也是指导一个政党创造历史的灯塔。无产阶级政党以马克思主义基本理论为指导思想，马克思主义是不断发展、充实和完善的，从中国共产党的发展历史来看，自诞生之日起，就开始了马克思主义中国化的历程，革命战争年代，以毛泽东、朱德、刘少奇、周恩来等为代表的中国共产党第一代领导集体，经过总结正反两方面的实践经验，创立了毛泽东思想这一中国化的马克思主义理论，它指导中国人民取得新

民主主义革命的胜利，完成了社会主义改造，建立了社会主义制度。改革开放后，以邓小平为代表的中国共产党第二代领导集体，坚持解放思想、实事求是，科学地继承了毛泽东思想，面对变化了的国际国内形势，把党和国家的工作重心转移到以经济建设为中心的轨道上来，确立了“一个中心，两个基本点”的基本路线，在此基础上，形成了邓小平理论。冷战结束以后，以江泽民为代表的党的第三代领导集体，创立了“三个代表”的重要思想，极大地丰富和发展了中国化的马克思主义理论。在新世纪新阶段，我党又提出了科学发展观，这是在总结我国改革开放的经验基础上，为继续推进改革开放而提出的又一重大理论成果，它与毛泽东思想、邓小平理论和“三个代表”重要思想一起，构成了中国化的马克思主义理论的基本内容，是中国特色社会主义理论不可缺少的一部分。

当前，全面贯彻落实科学发展观，是提高我党执政能力的重要指导思想和途径。如前所述，科学发展观是在我国改革开放进入到关键阶段提出来的，它总结了近30年来改革开放的基本经验，为以后的改革确定了具体、明确的指导思想。这不仅是中国特色社会主义理论的发展，也是检验实践工作的标尺。所以，党的十七大要求，“全党同志要全面地把握科学发展观的科学内涵和精神实质，增强贯彻科学发展观的自觉性和坚定性……把全社会的发展积极引导到科学发展上来，把科学发展观贯彻落实到经济社会发展的各个方面。”①

其次，提高党的执政能力，还要逐步解决权力过于集中的问题，完善党政领导体制。我国的党政领导体制，孕育和脱胎于革命战争年代，它为保障革命取得根本胜利发挥了应有的历史作

① 《胡锦涛在中国共产党第十七次全国代表大会上的报告》，第18页。

用。建国以后，为适应和平建设的需要，我党曾经进行了有益探索，试图解决权力过于集中、党政不分的问题，但由于各种因素的干扰，并没有从根本上解决权力过分集中，以党代政的问题，给国家政治生活带来了很多不正常的现象。解决权力过分集中：第一，需要分清党组织与国家政权组织、经济文化组织和社会群众团体组织之间的关系，党的领导不能变成以党代政、党决定一切；第二，需要正确处理好领导者个人与领导集体之间的关系，任何情况下都要坚持集体领导与分工负责的有机结合，不能把领导者个人凌驾于组织之上，把组织变成个人的工具，使党的领导变成个人领导。这与党的性质、党的集体领导原则根本相违背，对于党的领导地位也是一个极大的威胁。

我们从国家安全的高度研究和探讨党的执政能力问题，更能认清形势，了解其必要性和紧迫性，只有如此，才能创立现代化的政党理论，形成合理的党政领导体制，从而真正形成党的领导、依法治国和人民群众当家作主的和谐政治局面。

二、以建立和谐社会为目标，重点解决城乡二元结构问题

中国城乡二元结构，不仅仅是一个经济问题，更是一个复杂的社会问题，只不过以经济问题为集中体现而已。如前所述，中国经济发展的不平衡已经成为影响国家安全的重大战略问题，在各种不平衡因素中，城乡发展的不平衡是最突出的问题，从根本上说，城乡二元结构是构成当前中国经济发展不平衡的根本性原因。中国的进一步发展，很大程度上取决于城市和乡村的共同发展。与许多发展中国家相似，中国城市和乡村各有不同的运行机制，如何把城市和农村纳入协调发展的轨道，从而探索中国发展的可持续性，这是当前中国社会变革中

的突出问题之一。

解决这一问题的根本途径是继续推进农村各项改革，切实提高农村人口的生活保障水平。党的十七届三中全会指出，“全党必须深刻认识到，农业是安天下、稳民心的战略产业，没有农业现代化就没有国家现代化，没有农村繁荣稳定就没有全国繁荣稳定，没有农民全面小康就没有全国人民全面小康”。为了推进我国农村各项改革，从根本上消除我国社会发展的瓶颈，十七届三中全会制定了明确的发展目标，即“到二〇二〇年，农村改革发展基本目标任务是：农村经济体制更加健全，城乡经济社会发展一体化体制机制基本建立；现代农业建设取得显著进展，农业综合生产能力明显提高，国家粮食安全和主要农产品供给得到有效保障；农民人均纯收入比二〇〇八年翻一番，消费水平大幅提升，绝对贫困现象基本消除；农村基层组织建设进一步加强，村民自治制度更加完善，农民民主权利得到切实保障；城乡基本公共服务均等化明显推进，农村文化进一步繁荣，农民基本文化权益得到更好落实，农村人人享有接受良好教育的机会，农村基本生活保障、基本医疗卫生制度更加健全，农村社会管理体系进一步完善；资源节约型、环境友好型农业生产体系基本形成，农村人居和生态环境明显改善，可持续发展能力不断增强。”①

从根本上说，合理解决城乡二元结构问题，关系到和谐社会能否建设成功。所以，要进一步调整国民收入分配结构和财政支出结构，加大对农业的支持和保护力度，政府通过进一步完善农业政策，在资金投入上、政策支持、工业反哺等方面加固国民经济发展的基础。要合理推进城镇化步伐，促进城乡融合，通过推进城镇化进程，努力推动劳动力从第一产业向第二产业，特别是

① 新华社北京2008年10月19日电。

向第三产业的转移，控制城乡差距持续扩大，统筹城乡经济社会发展，形成协调发展、分工合理、各具特色的城镇体系，通过多元化城镇发展来带动农村，促进城市文明向农村辐射，提高农民生活质量。要深化社会保障制度改革，建立适合中国国情的农村社会保障制度，立足于长远，逐步建立城乡统一的社会保障体制，让农民拥有国民待遇，扭转农民弱势地位。

当然，解决城乡二元结构这一复杂的社会问题，不可能一蹴而就，这需要全社会达成共识，充分认识到这一问题的复杂性、艰巨性和紧迫性，中央政府与各级政府之间政策一致，政府各部门有效应对，通力合作，才能从根本上解决。

三、注重社会全面发展与进步，形成和完善社会主义价值体系

中国正在经历的社会转型是一次伟大的民族复兴，它以社会主义现代化建设即全面建设小康社会为旗帜，这既是民族的事业，也是人类进步的事业。这需要我们在价值观念建构上注重人的全面发展和社会进步的价值观念。概括起来说，就是要构建中国特色社会主义的价值体系。党的十七大报告指出，“社会主义核心价值体系是社会主义意识形态的本质表现。要巩固马克思主义指导地位，坚持不懈地用马克思主义中国化最新成果武装全党、教育人民，用中国特色社会主义共同理想凝聚力量，用以爱国主义为核心的民族精神和以改革创新为核心的时代精神鼓舞斗志，用社会主义荣辱观引领风尚，巩固全党全国各族人民团结奋斗的共同思想基础。”[①] 社会主义核心价值体系应当既要弘扬中国优秀传统文化，又要借鉴和容纳现代世界文明。一味地否定中国

---

① 《胡锦涛在中国共产党第十七次全国代表大会上的报告》，第 34 页。

传统文化是不可取的，同样，否定现代世界优秀的文明成果或不根据我国国情照抄照搬也是不能接受的，这就好比两条腿走路，缺了哪一条，路都走不好。温家宝总理曾经指出，“现在世界上有两千多个民族，人类文明随着多种民族的相互交往而不断丰富和发展。世界文化的多样性和文明的多样性，不仅过去存在，现在存在，将来也会长期存在。科学、民主、法制、自由、人权，并非资本主义所独有，而是人类在漫长的历史进程中共同追求的价值观和共同创造的文明成果。只是在不同的历史阶段、不同的国家，它的实现行式和途径各不相同，没有统一的模式，这种世界文明的多样性是不以人们主观意志为转移的客观存在。正是这种多样文化的并存、交汇和融合，促进了人类的进步。要承认世界文化的多样性，不同文化之间不应该互相歧视、敌视、排斥，而应该相互尊重、相互学习、取长补短，共同形成和谐多彩的人类文化。”①

社会主义价值体系的建立是牢牢地扎根于我们改革开放的伟大实践过程中的，从本质上说，社会主义市场经济每发展到一个阶段，一定内容的社会主义价值体系就与之相生，它是一个主观和客观相结合的过程。

当前，在促进社会主义价值体系建立和发展的工作中，首先，要积极促进现代市场价值观念的确立。市场经济创造出了市民和市民社会，创造出了具有主体意识的个体人，创造出了现代意义的公民，没有市场经济，就没有个人的独立发展。社会主义市场经济也要遵循市场经济的一般规定和一般规律，只是在一定程度和范围内改变了其运行的具体条件。这就决定了今天我们所

---

① 温家宝：“关于社会主义初级阶段的历史任务和我国对外政策的几个问题”，《人民日报》2007年2月27日。

说的先进价值观念，必须是能够与市场经济引发的上述观念相合拍，在方向上相一致的文化。

其次，要树立尊重人权的价值观念。我们应当认识到，中国实行市场经济已成为不可逆转的历史潮流，市场经济本质上是在平等基础上自由地进行竞争。它从根本上决定了在权利与义务相互关系中，以权利为核心的价值观念。我国已经把促进和保障人权写入宪法的相关条款中，从长远来看，社会主义市场经济必将使“身份”的重要性降低，“契约”的重要性加强，这会极大地扩展个人、法人和地方各级机构的自由度，社会主义市场经济还会实现国家职能的转型，从过去的“大国家小社会”变成“小国家大社会”，扩大国家权力之外的社会活动空间。这些转变为整个社会尊重个人权利起到了基础性作用。

此外，要倡导积极向上的社会风气，牢固树立社会主义荣辱观。胡锦涛总书记曾经指出，“社会风气是社会文明程度的重要标志，是社会价值导向的集中体现。树立良好的社会风气是广大人民群众的强烈愿望，也是经济社会顺利发展的必然要求。在我们的社会主义社会里，是非、善恶、美丑的界限绝对不能混淆，坚持什么、反对什么，倡导什么、抵制什么，都必须旗帜鲜明。要在全社会大力弘扬爱国主义、集体主义、社会主义思想，倡导社会主义基本道德规范，扶正祛邪，扬善惩恶，促进良好社会风气的形成和发展。”[①] 基于这种要求，他提出树立以“八荣八耻”为主要内容的社会主义荣辱观。这很符合时代发展的要求和当前我国社会的现实状况，它构成了树立社会主义价值观的重要内容。

---

① 《求是》，2006年第9期，第3页。

总的来说，随着中国社会变革进程的深入，在今后一个时期内，国内安全面临的种种问题将会越来越明显。而解决的思路，应该是顺应时代发展的潮流，跟上人类科学和社会进步的步伐，推动和引导中国社会变革，通过深入改革与和谐社会建设来消除和抑制一些深层次的不稳定因素，从根本上巩固国家安全。

后　记

《中国国家安全战略构想》是杨毅为首席专家的国防大学战略研究所课题组承担的 2006 年度国家社会科学基金重大项目《中国国家安全战略理论与战略构想》的第二部专著，也是此项目的最终成果。课题负责人杨毅担任主编，负责框架设计和全书的最后统稿。唐永胜和徐弃郁担任副主编，参与框架设计和统稿。撰稿人有（按姓氏笔画为序）：刘静波、陈昌升、吴晓明、庞宏亮、杨毅、周丕启、赵毅、徐弃郁、唐永胜、曹先玉、董忆伟、蒲宁、詹家峰。

课题组大部分同志都是来自军内各个单位的国家安全战略学科的杰出学者，还特别邀请了金融专家董忆伟同志参与了该课题的攻关。课题组全体成员能够承担国家社会科学基金重大项目深感荣幸，在研究中付出了难以形容的心血。我们一直以努力完成一部能够对国家、对民族、对学术界有益并能经得起时间考验的学术专著为目标，但我们水平有限，本书中肯定存在许多不足，敬请有关专家学者批评指出。

作　者

2008 年 12 月

图书在版编目（CIP）数据

中国国家安全战略构想/杨毅主编. —北京：时事出版社，2009.7
ISBN 978-7-80232-216-5

Ⅰ. 国… Ⅱ. 杨… Ⅲ. 国家安全—战略—研究—中国 Ⅳ. D631

中国版本图书馆 CIP 数据核字（2009）第 025838 号

出版发行：时事出版社
地　　址：北京市海淀区万寿寺甲 2 号
邮　　编：100081
发行热线：（010）88547590　88547591
读者服务部：（010）88547595
传　　真：（010）68418647
电子邮箱：shishichubanshe@sina. com
网　　址：www. shishishe. com
印　　刷：北京百善印刷厂

开本：787×1092　1/16　印张：26　字数：306 千字
2009 年 7 月第 1 版　2009 年 7 月第 1 次印刷
定价：50.00 元